De heilige Rita

TOMMY WIERINGA

De heilige Rita

ROMAN

2019

DE BEZIGE BIJ

AMSTERDAM

Copyright © 2017 Tommy Wieringa

Eerste druk oktober 2017

Tweede druk november 2017

Derde druk november 2017

Vierde druk november 2017

Vijfde druk december 2017

Zesde druk januari 2018

Zevende druk maart 2018

Achtste druk maart 2018

Negende druk november 2018

Tiende druk november 2018

Elfde druk (gebonden) november 2018

Twaalfde druk oktober 2019

Omslagontwerp Michaël Snitker

Omslagbeeld Niels Schouten, *Landschap* (20 x 30 cm, acryl op paneel)

Foto auteur © Gary Doak Photography

Vormgeving binnenwerk Martien Frijns

Zetwerk Peter Verwey, Heemstede

Druk Wilco, Zutphen

ISBN 978 94 031 6830 2

NUR 301

debezigebij.nl

voor mijn vader, natte eter

en voor marinus

Paul Krüzen spuwde in zijn handen, greep de steel vast en hief de bijl boven zijn hoofd. De stronk op het hakblok spleet maar barstte niet uit elkaar. Vogels die in de bomen beschutting hadden gezocht voor de nacht, vluchtten in de schemering. Door het onderhout schoten woest kwetterende merels. Paul Krüzen liet de bijl weer neerkomen, telkens opnieuw, tot het stuk eiken in tweeën brak. Toen werd het gemakkelijker. De stukken vlogen in het rond. Houtsnippers overal, lichtvlekken op de bosgrond. De bijl het werk laten doen, had zijn vader hem lang geleden geleerd, maar hij hield er juist van om kracht uit te oefenen.

Een paar bleke sterretjes verschenen aan de hemel. Diep daaronder, op de open plek in het bos, zwaaide de demon met zijn bijl. Hij liet hem knallen als een zweep. Blokken tolden door de lucht. De beuken rondom, sterk en glad als jongensarmen, rilden onder het geweld.

Dit was zijn leven, hij zette hout neer en kloofde het. Zijn hemd plakte aan zijn lijf. Steken in zijn onderrug. Elke klap was raak. Hij deed dit al zo lang, alles met afgemeten, bedwongen haast. Hij moest zweten, het moest pijn doen.

Hij haalde een deoroller langs zijn oksels en trok een schoon ruitjeshemd aan. 'Ben ervandoor,' zei hij tegen zijn vader, die zat te lezen onder de lamp.

De avond was fris, er hing een zweem van bleekselderij boven het gras. Met het autoraam open reed hij naar het dorp. Drie steile drempels telde de weg. Verkeersdrempels en rotondes waren een teken van vooruitgang, van een opgeschroefd levenstempo dat afgeremd moest worden, ook in Mariënveen, waar de knuppels zich bijwijlen doodreden in het weekeinde. Eens in de paar jaar zat Paul Krüzen rechtop in bed door de klap, de sirenes en de jankende kettingzagen een tijdje later; de spookachtige weerschijn op de eiken in de bocht van de weg. De volgende morgen zag hij dat er weer een hap uit de bast genomen was. De laatste jaren plaatsten nabestaanden er soms bloemen en foto's bij.

Paul stopte bij Hedwiges Geerdink voor. Hij belde aan en ging weer in de auto zitten, het portier open. Hij had geen gedachten. Begin juni, het laatste licht aan de westelijke horizon. Even later schoof Hedwiges naast hem. 'Goedenavond altezaam,' zei zijn vriend met zijn hoge stem. Twee stemmen had Hedwiges in zich, je wist nooit welke er kwam: zijn hoge piepstem of zijn lage, hese borststem. Wie dat voor het eerst hoorde, zag hem op slag in twee mensen uiteenvallen: hoge Hedwiges en lage Hedwiges. Bakkers Hedwig, zoals ze hem op het dorp noemden. Pietje Piep. Paul trok zijn benen binnenboord, deed het portier dicht en reed naar het dorp.

Bij Shu Dynasty, voorheen Bar-Feestzaal Kottink, stond Laurens Steggink met een onbekende man bij het biljart.

'Mannen,' groette Steggink.

Paul ging zitten aan de kopse kant van de bar, in de nis van schrootjes. Hij was graag gedekt in de rug, als een cowboy, zodat hij iedereen kon zien binnenkomen. Hedwiges schoof op de kruk naast hem. De radio stond op een halve zender, op golven van ruis klonk *Die Sonne geht unter in Texas*.

Mama Shu zei 'hai Paul' en 'hai Hedwig', en zette een flesje Grolsch voor Paul neer en een glas cola voor Hedwiges. De piraat bedankte cafetaria's, loonbedrijven, houtzagerijen en sloperijen voor hun steun aan de zender. Paul wist hem te zitten, in een schuur achter aan de Tien Ellenweg; soms was de doffe basdreun tot in de wijde omtrek te horen.

Steggink boog vorover en spiedde langs zijn keu. Hij nam de tijd. Hij kon goed biljarten. In dienst geleerd tijdens de lange, lege uren in de onderdelenbar in Seedorf.

Paul Krüzen had met Hedwiges Geerdink en Laurens Steggink in de klas gezeten.

Met Steggink had hij op een dag een ondergrondse hut gebouwd in het bos. Ze zouden er slapen. Ze roosterden bevroren frikadellen boven een rokerig vuurtje en rolden hun slaapzak uit, maar toen het donker werd schrok Paul terug voor een nacht in het hol tussen de spinnen en de pissebedden en fietste naar huis terug. Steggink bleef alleen achter. Hij was niet bang voor het donker.

De vriendschap was voorbijgegaan; Paul had steeds meer een afkeer gekregen van zijn streken en verhalen, alsmede van het vettige paardenstaartje in zijn nek. Op Theo Abbinks drieëntwintigste verjaardag had Steggink drie kittens van Theo's vriendin de nek omgedraaid en in het weiland gegooid. Zijn verweer: hij was dronken en had een hekel aan katten.

De stilte tussen hen had zo'n twintig jaar geduurd.

Toen Steggink op een dag werd veroordeeld voor een wietplantage bij de ouders van zijn verloofde in de schuur en valse zaken op Marktplaats, was Paul niet verbaasd geweest. Niemand eigenlijk. Je zag het aankomen. Laurens Steggink had geen biografie maar een strafblad. Zijn ex deed het nog altijd in haar broek voor hem.

Toen hij vrijkwam had hij zijn zaken naar de overzijde van de grens verplaatst. In een voormalige drukkerij op een armetierig industrieterrein buiten Stattau bestierde hij een bordeel met meisjes uit de hele wereld. In Club Pacha zat hij met zijn lange lijf op een barkruk met een frisje voor zich en een telefoon aan het oor. Hem ontging niets. Maar vandaag was het maandag en op maandag was de club gesloten.

Paul stak soms de grens over in de hoop een van zijn favorieten te treffen, de mateloze Thong uit Bangkok of liever nog de moederlijke Rita uit Quezon. Wie meende dat liefde waar je voor betaalde niet kon bestaan, kende hun vurige harten niet.

Dof raakte de bal de lange band, schampte de gele bal en kloste vol op de rode. Een fijn geluid, vond Paul, dat van een rake stoot, met kracht en vertrouwen geleverd.

Nog tweemaal legde Steggink aan voordat hij miste. De andere man koos positie, zijn gezicht verscheen onder de lamp. Bleke ogen, een Pool ongetwijfeld, het gebogen lijf zwaar van reuzel en varkenspoten. Paul kreeg ze weleens op het erf, de Mareks en de Wojcieks, er viel weinig aan ze te verdienen. Maar je moest rekening houden met de uitzondering. Zoals de handelaar uit Wrocław die hem een wonder toonde: een kofferbak vol Russische zomeruniformen uit de Grote Oorlog, met de onderscheidingen er nog aan.

De Pool stootte. De ballen huppelden over het laken.

Schichtig kwamen de Hennies binnen en schoven naast elkaar aan de bar. Ze bogen zich over hun nieuwe telefoon, het beeldschermlicht legde een blauwe gloed op hun gezichten. Na een tijdje keek de vrouwelijke Hennie op en vroeg: 'En met je vader, Paul?'

Paul Krüzen wiebelde met zijn hand. Wat had het voor zin om nog eens te vertellen over het dagelijks desinfecteren van de wond op zijn vaders scheenbeen die maar niet dichtging? Eerdaags moesten ze er weer mee naar het ziekenhuis.

Negenenveertig jaar waren ze nu in elkaars leven, zijn vader en hij. Op een dag niet ver van nu zou hij alleen achterblijven in de Saksische boerderij op de Muldershoek, waar hij tot vreemdheid en gesprekken met zichzelf zou vervallen.

De biljartklok zoemde. Steggink nam een vijftigcentstuk van het stapeltje op de klok en wierp het aan de zijkant in het apparaat.

De Hennies bogen zich weer over hun nieuwe Sony Xperia. Wat je al niet kon doen van je uitkering. Thuis hadden ze de kindjes al op bed liggen. Je wist niet of het mocht, dat zulke mensen zich voortplantten, maar het onheil was al geschied; buiten het toezicht van een of andere instantie hadden ze hun ongeluk tweemaal vermenigvuldigd.

Met Theo Abbink en Alfons Oliemuller was het gezelschap eenzaten even later zo'n beetje compleet. Asbakken werden bijgezet. Het rookverbod was tot deze streek nog niet doorgedrongen. De wet had, eer ze Mariënveen bereikte, veel van haar kracht en glans verloren.

Toen het bergje munten op de biljartklok was opgebruikt, schroefden Steggink en de onbekende man hun biljartkeus weer uit elkaar als huurmoordenaars en schoven de helften terug in de draagtas.

De bar was nu tot de laatste kruk bezet. Alfons Oliemuller keek mee over de schouder van de mannelijke Hennie en zei: 'Daar moet je 4G voor hebben. In Kloosterzand hebben ze 4G, hier is-t niet wat.' En voort ging het gesprek, over de buigbaarheid van de nieuwe iPhone en de productiefout in de behuizing van de Galaxy Note. Het gesprek verstomde toen Steggink zijn arm als een zwaard door het gezelschap boorde. Iedereen zweeg verbluft, alsof hij een handvol winnende kaarten op tafel legde.

'Wat is dat dan?' vroeg Oliemuller.

'Wat dacht je,' zei Steggink.

Oliemuller nam de smartphone uit zijn hand en keerde hem om. 'Gresso,' las hij voor.

'Made in Rusland,' verklaarde Steggink. Hij grijnsde naar de onbekende Poolse man.

Het object lag obsceen te glanzen in Oliemullers hand. Ze keken er met zijn allen naar zoals ze ook naar Stegginks Ferrari hadden gekeken toen hij er de eerste keer mee kwam voorrijden. Als horigen langs een zandweg die voor het eerst een automobiel voorbij zien stuiven. Had-ie getoeterd, dan waren ze op hun knieën gezonken en hadden een kruis geslagen.

Stegginks bloedrode Ferrari Testarossa, zijn zonnewagen – zo goed mocht het geen mens gaan. En al helemaal geen gelijke, een jongen uit de Zouavenstraat, die ze hadden zien vallen en opstaan, vallen en opstaan, helemaal tot aan waar hij nu was.

'Beetje klein beeldscherm wel, vinnik,' zei Oliemuller uiteindelijk.

'Saffier,' zei Steggink. 'En die kast, da's goud en Afrikaans zwarthout, die kast.'

'Shi-it,' bracht Abbink uit.

Aan het verre eind van de bar zette Paul Krüzen de bierfles aan zijn mond zonder zijn blik van hen af te wenden. Zijn wijsvinger rook naar bedorven ui.

'Zijn er geen twee van op de wereld,' zei Steggink genoeglijk.

'Maar dat beeldscherm dan?' zei Oliemuller.

Steggink stak zijn kin naar voren. 'Wat dan?'

'Nou,' zei Oliemuller aarzelend, ''t is niet echt groot of zo.'

'Dat heet *design*,' zei Steggink stuurs. 'Van een Italiaanse meneer waar jij nog nooit van hebt gehoord.'

Daarop was het een tijdje stil. Op de radio deed de piraat de groeten.

'Dat die Italiaanse meneer zo van kleine schermpjes houdt,' monkelde de mannelijke Hennie toen verbaasd. En Theo Abbink zei vrolijk: 'Kreeg je d'r een vergrootglas bij, Laurens?'

Het gezelschap barstte in lachen uit, en herstelde zo hun geschonden eigenwaarde.

In de negentiende eeuw waren hun voorvaderen kleine bezitters geworden. Een lapje grond, een koetje en een boerderijtje. Toen de prijzen nog goed waren hadden de laatste twee generaties alles weer verkocht wat hun voorouders zo moeizaam bijeen hadden geschraapt, en waren in de nieuwbouw gaan wonen. Opnieuw waren ze landloze boeren geworden, en keken met kleine, hebzuchtige oogjes bij elkaar naar binnen, omdat ze hun eigen welvaart nauwlettend vergeleken met die van de buren.

Ming, de volwassen dochter van het echtpaar Shu, slofte op slippers achter de bar en sprak vrijmoedig steenkolenengels met de vreemdeling. Toen Paul Krüzen uit gespreksflarden opmaakte dat het om een Rus ging en niet om een Pool, knorde hij van afkeuring. Russen, hij moest ze niet, hier niet en in de all-inclusiveresorts in Thailand of de Filipijnen niet, waar hij eens per jaar een paar weken met Hedwiges Geerdink verbleef.

Mama Shu veegde over het beeldscherm van haar telefoon. Met duizend dunne draden hing ze aan een ver land. Haar lichaam was hier maar haar gedachten waren in een beroete miljoenenstad in Zuidwest-China. Ze wist eerder van een aanslag in Chengdu dan van een auto-ongeluk verderop in de straat.

De Rus, die aanvankelijk zijn gemak hield, riep steeds luider 'heya Mutti!' als hij bier wilde. Toen hij de mannelijke Hennie op zijn schouder ramde en 'Za gollandsko-roesskoejoe droezjboe!' riep, wist iedereen dat ze die avond

14

getuige zouden zijn van een Slavische dronkenschap in Shu Dynasty, die ermee zou eindigen dat de hele familie Shu achter de klapdeur vandaan kwam om de grote Rus naar buiten te werken.

Paul Krüzen zette zich schrap. Je wilde niks missen maar moest er tegelijkertijd bij wegblijven. Naast hem zat Hedwiges te urmen over de uitzending van RTV Oost waarvan hij het woord 'krimpregio' onthouden had. Een goed woord, vond Hedwiges, het paste precies bij het tempo waarmee het klantenbestand van zijn kleine kruidenierszaak uitdunde. 'Ze gaan me allemaal dood,' zei hij. 'Vorige week Ullie nog.'

'Ullie?' zei Paul onwillig.

'Van Tonnie. Woensdag is de begrafenis. Ik hou niemand over zo.'

'Jij bent toch allang miljonair, Hedwig!' zei de vrouwelijke Hennie plots met luider stem.

Hedwiges knipperde met zijn ogen alsof iemand zijn bril had afgepakt. Schoor hij zich eigenlijk, vroeg Paul zich opeens af. Hij kon het zich van hun vakanties niet herinneren. Misschien had hij helemaal geen baardgroei. Zijn wangen waren glad en bleek als was.

'Wat nou, Hedwig,' zei Laurens Steggink, met zijn ellebogen op de bar en een bierfles tussen zijn grote handen geklemd, 'bi-j miljonair?'

Hedwiges stak zijn kaak naar voren in een zeldzame aanval van koppigheid en maakte zich lang. Hij kraaide: 'Jazekers ben ik miljonair!' Hij knikte, snoof en zei met zijn hoge stem: 'Dik. En wat dan nog?'

De nauwelijks merkbare hapering in de tijd. Met zenuwachtig gegrinnik kwam het leven weer op gang. Het kon waar zijn, Bakkers Hedwig miljonair, ze kenden allemaal de verhalen van schraperige boeren die na hun dood plots schathemeltjerijk bleken te zijn. Hedwiges Geerdink voldeed aan het profiel. Altijd de hand op de knip, als ze er zo over nadachten – hij gaf drie euro uit als Paul er dertig uitgaf. Hij bestelde altijd maar een halve portie babi pangang of nasi goreng maar jatte de kip van Paul z'n bord.

Steggink trok met zijn schouders. 'Da's mooi toch?' Hij keek om zich heen. 'Die Hedwig, of niet dan.'

'Dom,' zei Paul zacht.

''t Is toch zo, dan ga ik er toch niet over liegen?' zei Hedwiges schril.

Paul schudde zijn hoofd. Klein blijven, hij had het hem vaker gezegd, altijd kleiner en dommer lijken dan de anderen. Niks hebben en niks kunnen, dat kennen ze, daar kunnen ze mee leven. Maar zo'n avond was het niet voor Hedwiges Johannes Geerdink, die wilde nu eens uit zijn schrale, bleke vel stappen en genieten van de twijfel die hij had gezaaid. Hedwiges de *mil-jo-nair*, jazekers!

Paul zag het aan hoe hij zijn glas aan de mond zette en probeerde te drinken als een man. Ergens in hem lag een verborgen voorraadje testosteron opgeslagen dat hij nu had aangesproken. Natuurlijk had Hedwiges geld zat, maar hij leefde als een kerkrat, altijd bang dat hij alles zou verliezen en berooid zou sterven. Daarom dat hij zich alvast gedroeg alsof hij niks, niemendal had.

Hij had grond verkocht, wist Paul, hier wat en daar wat, en achter De Steenkoele zelfs een paar hectare voor de nieuwbouw. Grond was goud, en Hedwiges had er een onbekende hoeveelheid van, sinds 1911 cent voor cent verdiend met schepels boekweit en bonen in de kruidenierswinkel aan de Bunderweg.

En nu wist iedereen het.

De moeder van Paul Krüzen was een dochter van de laatste smid van het dorp. Hij had zijn smederij tegenover de kerk gehad, aan het begin van de Bunderweg, waar later, tijdens de goldrush in de bouw, een witstenen assurantiekantoor zou verrijzen. Smid Mans Klein Haarhuis was geloogd als een Siciliaanse visserman maar zijn twee dochters waren roomblanke kinderen van Mariënveen. Zijn zoon Gerard, de jongste, leek wel weer op hem, gedrongen en met een kop vol donker, golvend haar.

Het waren de zusters Klein Haarhuis die op een bewolkte dag in 1955 over de Bunderweg naar Kloosterzand fietsten. Marion en Alice passeerden het bruggetje over de Molenbeek en merkten de jongen niet op die op de beekoever naar hun vrolijke gekwetter luisterde. Toen ze het bruggetje waren overgestoken klauterde hij op de weg en keek ze na tot ze uit het zicht verdwenen waren. Langs de beek plukte hij alle bloemen die hij zo gauw kon vinden, lissen, sleutelbloemen en een paar laatste verpieterde vlierbloesemschermen, en legde die op de weg toen hij ze in de verte zag terugkeren. Met het hart in de keel verschool hij zich achter een boom. Toen ze het bruggetje over waren, daverde er juist een brandweerrode McCormick voorbij – de meisjes bleven ternauwernood overeind en bliezen de machine verontwaardigd na.

Aloïs Krüzen was zesentwintig jaar toen hij met Alice Klein Haarhuis trouwde. Rond, blozend en in de bloei van haar late jeugd kwam ze over de grijze plavuizen naar het altaar, aan de arm van de smid in zijn goeie goed, zijn grijzende krullen ternauwernood in bedwang gehouden met Brylcreem. Vierkant en grimmig stond hij op het punt het mooiste weg te geven wat hij bezat. Haar goed verstaanbare, lijzige 'ja' even later, dat, al even goed hoorbaar, een paar harten in de kerk brak. Het voldongen feit – ze was achter de deur met het ijzerbeslag van het sacrament verdwenen en ze mochten alleen nog op de overtreding hopen.

Het was een godswonder dat Alice Klein Haarhuis Aloïs Krüzen ten deel was gevallen, alleen maar, zoals algemeen werd aangenomen, omdat ze geen boer had willen trouwen. Aloïs had de kweekschool in de stad bezocht en was als schoolmeester teruggekeerd. Een binnenman met een vast inkomen, hoe mooi wilde je het hebben. Zo kwam Aloïs Krüzen aan zijn vrouw, en niemand die zich kon onttrekken aan de gedachte aan vals spel.

Ze gingen op huwelijksreis in de auto van zijn schoonvader, de eerste automaat van het dorp, een splinternieuwe 2,6 liter Opel Kapitän, omdat Mans Klein Haarhuis een paar weken eerder een rondje rond Aloïs zijn Lloyd Alexander TS had gelopen en zei: 'Daarin kun je je wichie toch niet meenemen...'

Ze gleden over de weg als een kano door het water, zes cilinders deden geruisloos hun werk. Haar hand lag op zijn bovenbeen, zo stil alsof ze hem vergeten was. Van grafiet was de lage hemel, groen als op de eerste dag de aarde.

Nadat ze de IJssel bij Zutphen gepasseerd waren, veranderde het landschap. Donkere hoogtes aan de horizon, waar het landijs stuwwallen had gevormd. Rivieren van lood kronkelden door het laagland. Hoe verder zuidelijk ze kwamen, hoe zwaarder de steen op Aloïs' borst drukte. Het verschrikkelijke dat hun wachtte – de frontale botsing die hen zou verpletteren, hoe hun bloed op het wegdek met olie vermengd raakte...

Het hielp hem niks dat hij zijn zegeningen telde – een schitterende meid naast zich, een tas vol geld en een automaat onder z'n gat –, het zat onder zijn huid.

''t Is toch nog verder dan ik dacht,' zei Alice afwezig. Ze staarde door het zijraam.

'Altijd,' zei hij. De steen drukte. Het stuur rechthouden, defensief rijden, begrijpen dat je nooit aan jezelf kunt ontsnappen.

Hij at die dag voor het eerst in een wegrestaurant. Toen de serveerster vroeg of hij misschien een glas wijn wilde bij de schnitzel met aardappelsalade, viel hij aan besluiteloosheid ten prooi. Pas toen hij zich herinnerde dat dit zijn huwelijksreis was, knikte hij.

'En wat voor wijn mag het wezen?' vroeg de serveerster.

Hij grimaste en zei: 'Doe maar wa-j los hebt.'

En zo werd het ook de dag waarop hij voor het eerst een glas witte wijn dronk.

Omdat ze nog een tweede glas namen en toen verdwaalden rond Nijmegen, kwamen ze pas na zonsondergang in Mook aan, waar ze het hotel tot hun verbazing donker en op slot vonden.

Verderop langs de rijksweg vonden ze nog een hotel, een landhuis aan een vijver, waar alleen een kamer met twee eenpersoonsbedden vrij was. De bar was al gesloten.

Aloïs lag te wachten tot ze uit de badkamer kwam. Het duurde lang. Haar verrichtingen achter de deur waren een geheim voor hem, hij kende het leven van vrouwen niet. De bedden konden niet tegen elkaar worden geschoven, omdat de nachtkastjes aan de muur zaten vastgeschroefd.

De deur ging van het slot, ze verscheen met een vloed van licht achter zich. Het zijden nachthemd spande rond haar borsten en heupen, ze glansde als een vis. Ze liep naar het bed onder het raam, sloeg de deken terug en kroop erin. De spiraalmatras knarste.

Hij lag op zijn rug te wachten tot zijn voorstelling van deze avond zich zou openbaren. Hij snakte naar een aanwijzing, iets wat hem in beweging zou brengen, maar Alice lag stil in het ene bed en hij met een zwaar en overbodig lichaam in het andere. Voetstappen op de gang, een deur die open- en dichtging.

Waar dacht ze aan? Wat verwachtte ze van hem?

Zacht klonk opeens haar stem. 'Kom 's.'

Hij schoof naast haar en knipte het nachtlampje uit.

'Hé hallo,' zei ze.

Hun kus van harde lippen, verstijfd door het gewicht van de gebeurtenissen. De mensen, meneer pastoor, het element plicht.

Na een kwartier reikte ze met een arm over hem heen, deed het nachtlampje weer aan en zei: 'Geen lucht zo...'

Terug in zijn eigen bed vouwde hij zijn armen onder zijn hoofd en werd weer bewegingloos.

'Welterusten,' zei ze.

'Ja, lekker slapen,' zei hij.

De volgende morgen wandelden ze over de Mookerheide. Het wolkendek hing onbeweeglijk op zijn plaats. Hij vertelde over de nederlaag van Lodewijk en Hendrik van Nassau tegen de Spanjaarden, hier langs het Maasdal. De dood van duizenden soldaten, de ordeloze vlucht, hoe tallozen verdronken in het moeras en hun rusteloze zielen sindsdien als lichtjes boven de heidevelden dwaalden.

Ze knikte hem bemoedigend en een beetje afwezig toe.

'Geschiedenis is m'n vak,' zei hij verontschuldigend.

Na de lunch trokken ze zich terug op hun kamer om te rusten. Hij doezelde al weg toen ze naast hem kwam liggen. Hun kleren ruisten. Ze paarden in het grijze middaglicht, hun ogen wijd open.

De tweede halte van hun huwelijksreis was Amsterdam. Ze namen hun intrek in hotel Neutraal op het Damrak. Kunststof gordijnen voor de ramen, het behang bladderde. Ze hadden de slappe lach van de sleetsheid van alles.

Het was warm en zonnig geworden, ze gingen de straat op. Ze probeerden te slenteren alsof ze recht hadden op de stad, die ook hun hoofdstad was, maar waren geïntimideerd door de jongemannen met lang haar en de meisjes die rookten op straat; de atmosfeer van lacherige provocatie die ze verspreidden. Deze dingen maakten hun duidelijk wat hun plaats was. Provincialen waren ze, die hun ogen uitkeken bij alles waarover ze gehoord en gelezen hadden in hun verre uithoek van het land. Een klein land, dat, gemeten naar de verschillen tussen het centrum en de periferie, echter van continentale afmetingen leek.

Waren ze echt nog maar vier dagen van huis?

Het vreemdst van alles waren de zwarte mannen die ze op straat zagen. Aloïs draaide zich om en keek ze na. Waar Alice en hij vandaan kwamen waren er geen zwarten, er was er zelfs nog nooit een geweest. Zeker, een mens was het, net als hij, maar hij moest zich ertoe zetten om dat erin te zien. Zo iemand was misschien in het oerwoud geboren, in een dorp met daken van palmblad op de oever van de Marowijne of de Corantijn. En nu liep hij daar, de zwarte man, over de straten in de hoofdstad van het koninkrijk, een vreemdeling net als hij, al zag je het aan zijn donkere huid zoveel beter af.

Ze voeren over de grachten met een rondvaartboot van rederij P. Kooij. Aloïs keek ademloos van bewondering naar de grachtenpanden en pakhuizen uit de zeventiende eeuw. Hoog waren de huizen, hoger nog was de glorie van de Gouden Eeuw. Onverschrokken de zeevaarders, sluw de kooplui en bankiers. Ze hadden stenen tot steden gestapeld, en in de schaduw van hun stadspaleizen liepen nu de provo's en de nozems of hoe ze ook allemaal maar mochten heten. Geschiedenis bestond niet voor hen, ze waren begin en eind ineen, de tijd vóór hen moest worden vernietigd en na hen de zondvloed. Aloïs Krüzen bewonderde en vreesde hen; in de krant werden ze een gezwel genoemd, dat uitgesneden, uitgebrand moest worden – de schandpaal was nog te goed voor hen. Zo werd er over hen geschreven, en al had Aloïs een instinctieve afkeer van nieuwlichterij, hij wist ook dat zulke commentaren geschreven werden door bange heren, aan het einde van hun heerschappij.

Ze voeren het IJ op. Hij keek naar zijn kersverse echtgenote en probeerde zich een leven voor te stellen in deze stad, tussen deze mensen. Hij zou les kunnen geven aan leerlingen die zich vrolijk maakten over zijn dialect. Hij kon zijn kleding veranderen en zijn gewoontes aanpassen, maar het zou altijd een vermomming zijn. En Alice? Ze zou stil bewonderd worden door dichters en de minnares zijn van schilders – muze zou ze zijn, muze met een oostelijke tongval die ze voor exotisch hielden in plaats van boers.

Het Centraal Station gleed voorbij, ze passeerden de oostelijke handelshaven, de eilanden en pakhuizen die naar verre werelddelen waren genoemd. Vanuit de hele wereld voeren vrachtschepen beladen met rijkdommen het IJ op. Het was er misschien niet altijd even netjes aan toe gegaan, dacht Aloïs, maar ze hadden het 'm toch maar gelapt, vanuit dat vlekje op de wereldbol. Ze hadden zich een naam gemaakt die in alle windstreken werd gehoord. Genesis waarschuwde voor menselijke hoogmoed, maar de Hollander was zowel hoogmoedig als godvrezend geweest, en was beloond met alle rijkdommen van de wereld.

Zo droomde Aloïs Krüzen met de blikkerende weerschijn op het water in zijn ogen, en verlangde naar tijden die de zijne niet waren.

De tweede avond in Amsterdam gingen ze in een overmoedige bui een gokhuis in de Halvemaansteeg binnen. Toen hij terugkwam van de bar stond ze bij een roulettetafel. Ze nam het glas zoete witte wijn zonder op te kijken uit zijn hand. 'Volgens mij snap ik het,' zei ze. Het kogeltje ging rond, de cilinder draaide steeds langzamer tot het kogeltje in een rood vakje landde. Een Chinees aan de overkant van de tafel zoog lucht binnen door zijn mondhoek. Opnieuw schoot de croupier het balletje rond, een oude dame en de Chinees schoven stapeltjes fiches over de vakjes op tafel.

'Mevrouw Krüzen...' waarschuwde hij toen ze terugkwam van het wisselloket. Ze zette in, haar ogen probeerden het kogeltje te dwingen op zijn reis langs de rode en zwarte vakjes. Ze verloor, won, verloor opnieuw en opnieuw. 'Dit is nou leuk,' verzuchtte ze. 'Als we nou ook nog 's zouden winnen.'

'Ongelukkig in het spel, gelukkig in de liefde,' zei Aloïs, maar ze hoorde hem al niet meer.

Een uur later stonden ze weer buiten. Het water van de Amstel had zijn schittering verloren, donker gleed het onder de bruggen door. Ze zwegen. Alsof ze geld in de wind hadden gegooid, briefjes van tien en vijfentwintig uit de enveloppen van de bruiloftsgasten. Honderdvijftig gulden had ze verspeeld. Het gaf niet, zeiden ze tegen elkaar, er was nog genoeg over, maar jammer was het wel.

'Morgen heb ik meer geluk,' zei ze. Ze zag zijn schrik en zei: 'Sorry, niet grappig.'

Toen hij in een café op het Leidseplein van de bar terugkwam met twee glazen in zijn hand, zei ze: 'Wil je me soms dronken voeren?'

'Ligt eraan,' zei hij.

'Misschien dans ik wel op tafel, weet jij veel.'

Hij grinnikte. 'Laat maar zien dan.'

Daar, in dat café, vertelde hij voor het eerst over de platgereden bloemen op de Bunderweg, toen dat nog een klinkerweg was waar trekkers van de Marshallhulp overheen jakkerden.

'Maar als ik ze wel gezien had,' zei Alice verwonderd, 'hoe had ik dan moeten weten voor wie ze waren?'

'Dat had je geweten.'

'Dat ze voor Marion waren?'

'Ach jij.'

Zo was het bedoeld, dacht hij, zo wilde hij zijn en zo wilde hij dat zij was, en hij was trots en gelukkig toen hij later met haar danste in een club in een van de zijstraten rond het plein, waar alle zwarte mannen die ze hadden gezien zich verzameld leken te hebben.

De band speelde kaseko en latin, iedereen dronk en lachte. De bandleider knikte naar Alice en zei: 'Deze song is speciaal voor een hele mooie juf.' Hij maakte een lichte buiging. De band zette een vlug en vrolijk lied in dat met gejoel werd begroet. Rad zong de bandleider: 'Je bent nog niet gelukkig met een mooie vrouw. Je vraagt je steeds af: is zij me wel trouw. En als ze eindelijk in je armen rust, dan zijn er weer kapers op de kust...'

Het publiek klapte en zong uit volle borst mee, ze kenden het allemaal. Alice lachte verlegen, Aloïs bewoog mechanisch op de maat. Tientallen mannen keken naar zijn vrouw, ze hadden gedronken en god weet wat nog meer, hij vervloekte het moment dat Alice en hij de club binnen waren gegaan.

Afgezien van de pianist en de bassist en twee andere stelletjes waren ze de enige blanken in de club. Hij zag handen die vanuit de schaduwen naar haar uitgestoken werden, haar vastgrepen, ze sloten zich rond haar mond en borsten, verdwenen onder haar rok en trokken haar mee, en hij, die beloofd had haar te zullen verzorgen en beschermen, stond vastgenageld aan de grond. Hij schrok op uit zijn verstarring, en boog een beetje voorover om zijn erectie te verhullen. Hij schuifelde achterwaarts tot hij tegen een muur stond. Alice danste gegeneerd en opgetogen te midden van die opgezweepte negerstam.

Hij verlangde naar huis.

Die nacht, de stad achter de gordijnen. Hij was niet één man, hij was ze allemaal. Haar ogen glansden in het donker als van een kalf. Hij steunde met zijn vuisten op de matras en nam haar in bezit. Haar open mond, de wijn in haar adem. Zo was het nog niet geweest. De gelukzalige spanning onder aan zijn pik. Haar lijf dat zich spande als een boog.

Vijf, zes minuten, dat was de duur van zijn heerschappij.

Dacht ze eraan? vroeg hij zich af bij het ontbijt. Haar adem bij zijn oor, het glinsterende tussen haar benen? Ze hadden maar zo weinig ervaring, en het huwelijk leek er helemaal niet geschikt voor om die op te doen. Hun blikken schampten elkaar. De toekomst scheen naargeestig, hopeloos.

Hij richtte zijn blik op zijn bord.

Ze keek naar hem, de nauwgezetheid waarmee hij boter smeerde. Het mes dat traag over de toast schraapte. Na een tijd vroeg ze: 'Kun je ook sneller?'

Hij schudde zijn hoofd.

'Je neemt toch niet ook nog fruit, hè?' zei ze gekscherend.

Toen zei hij het: 'Ik wil wel weer naar huis.'

Ze keek, maakte hij een grapje?

Hij schudde zijn hoofd. 'Ik heb het altijd al gehad. Ik kan niet lang van huis.'

'Wat nou, Aloïs,' zei ze, 'heb je *heim*wee?!'

De lange weg van het mes naar de botervloot en weer terug.

'Zelfs in Amsterdam?' vroeg ze.

'Ik tel de dagen.'

'Hoeveel dan nog?'

'Drie,' zei hij zonder nadenken.

Het bleef lang stil. Toen zei ze: 'Dit is wel onze huwelijksreis.'

'Dat is zo.'

'Eén keer,' zei ze. 'Eén keer in je leven.'

Hij knikte. Het mes brak de toast, sneed het niet.

Hij hoorde hoe ze het snerende in haar stem probeerde te verbergen toen ze zei: 'Dan hadden we beter naar Bad Bentheim kunnen gaan, of zo.'

Hij knikte weer. 'Ja, dat is dichter bij huis, ja.'

Ze zwegen.

''t Is zoals het is,' zei hij na een tijd.

'Had je het niet eerder kunnen zeggen – ik bedoel, we hadden...'

'Ik wist het niet,' zei hij, 'niet zo.' Hij haalde diep adem. 'Ik wil echt graag naar huis.'

Ze knikte. 'Natuurlijk gaan we naar huis. Ik had het alleen graag van tevoren geweten.'

Halfvier 's nachts. Het kind ademde, het schreeuwde, ze noemden het Paul Thomas Krüzen. In zijn volwassen leven zou hij in kranten en tijdschriften altijd de horoscoop met een kreeft erboven zoeken, ook vaak weergegeven als een ♋, het zorgzame teken van de dierenriem volgens astrologen, gevoelig onder zijn pantser. Periodiek las hij dat de grote liefde aanstaande was of dat hij op gezinsuitbreiding mocht hopen, maar het leek erop dat zijn tak van de familie Krüzen met hem zou uitsterven.

Zijn vader had meer kinderen gewild, zij het meer als voorzorgsmaatregel dan uit vaderliefde, 'want we wonen aan een drukke weg'.

Zijn moeder antwoordde: 'Dan baar je ze maar zelf.'

Op kromme beentjes schuifelde het kind zijn moeder door het hele huis achterna. Soms struikelde ze over hem.

'*Jezús*… Paul!'

's Morgens deed ze het huishouden met hem in haar kielzog. Hij had alleen maar lopen geleerd, zei Aloïs, om haar beter te kunnen achtervolgen.

'Mama,' zei Paul op een dag, en wees op de vloer. 'De zon.'

In het heldere ochtendlicht zag ze een hoopje stof liggen op de vloer met veegbanen er als zonnestralen omheen. Poëtisch, vond ze. De belofte van een speciale begaafdheid.

In de kleuterklas kon hij niet goed meekomen. Bloedarmoede, zei zijn moeder, maar zelf meende hij, in de spaarzame momenten dat hij later aan zijn jeugd terugdacht, dat hij de eerste jaren van zijn leven in een onvaste aggregatietoestand had doorgebracht. Vloeibaar plasma, nog zonder vorm. Pas later in zijn leven was hij in een toestand van vaste stof geraakt.

Overal waar zijn moeder was, dook hij naast haar op, soms werd ze er zo gek van dat ze hem een klap om zijn oren gaf. Hij sidderde van dankbaarheid wanneer de hand die hem geslagen had, hem even later weer aanhaalde. Als een hondje onderging hij het verterende schuldgevoel in haar omhelzingen.

Op een middag begon ze erover tegen haar zuster. 'Dat plakken van 'm de godganse dag. Ik kan echt geen kant op.'

'Je verwent hem te veel,' zei Marion.

Een rimpel boven Alice haar neus. 'Ik doe juist niks. Ja, negeren. Naar de wc wil ik 'm niet meer mee.'

'De *wc*?'

Alice knikte. 'Dat werd me te gek.'

'De wc...' herhaalde haar zuster nog eens.

Alice sloeg een andere toon aan. Vergoelijkend nu: 'Zo erg is het nou ook weer niet.'

'Heb je nog meer zoetjes?'

'Hij kan ook heel goed alleen spelen soms.'

'Deze is leeg.'

'Je moet even schudden. Vocht. Dit huis...'

Marion schudde verwoed met het doosje zoetjes en zei: 'Het lijkt me niet makkelijk allemaal.'

Alice veegde een paar haren uit haar gezicht. Paul nam de doos bastognes van tafel.

'Nee, schat, je hebt al gehad.'

In de tuin waren donkere molshopen onder de smeltende sneeuw vandaan gekomen. Marion keek afwezig naar haar neefje.

'Het valt ook wel weer mee hoor,' zei Alice. Ze had het onderwerp verkeerd aangepakt, begreep ze. Drie kinderen had haar zuster, drie loten uit de loterij, terwijl het nu leek alsof zij het met een slecht nummer moest doen. Ze begon haar driejarige zoontje omstandig te prijzen – dat hij zo goed kon helpen vegen en aardappels schillen, en dat er nooit meer een man zoveel van haar zou houden als hij, 'hè, kleine prins?' Ze gaf hem een kneepje in zijn neus.

Pauls gezicht brak open. 'Waar is de neus nou?' zei hij blij.

Ze glimlachte gelaten. Met het topje van haar duim tussen wijs- en middelvinger gestoken tikte ze zijn neus aan. 'Daar is je neus, boef.'

In de zuurbeshaag woeien nog de laatste serpentineslierten van zijn derde verjaardag op. Januari, 's middags halfvijf. Eigenlijk dronk ze nooit koffie zo laat op de dag.

Haar zoon haalde de doos met dierendomino tevoorschijn en zette hem op tafel. Een voor een draaide hij de stenen om en schoof haar er vijf toe. Ze schudde haar hoofd. 'Ik ben aan het praten met tante Marion, lieverd. En ik moet zo koken.'

Opnieuw liep hij van tafel weg en kwam terug uit het donkere halletje naar de deel met de tenen aardappelmand in zijn handen.

Marion stond op, haar lippen in een glimlach gewrongen. 'Lastig ja,' zei ze. 'Ik zie wat je bedoelt.'

Zwaar rustte het pannendak op het huis, de ramen waren vlak onder de laag overhangende rand geplaatst. Schemerde het buiten, dan was het binnen al donker; op grijze dagen trokken de schaduwen nooit op. Eens was het een trotse, driekappige Saksische boerenhoeve geweest, maar een voorvader die het slecht ging, had de kappen aan weerszijden laten slopen en alleen het middengedeelte laten staan. Voor aan de oprit bevond zich de deel met de hoge, afgeronde deuren waar vroeger de beesten stonden, achter woonden de mensen. De deel had haar bestemming verloren en was geleidelijk aan vol komen te staan met in onbruik geraakte werktuigen. Vlak gesleten Bentheimer molenstenen, een hooischudder, een weidedrinkbak; het archief van mislukkingen van het geslacht Krüzen.

Toen Paul acht jaar oud was, liep hij het donkere halletje door dat het woonhuis met de bijkeuken en de deel verbond. Hij haalde de sleutel van een spijker in de deurpost en ging de deel op. Het rook er naar oud stro. Voorzichtig liep hij er rond, alsof hij bang was iemand in zijn slaap te storen. De gruppen waren met stoeptegels afgedekt. Hij dacht aan de warme koeienlijven die hier ooit stonden, het gerammel aan de voederhekken en het geslobber uit de gietijzeren drinkbakken aan de staanders, en had een vaag verlangen naar een tijd lang voor zijn geboorte. De vochtige warmte onder de balken vol spinrag, het zurig ruikende kuilvoer. Hij dwaalde tussen stapels autobanden en afgeschreven machines waarvan hij de functie niet kende. Zijn slaap schraapte langs de roestige tand van de hooischudder; bloed op zijn hand toen hij erlangs veegde. De sleuven onder de vuile stalramen waren met proppen papier dichtgestopt, de lucht op de deel stond stil.

Hij klom de houten ladder naar de voorzolder op. Toen zijn ogen aan de schemering gewend waren, zag hij hompen halfvergaan hooi tegen een tussenmuur. Er sloeg een scherpe schimmellucht vanaf. De zolder was in tweeën gedeeld; achter de tussenmuur, waar een oude staldeur in was gezet, bevond zich het grootste gedeelte, dat zich over de hele lengte van het woonhuis uitstrekte. De deur zat stevig dicht, hij kreeg het valslot met geen mogelijkheid in beweging. De ruimte die hij wilde binnengaan moest reusachtig zijn, en opeens was hij bang voor wat zich achter de deur bevond; zijn opwinding verschoot tot ijzige angst. Zijn gerammel aan het slot – hij had het ruw in zijn slaap gestoord en nu naderde het achter de deur. Hij viel achterover toen hij zich omdraaide, krabbelde overeind en roetsjte de trap af naar beneden.

'Wat heb je daar?' zei zijn moeder even later. Ze trok hem naar zich toe om de schram naast zijn oog te inspecteren. 'Wat moet je daar dan ook! Hij had dat allang moeten opruimen allemaal…'

Het huis was van hen beiden, van zijn moeder en hem. In de namiddag voegde zich er een derde bewoner bij, die tevreden leek met zijn bestaan als figurant. De figurant had niet de behoefte om zich te laten gelden, alles verliep op rolletjes zonder hem. Hij gedroeg zich als een voorbeeldige kostganger, nam de vaste lasten voor zijn rekening, droeg het restant van zijn loon af voor de boodschappen en probeerde zijn zoontje op een namiddag de wreeftrap te leren.

Bijna vijftig jaar woonden ze nu op de Muldershoek, Paul en zijn vader Aloïs, maar van de eerste acht jaar bezat Paul nauwelijks herinneringen aan hem. Had hij daarvoor bestaan? Uit de voortijd waren hooguit een paar indrukken bewaard gebleven, niets wat een herinnering mocht heten. Naam noch vorm. Het web van spataderen onder de dunne huid van zijn voeten, de geur van tabaksrook op de plee, vermengd met die van zijn kak. Van verder terug nog het geluid van zijn broekspijpen die langs elkaar schuurden als hij liep – en zo was er beeld, geluid en zelfs geur, maar het weigerde allemaal samen te vallen tot één man. Als rook deinde zijn vader door zijn vroegste jaren.

Pas toen Paul hem op een dag tierend uit de mais zag komen, waarbij hij een onbekende man aan diens benen met zich meesleepte, ontstond zijn eerste vastomlijnde herinnering aan zijn vader – hoogzomer, overbelicht, alles was te zien.

De namiddag waarop zijn vader zijn leven kwam binnenge-
tuimeld – het lover van de bosrand bolde zwanger en de
snijmais op de es stond hoog. Om te beginnen had er een
daverende klap geklonken, ergens buiten, waarop Paul naar
buiten was gerend in de hoop dat er een meteoriet was in-
geslagen. Daar, in de mais die grensde aan hun land, was nu
een geraas, een hevig bewegen van iets; de stuipen van een
monster, het stampen van een paard – ja, een paard zou uit
die groene wand tevoorschijn breken, een wild paard,
schuimbekkend en glanzend van zweet, het kondigde zich
aan met krakende maisstengels onder het geweld van zijn
zware lijf, het zou zich aan hem vertonen, hoog als een
muur, briesend en met uitpuilende ogen – maar geen paard
was het dat uit de mais tevoorschijn kwam, maar een lichaam dat uit twee mannen bestond; zijn vader die een andere man aan zijn enkels met zich meesleepte, een dode
man met bloederige vegen op zijn gezicht, die hij nu over
de aarden wal werkte die het land van Voorthuis scheidde
van het hunne. Zijn vader liet de enkels van de man los en
sloeg zijn armen rond diens borst, en hees hem zo over de
erfafscheiding. Toen hij Paul zag staan kijken, bracht hij
uit: *'Je moeder, bel Montizaan!'*
   Paul gaapte hem aan.

'*Nu!*' blafte zijn vader, die hij nog nooit zijn stem had horen verheffen.

De jongen vloog over het gras en rende het huis binnen, maar in plaats van dat zijn moeder meteen de huisarts belde, snelde ze naar buiten, waar haar echtgenoot een man door het gras sleepte en wanhopig uitbracht: '*Bel Montizaan dan toch verdomme.*'

Dit was wat Paul Krüzen er later over wist te vertellen: dat zijn vader niet lang daarvoor nog met het vergiet in de hand in de moestuin stond en sperziebonen los kneep van de steelaanzet. In de verte hoorde hij een haperend vliegtuigmotortje. Het viel stil en sloeg sputterend weer aan. Zijn vader speurde de hemel boven de populieren af en draaide zich juist weer naar de bonenstokken toe, toen hij een zware klap hoorde. Een rilling voer door de bomen en het gras. Zijn vader liet het vergiet uit zijn handen vallen en rende naar het huis. *Het gat in het dak, zijn vrouw en kind verpletterd door een vliegtuig dat uit de hemel gevallen was...* Maar aan het huis was niets te zien, alles was in rust. Hij rende onder de bomen naar de beek, en toen langs het pad door het bos achter zijn huis, evenwijdig aan het water. Hij sprong over bovengrondse wortels en dook weg voor laaghangende takken. Helemaal naar achteren rende hij, naar het einde van zijn terrein, en klom daar in een eik, waarbij een hazelaar hem als opstap diende. Hoger en hoger klom hij, tot hij het oranje pannendak van zijn huis boven de woekerende vlierstruiken zag uitsteken. Hij overzag de zee van mais. Toen zag hij de vleugelpunt van een vliegtuigje midden op de es. Hij stak boven de bruine pluimen uit, de laatste groet van een zinkend schip.

Vliegensvlug was hij beneden en waadde er door de mais naartoe. Het scherpe blad kraakte en bekraste zijn huid, hij vertrapte stengels op zijn weg. *Een vliegtuig*, maalden zijn gedachten, *er is verdomme een vliegtuig neergestort achter mijn huis...* Voorgevoel van grote verandering. Hij was licht misselijk.

Aan de rand van de open plek bleef hij staan, hijgend als een hond. Een ravage van omgewoelde aarde, geknakte maisstengels, het tweedekkertje dat in zijn glijvlucht de aarde had omgeploegd. De neus had zich in de aarde geboord, de propeller en de linkervleugels waren afgebroken. De nabijheid van de dood joeg rillingen over zijn huid.

Hij liep langs het staartstuk, het toestel leek gemaakt van alles wat iemand in zijn schuur had kunnen vinden. Het gescheurde canvas van de huid had de kleur van verweerde legertenten, en was her en der versteld als een oude overall. Op het zijraampje van de cockpit zat bloed in vegen uitgesmeerd, van dichtbij zag hij het hoofd van de piloot dat achterover hing.

Aloïs klom op de wortel van de vleugel en keek in de cockpit. Het stille, brede gezicht van een man, omhuld door een leren vliegenierskap. Zijn dode ogen, bleekblauw als linten in meisjeshaar. Toen zag Aloïs de bloederige slijmdraden tussen zijn lippen bewegen. De schok – *hij ademt, hij leeft*.

De slierten tussen zijn uitgedroogde lippen knapten toen zijn mond woorden vormde die hij niet begreep.

'Wat nou,' riep Aloïs, 'bi-j neergestort?'

De krachteloze woorden achter het plexiglas, zijn ogen die langzaam open- en dichtgingen. Aloïs rukte vergeefs

37

aan de onderzijde van het metalen frame van de canopy. 'Losmaken!' riep hij tegen de man. 'Die moe-j losmaken!' Hij wees op de hendel aan de binnenkant van de kap. De piloot bewoog zijn rechterarm voor zijn borst langs. Zijn andere arm hing slap langs zijn lichaam. Hij draaide zijn bovenlichaam naar links, een grimas op zijn gezicht, en zette zijn hand tegen de hendel.

'Harder!' riep Aloïs. 'Verdomme kerel, druk dan toch!'

Hij stapte omlaag en vond een kleine kei in de omgewoelde aarde. Daarmee sloeg hij de ruit in. Hij stak zijn hand in de klamme warmte daarbinnen, trok aan de hendel en opende de kap boven het hoofd van de vliegenier. 'Kom er maar uit,' zei hij.

De piloot fluisterde iets in een vreemde taal.

Het was duidelijk dat hij het toestel niet op eigen kracht kon verlaten. Aloïs boog zich over hem heen en probeerde hem op te tillen, maar de man kermde zo erbarmelijk dat hij hem vlug losliet.

Aloïs keek naar de lucht en haalde diep adem. Een wolk, grijs en plat als een riviersteen, was tot boven hun hoofd opgeschoven. Beneden op de weg reed een auto langs. Keek de bestuurder op, dan had hij hoger op de es een man boven de mais uit zien steken die naar hem zwaaide om zijn aandacht te trekken, maar hij hield zijn ogen stevig aan het asfalt geklonken en verdween onder de eiken in de bocht van de weg.

'Dat wordt niet wat,' mompelde Aloïs. Boven zijn hoofd smolt een zwerm kraaien samen tot een zwarte slinger. Hij boog zich opnieuw naar de man over, sloeg zijn armen rond zijn bovenlichaam en trok hem uit zijn stoel. De piloot loeide van pijn en schrik, en verloor het bewustzijn toen Aloïs hem met al zijn kracht uit het toestel sleepte.

Op de omgewoelde aarde lag nu een vreemde man, een man van ver, dat was hem intussen wel duidelijk. De vliegenierskap, zijn ouderwetse versleten goed – alsof hij niet uit een ander land maar uit een ander tijdperk kwam gevlogen. De stompe leren laarzen aan zijn voeten – een boer? Een vliegende boer? Een Pool, dacht Aloïs, Polen hadden van die lichte ogen. Hij trok hem de laarzen van zijn voeten, pakte hem bij de enkels en begon in de gang tussen twee rijen mais aan de lange weg naar huis.

Lichtgeel lagen de akkers rond de Muldershoek te soezen in de zon. De loonwerkers waren vertrokken, het hooien was gedaan. Jongemannen nog, ze gaven nergens om. Ja, om zaterdagavond, sneuvelen bij De Lindeboom, maar hoe onafzienbaar ver weg was zaterdagavond nog... Hoog op hun machines trokken ze door het onmetelijke dal van plichten en lang voor ze die hitsige, lokkende zaterdagavond hadden bereikt zouden ze zijn gestorven van verveling.

Aan de akkerzoom, in de schaduw van de bosrand, stond Paul Krüzen. Hij keek uit over het land van Harry Voorthuis en zijn zoon, dat aan hun terrein grensde. Tussen de bomen zoemden myriaden insecten, een traag en diep gonzen, door de warme dagen van juni opgewekt.

Lang geleden had zijn vader hem de plaats gewezen waar de vliegenier was neergekomen. Toen Paul daarna met zijn metaaldetector de akker had afgespeurd, had hij juist daar een sterk ijzersignaal opgevangen. Winter, doorweekte aarde kleefde in lagen onder zijn zolen. Hij groef een oude laars op met spijkers in de hak en even verderop een modderig, sterk geoxideerd voorwerp dat hij niet kon thuisbrengen. Hij zat op zijn knieën op de geploegde akker en schraapte met zijn zakmes de aangekoekte aarde van het metalen voorwerp af. De zoekspoel bleef verstoringen meten onder het aardoppervlak. Op een halve meter diepte vond hij een soort kruiwagenwiel met een halfvergane rubberband eromheen. Zijn hart sloeg vlug. Het verleden – het bestond, het had bestaan, en al was het ondergegaan, hij had het opgegraven. Dus het was waar, de Rus, zijn vliegtuig, de dingen die zich in de schemering van zijn vroege jeugd hadden afgespeeld en die hij zich herinnerde als een droom – de contouren werden scherper nu. Met zijn vondst, had hij het gevoel, nam hij alsnog zijn plaats in de gebeurtenissen in.

Meer dan dertig jaar geleden was het dat hij hier met zijn metaaldetector het veld in was gegaan – zestien, zeventien was hij toen, en hij had daarna nooit meer iets gevonden wat belangrijker was dan de laars, het kompas en het vliegtuigwiel.

Uit de hemel daalde nu een kraai neer, een grote gezonde kraai met een grote, gezonde honger. Hij landde op het open veld, vlak bij een verweesde jonge haas, waarvan de moeder in de storm van de machines verloren was geraakt. De kraai zette een paar schommelpasjes, stond stil en schikte zijn veren. Met een schuin oog monsterde hij zijn prooi. Het hazenjong rende een eindje bij hem vandaan en drukte zich plat tegen de grond. Eerder op de dag lag het gras nog in regels te drogen, hij had zich erachter kunnen verstoppen of erin weg kunnen kruipen, maar nu was de aarde naakt en kaal. De kraai hupte achter hem aan. Hij had geen haast. De haas was klein en de akker onafzienbaar groot; ach, ging het altijd maar zo gemakkelijk.

Het diertje deed een dappere uitval. Vlak voor het tegen de kraai op botste, sloeg het een haak – de eeuwige list van de haas. De kraai fladderde achterwaarts op, en roeide meteen weer met een paar vleugelslagen naar hem terug. Hij was geen erg goede jager maar de tijd was in zijn voordeel.

Paul Krüzen bekeek de ongelijke strijd vanuit de verte. Hij onderdrukte de neiging om met wapperende armen het veld in te rennen. Hij had gedachten over jagen en gejaagd worden. In de schaduw van de bomen hield hij zich onzichtbaar en bemoeide zich nergens mee. Alles moest zijn loop hebben. In het leven van de dieren, in dat van hemzelf, Paul Krüzen – meer haas dan kraai. Solitair levend prooidier. Hazenhart.

Ver weg, aan de overzijde van de hoge, bollende akker, reed een auto. Toen een trekker. Je hoorde ze nog een tijdje, dan was het weer stil. Alleen het gele land en hij aan de bosrand. De smiespelende beek daarachter. Het peil was ongebruikelijk laag voor deze tijd van het jaar. Stil sleepte de stroom zich door het halfdonker onder de bomen. De bodem was rood van oer.

De haas, zo groot als de hand van een meisje, begon op te geven. Hij drukte zich sidderend tegen de grond. Het was tijd, en de tijd bediende zich van een zwartgerokt snaveldier. Het pikte naar je. Je voelde alles, elke sabelhouw, dacht Paul, maar je moest je harden. Het vroeg een sterk harnas om neutraal te zijn. Met zijn dolksnavel hakte de vogel op hem in. Paul knipperde niet met zijn ogen. Je moest je plaats in de voedselketen kennen, dacht hij. Je plaats in de voedselketen, en jezelf wapenen.

Een vlucht kauwtjes trok over. De kraai bukte en keek

met één borend oog de hemel in of hij zich schrap moest zetten voor concurrentie. Toen toog hij weer aan het werk. Het verzet was gebroken. Misschien was het diertje zelfs al dood, en met zijn prooi in zijn snavel steeg de kraai even later op. Hij vloog laag over de pasgemaaide akker, die bleek was als de geschoren schedels van de neonazi's die Paul soms zag op wapenbeurzen, waar ze net als hij op zoek waren naar parafernalia van de laatste grote oorlog die het continent had omgeploegd en het een nieuw aanzien had gegeven. Outlaws, die knapen. De zeegroene Odal-rune in hun nek of op hun onderarm bestemde ze tot een leven aan de rand. Een baantje op de vorkheftruck of als pakkettensorteerder, meer zat er niet voor ze in. Hij ging ze uit de weg, die jongens met hun brandende ogen, die droomden van een andere wereld dan hij.

'Wat bi-j laat,' zei zijn vader toen hij binnenkwam.

'Dan bi-j te vroeg gaan zitten,' zei Paul.

Hij zette thee en smeerde een boterham met leverworst voor hem. Zijn vader vouwde zijn handen en was even stil. Zo was het gegaan: eens had zijn vader voor hem gezorgd, nu zorgde hij voor zijn vader. Hij was mettertijd niet alleen zijn eerste bediende geworden, maar ook zijn verpleger, kok en voorproever. Soms, in zijn dagdromen, wierp hij zand op zijn kist en was gelukkig.

Aloïs kauwde toegewijd. Zevenendertig keer per hap, wist Paul, omdat dat goed was voor de spijsvertering, maar wanneer hij hem probeerde te betrappen raakte hij steevast de tel kwijt.

Steeds bleker was het brood geworden dat zijn vader kon

verdragen, steeds gemakkelijker te vermalen, tot aan het vochtige, sneeuwwitte casinobrood toe dat hij nu voor hem kocht. Paul las de spijsvertering van zijn vader zoals auguren de vlucht van de vogels. 'Je moet meer drinken,' zei hij als zijn ontlasting te hard was. 'En meer vezels. Ik zal volkorenkoekjes van San Francisco voor je meebrengen. Die vi-j lekker.'

Wie hen zag, dacht hij, kon zich niet voorstellen hoe het eens geweest was. Hij kon het zichzelf ook nauwelijks meer voorstellen. In zeker opzicht was er niks veranderd, twee mannen in een huis en een halve eeuw die geruisloos verstreken was, maar bij een andere lichtinval was er niets hetzelfde.

'Was je laat weerom gisteren?' vroeg zijn vader.

'Ik heb niet gekeken.'

'Nog wat bijzonders?'

Paul dacht aan de Rus, maar zweeg. Zoals de legendarische wielrenner Luis Ocaña zich door bijen liet steken om zich op te peppen voor de koers, kon je zijn vader uit de dood opwekken door over Russen te beginnen. Of beter: die ene Rus. Als je het Aloïs nu vroeg, zei hij: 'Ik had 'm moeten laten verrekken waar-ie lag.'

'Ullie is dood,' zei Paul toen. 'Ullie van Tonnie. Hedwiges zei het.'

Zijn vader schudde zijn hoofd. Sinds hij niet meer met de scootmobiel naar het dorp ging nadat hij een keer anderhalf uur op een fietspad had gestaan met een lege accu, bleef hij grotendeels van nieuwtjes verstoken. 'Ullie,' zei hij, en knikte. 'Wat had-ie?'

'Koning, keizer, admiraal, kanker krijgen ze allemaal.'

'Afkloppen,' zei zijn vader, en tikte met zijn knokkels op het tafelblad.

Pauls gedachten zwierven naar buiten, naar de dieren in het veld en de warmte boven het land. Vroeger was hij een vriend van de hazen geweest. Hij beloerde de jagers vanuit zijn schuilplaats hoog in de eikenboom achter in het bos, van waaruit zijn vader ook het vliegtuig in de mais had ontdekt, en zond hun zijn machteloze haat toe. Ze droegen hazen en houtduiven aan de riem, kauwtjes en kraaien lieten ze liggen. *Daar!* Een haas was uit zijn verscholen positie tevoorschijn gekomen. *Ren, haas, ren...* De jagers richtten en drukten af. Twee, drie droge knallen en ginds de haas die struikelde, over de kop sloeg en voor dood bleef liggen in het land. Gestorven in hetzelfde veld waarin het dier ter wereld was gekomen, want de haas is geen reiziger. De jagers zeiden: ''n Hazen wil schötten wörden woar at he geboren is', en elk jaar opnieuw dunden ze hun rangen uit. Ze schoten hazen, fazanten, Vlaamse gaaien, houtduiven, eenden, kraaien en soms een vos. Vingers kromden zich om de trekkers, ze vuurden en vuurden, rook kringelde uit de hete lopen, vogels tuimelden uit de hemel en de patroonhulzen bleven liggen in het veld. De honden jankten van honds genot, hun bazen veegden hun bebloede handen af aan hun gat, en de zon en Paul Krüzen zagen alles.

Zijn naam was Anton Rubin en hij was uit het Rijk van het Kwaad ontsnapt in een sproeivliegtuigje. Onder bleke linten van sterren was hij over slapende kazernes en dommelend geschut gevlogen. Hij vloog op vier-, vijfhonderd voet, laag genoeg om onder de radar te blijven. Grazende reeën hadden misschien even opgekeken, vossen hadden hun gesnuffel gestaakt en geluisterd naar het gebrom boven hun hoofd. Misschien had zelfs een grenswachter een wenkbrauw opgetrokken, maar de alarmhoorns zwegen.

Nog meer dan de MiG's die plotseling naast hem konden opduiken, vreesde Anton Rubin de zwarte contouren van de heuvels die voor hem opdoemden in het licht van de maan. Dan vluchtte hij naar acht-, negenhonderd voet, zoveel als nodig was om ze te ontwijken. Waren er geen heuvels, dan spande hij zijn ogen in om kerncentrales en hoogspanningsmasten te ontwaren in het donker. Koste wat kost moest hij voorkomen een ongeïdentificeerd object op een radarscherm te worden, dat speels door een MiG uit de lucht kon worden gekegeld.

Vrijwel blind vloog Rubin door de nacht, met slechts een paar boordinstrumenten tot zijn beschikking. Bij een zwak lichtje las hij de snelheidsmeter, de hoogtemeter en de bochtaanwijzer af. Omdat het kompas op het instrumentenpaneel het begeven had – het glaasje was kapot en de naald verdwenen –, las hij de noordwestelijke koers af op het legerkompas in zijn hand. O, wat had hij graag een kunstmatige horizon tot zijn beschikking gehad, maar zo'n instrument was duur en moeilijk te krijgen. Met een kunstmatige horizon had hij zich ervan kunnen vergewissen wat boven en onder was, want de sporadische lichtjes op het aardoppervlak vloeiden zonder onderscheid over in de sterrenhemel, zodat hij evengoed op zijn kop kon vliegen. Daarom dat hij op een heldere nacht had gewacht, waarin de maan zijn baken was. Ook al was het door de afwezigheid van thermiek een rustige vlucht door het donker en sneed het toestel door de gladde lucht, Rubin was één groot, overspannen zintuig, beducht voor elke motorische onregelmatigheid. Een cilinder die oversloeg of de benzinetoevoer die even stokte – indicatoren van mogelijk onheil. Hij kon aan de olie ruiken of hij de motor te heet stookte; de geur van verbrande olie herkende hij uit duizenden.

Bij het oplichten van een raam in het donker onder zich veerde hij op. Er was leven daar, een medemens – wat een teken was een lichtje op aarde voor iemand die alleen door de onmetelijke hemel zwierf!

Zijn ogen brandden van het spieden in het donker, hij worstelde met de slaap en sloeg zichzelf in het gezicht om wakker te blijven. Hij sprak brieven uit aan zijn moeder, zijn zusters en zijn vrienden, een hoopvol snoer van woorden in het duister dat hem omsloot als de diepte van de oceaan. Uur na uur vloog hij over bossen, heuvels en rivieren, zijn lichaam door brandstoftanks omringd, die genoeg benzine bevatten om hem van zijn dorp Zagoeblene helemaal in Denemarken te brengen. In Denemarken, had hij gehoord, bestonden er mensenrechten en waren de vrouwen van boter en honing. Maar mensenrechten kun je niet zien, die staan onzichtbaar boven de poorten van de instituties geschreven, de vrouwen daarentegen stapten op hoge benen door zijn hoofd en verdreven de slaap voor een tijdje. Over het scherm van de nacht paradeerden ze voor hem uit met brede heupen en ronde dijen, uitvloeiend naar de smalle enkeltjes die door Anton Rubin gekust wilden worden. 'Anton!' riepen de vrouwen. 'Anton? Waar ben je? We wachten al zo lang! Waar blijf je nou?'

Tot zover was het geluk met hem geweest. Als een veertje was hij door de heldere, wolkeloze hemel geblazen, precies zoals de weerkaarten bij vertrek hadden voorspeld.

Opgelucht begroette hij het vale schijnsel van de morgen, dat vlug helderder werd. De duisternis verschoot tot Pruisisch blauw, de sterren verbleekten. De schaduwen waren lang en alles werd van vloeibaar goud, de bossen, weides en dorpen onder hem, een sensatie die hij zich herinnerde van de keren dat hij voor dag en dauw opgestegen was. Goudkleurig glinsterden ook de waterlopen in de diepte; het licht van achteren leek hem voort te duwen door de koude hemel.

Een bad, wat verlangde hij naar een bad om het angstzweet van de nacht van zich af te spoelen en zijn koude, verstijfde spieren te ontspannen.

Volgens zijn berekeningen vloog hij nu ergens boven de DDR; het gevaar was nog niet geweken. Vluchten was landverraad, bestraft met de kogel of de goelag, waar je wegrotte aan het einde van de wereld.

Hij had een stuk boven de Oostzee kunnen afsnijden, maar wilde boven land blijven omdat hij motorpech of meteorologische problemen boven zee niet zou overleven. Hij zou via Noord-Duitsland naar Denemarken vliegen, met de zon in de rug, maar om een uur of negen 's morgens liet hij het kompas uit zijn verstijfde hand vallen. Het rolde onder zijn stoel of ergens achter hem, waar het buiten bereik bleef van zijn wanhopig tastende vingers. Hij vloekte en wrong zijn lichaam in bochten, maar vond het niet terug. Hij zou het toestel aan de grond moeten zetten om het te pakken te krijgen, maar wilde geen risico nemen. Op goed geluk vloog hij verder, en probeerde aan de hand van de zon de noordwestelijke koers te bepalen.

Gaandeweg de ochtend werd de bebouwing onder hem dichter en het wegennet complexer, de zon blonk op de autodaken. Fabrieksschoorstenen stootten langgerekte rookpluimen uit. Was hij zonder het te merken het IJzeren Gordijn gepasseerd, ging het zo gemakkelijk? Het kon niet anders dan West-Duitsland zijn daarbeneden, zoveel wegen, auto's en industrie – hij vloog zonder twijfel boven de vrije wereld!

Maar in Denemarken was hij nog niet, en in Duitsland wilde hij niet blijven. Hij was twee jaar voor Hitlers opmars naar Moskou geboren en opgegroeid met verhalen over de wreedheden van de Duitsers. Zijn vader en moeder hadden zoals de meesten van hun generatie gediend in de Grote Vaderlandse Oorlog en spraken met vrees en verachting over de fascisten.

De wetenschap dat hij boven NAVO-gebied vloog, verontrustte hem. Ook zij bezaten straaljagers die het gemunt hadden op kleine toestellen zonder transponder, die geen antwoord gaven op de vraag wie ze waren en waar ze vandaan kwamen. Hij vloog zo laag dat hij het vee onder zich kon onderscheiden. Glooiende weides vol koeien. Meer dan vijfduizend liter melk gaven die koeien per jaar, wist hij, het was verbijsterend tot welke hoeveelheden de genetica ze had aangespoord.

De zon viel schuin in de cockpit, hij warmde langzaam op. Rivieren stroomden naar het noorden; voor de avond moest hij zijn toestel ergens aan de grond hebben gezet. Bij toeval zag hij een landingsbaan voor sportvliegtuigjes onder zich, maar hij werd liever niet door Duitsers ondervraagd, die hem misschien voor een spion uit het oosten zouden aanzien. Fritz wist nog wel hoe je Iwan moest breken.

Hij at brood en dronk *kvas*. Soms dommelde hij weg met zijn ogen open, geleid door voorstellingen van om het even wat, die hem het domein van de droom binnenlokten – langzaam vielen zijn ogen toe. Telkens schrok hij tijdig wakker. Een vlugge blik op de hoogtemeter – hij had nauwelijks hoogte verloren. Hij opende het schuifraampje en liet koude lucht langs zijn gezicht stromen. Nog een uur, zei hij bij zichzelf, een uurtje maar, dan is het mooi geweest. Denemarken kon niet ver meer zijn, de zee zou zo meteen rechts van hem opdoemen, heiig en onbestemd. Hij zou er in een bocht omheen vliegen, en Denemarken naderen vanuit het zuidoosten. Maar al wat hij zag waren steden, wegen, velden en bossen. Geen zee. Waar was hij in godsvredesnaam?

Met zijn ogen op het landschap beneden zich vergewiste hij zich ervan dat hij in elk geval boven een andere wereld vloog. Een wereld vol kleur. Een web van wegen bracht iedereen waarheen hij maar wilde. Hij kon onmogelijk nog boven het Sovjetrijk zweven, dat, hoe immens ook, toch ook grenzen bezat waar het moest eindigen.

Hij speurde de aarde af naar een airstrip ergens. Er was nog wat tijd. Hij reisde nu de zon tegemoet, en strekte zijn nek om in de toekomst te kijken. Vijf uur in de middag, en hij vloog boven een wereld zonder landingsbanen.

Eens rook de winkel van Hedwiges Geerdink naar aardappelen, appels en prei, maar met de komst van de eerste supermarkt van het dorp had hij de verse waren de deur uit gedaan. Tegen Plus-spaarzegels kon hij niet op. Waspoeder, droge worst en tabakswaren waren gebleven. North State, Mantano, merken waar je in de rest van het land vergeefs naar zocht. Hedwiges was de laatste in het land die nog Saroma verkocht. Paul keek de schappen langs. O luxe zeep, dacht hij, o conserven... De kunststof rozen in de vaasjes op het bovenste schap had Hedwiges' moeder nog neergezet. Paul deed zijn boodschappen liever bij de Plus, maar loyaliteit was ook wat waard. Bakkers Hedwig... Als je je vrienden zelf voor het kiezen had zou je hem niet nemen, maar je had het niet altijd voor het zeggen.

De winkel was weinig veranderd sinds overgrootvader Geerdink hem in 1911 begon, al schepte Hedwiges de bonen en erwten allang niet meer uit de houten bakken achter zich. De peulvruchten waren inmiddels gemanipuleerd tot een voorbeeldig gewas en geteeld in Oeganda of Vietnam, maar eindigden nog altijd bij Hedwiges op de plank, in een pot van Hak waarvan het deksel zo fijn klikte als je het opendraaide.

Paul zette een pak San Francisco-volkorenkoekjes op de

toonbank. In het gangetje tussen het woonhuis en de winkel klonk Hedwiges' slepende tred. 'Heey Paultje,' zei hij met zijn hoge stem, en stapte in het stoffige namiddaglicht.

'Zo, miljonair.'

De grimas. 'Dat vergeten ze.'

'Ik hoop het voor je.' Paul pakte een pot tomatensaus van de plank. Elleboogjes, een zakje parmezaanpoeder. Hij controleerde de datum op het zakje. Er werd gezegd dat bij Bakkers Hedwig altijd alles over datum was. Het kon geen kwaad het te checken.

Hedwiges was achter de toonbank vandaan gekomen en stond met zijn armen over elkaar voor het raam naar buiten te kijken. Was het gewoonte of beroepseer dat hij nog altijd het grijze kruideniersschort droeg?

Ook zijn moeder had zo voor het raam gestaan, net als zijn grootmoeder vermoedelijk, wachtend tot zijn grootvader terugkeerde met de paardenwagen waarmee hij boodschappen bij de boeren had bezorgd. De Bunderweg was net verhard toen Hedwiges' overgrootvader in 1911 de grond even buiten het dorp kocht en de gruttterswinkel begon. Meer dan honderd jaar later zou daar met zijn achterkleinzoon een eind aan komen, want Hedwiges had, net als Paul, kind noch kraai.

'Wat is de schade?' vroeg Paul.

Hedwiges schoof achter de toonbank en sloeg de artikelen aan. Paul diepte geld op uit zijn broekzak; kleingeld los, papiergeld in de zilveren clip. 'Acht uur vanavond?' vroeg hij.

'Mij best,' zei Hedwiges.

Je raakte nooit echt gewend aan die idiote stem van hem.

De mensen hadden er schrik van. In het weekeinde trokken de knuppels hem de regenpijpen van de gevel. Dubbelzinnigheid is nooit een goed teken.

Bij de Plus zaten meisjes waar Paul vroeger niet naar zou hebben omgekeken maar die nu geheiligd werden door hun jeugd. De kwaliteit van hun huid. Vers en gezond, precies zoals de groenteafdeling beloofde. Sommigen waren stevig, anderen niet; Paul had intussen voldoende ervaring om te weten dat iedere variëteit haar voordelen had. Van een onaanzienlijk dikkerdje kon je soms wonderen verwachten.

Eind jaren tachtig kende hij de meisjes achter de kassa nog; hij had bij ze op school gezeten. Mettertijd waren ze een voor een verdwenen, hun gezinnen hadden ze opgeëist. Hun plaats werd ingenomen door nieuwe meisjes, dochters van vroegere klasgenoten vaak; soms wist hij hoe ze heetten door het naamkaartje op hun borst.

Hij legde melk, brood en gehakt op de band. Of hij meedeed aan de spaaractie? Het kassameisje keek hem vriendelijk aan.

'Is toch goed,' zei hij.

Ze telde twee zegeltjes af van de rol en scheurde ze af. Hij stopte ze in zijn achterzak, betaalde en liep de winkel uit. Toen hij buiten door de winkelruit keek, zag hij dat ze alweer verdiept was in de wonderen van haar Samsung Galaxy s5.

Thuis fruitte hij een uitje, rulde het gehakt en mengde de tomatensaus erdoor. Terwijl de saus pruttelde, verzorgde hij het been van zijn vader. Hij trok een latex handschoen aan, depte de wond op het scheenbeen en smeerde er zilversulfa-diazine op. Paul ademde door zijn mond, de necrotische stank deed hem kokhalzen. Zijn vader onderging de behandeling gelaten. Ze wisten wat hun te wachten stond als het afsterven niet tot stilstand werd gebracht. Het woord amputatie was door de arts nog niet uitgesproken maar hing al in het zwaartekrachtveld rond hun leven.

Zijn vader las de *Tubantia*. Een stroom elleboogjes gleed in het dampende water. Lang geleden had Paul pasta en rijst aan het menu toegevoegd, zijn opstand tegen het regime van aardappelen. Al hield hij zelf ook het meest van aardappelen, je moest je ertegen verzetten. Je werd er simpel van.

Even later zette hij de pannen op tafel en ging tegenover zijn vader zitten. Die vouwde zijn handen. Paul had een vroege herinnering aan die handen, onder het licht van de lamp, zijn trouwring nog om. Grote handen. Met één ervan omvatte hij moeiteloos beide polsen van zijn zoon. Paul wilde ook zulke handen.

'Here zegen deze spijze, amen,' besloot Aloïs het gebed.

'Yep,' zei Paul.

Zijn vader opende het doosje naast zijn bord, telde zijn pillen af en spoelde ze met water weg. Paul schudde parmezaanpoeder over de saus en lepelde zijn bord leeg. Aan de overkant van de tafel werd elke hap vermalen alsof hij een mond vol dorre bladeren had.

De zoldering kraakte. Paul keek op. Het klonk alsof iemand een houten trap op liep. De oudste balken op zolder, aangetast door houtworm en vuur, dateerden van rond 1650, toen op deze plek de eerste boerderij verrees. Het hout, had Paul berekend, was zo'n beetje beginnen te groeien toen Columbus naar het westen voer en werd gerooid toen Abel Tasman zijn ankers liet zakken voor de kust van het eiland dat zijn naam zou dragen. Sindsdien droegen de balken het dak van dit huis en de boeren die zich er in de loop der tijd aan verhangen hadden. Paul trok de krant naar zich toe en doodde de tijd door met een schuin oog de berichten te lezen waarvoor hij 's morgens nog geen belangstelling had gehad. Hoeveel tijd had hij niet verloren met wachten tot zijn vader klaar was met eten? Eén jaar? Twee? Hij had een taal kunnen leren in de tijd dat hij zat te wachten. Russisch, zodat hij de avond ervoor het gebral van die kerel in Shu Dynasty had verstaan. Spaans voor de woordjes in Rita's lieve oortjes.

Hij was halverwege een reconstructie van de fraude met de rentestanden bij die goede oude Boerenleenbank, toen zijn vader de laatste hap nam, zijn lepel neerlegde en naar buiten keek. De heftige bloei, de uitputting. Het gras moest weer gemaaid. Hij blies lucht door de verwijdingen in zijn gebit. Daarna bracht hij een vinger naar zijn mond en peuterde tussen zijn voortanden. De pasta was misschien iets te veel *al dente* geweest. 'Veels te warm,' zei hij, 'voor mei.'

''t Is juni,' zei Paul terwijl hij de krant dichtvouwde. Onder het afruimen zei hij zo terloops mogelijk: 'Wat ik me nog afvroeg, hè – die Rus, die Rubin, waardoor is hij eigenlijk neergestort? Dat heb ik nooit geweten.'

Zijn vader legde zijn handen voor zich op tafel en keek ernaar.

'Nou?' vroeg Paul na een tijdje.

Zijn vader keek even op. 'Een uur of twintig zat-ie er al in, zonder slaap.'

'Jij zei toch dat het motortje sputterde? Had-ie de benzine op, of wat?'

'Dat kan. Maar de vliegbasis is die kant uit.' Zijn vader wees naar buiten. 'Hij had hier niks te zoeken. Heb je een stoker?'

'Je hebt het hem nooit gevraagd?'

'Ik werd daar geen wijs uit allemaal. Je moeder, ja. Ik niet.'

Je moeder, ja. Het verhaal van hun leven.

'Dat-ie zo'n vliegtuig kent als z'n broekzak,' zei Paul, 'er tweeduizend kilometer mee vliegt en dan neerstort, dat begrijp ik niet. Je zou verwachten... dat zo iemand toch een vliegtuig aan de grond kan zetten? In een veld of op de weg, of zo?'

'Dat weet ik allemaal niet,' zei zijn vader op een toon die wat hem betreft het gesprek besloot.

Paul stak zijn onderarmen in het hete afwaswater en diepte er een bord uit op. De Rus was de eerste buitenlander in Mariënveen geweest. Na hem kwamen de Chinezen. De Rus was weer weggegaan, de Chinezen waren gebleven.

De eerste Chinezen waren met Baptist Weening meegekomen. Drie in totaal. 'Mijn vrouw en kinderen,' zei Baptist.

Het was allemaal begonnen met een vraag, aan hem gesteld in zijn vorige cafetaria in Vennenoord. Een op het oog doodsimpele vraag. Je hoefde er niks van te denken als je 'm hoorde, en precies zo was het Baptist vergaan achter de vitrine met diepgevroren vleeskroketten en bamischijven.

57

Hij had twee fruitmachines in de zaak staan, waar tussen de middag vaak een Chinees geld in gooide, eerst guldens en later euro's. 'Baptist,' had die Chinees op een dag gevraagd, 'wil jij niet een vrouw?'

Baptist dacht na. Niet over of hij een vrouw wilde, maar over wat hij moest antwoorden. Toen lachte hij een beetje scheef en zei 'ja hoor'.

Een week later stak die Chinees een bierviltje tussen de knoppen van de gokkasten en vroeg: 'Baptist, wil jij nog steeds wel een vrouw?'

Baptist zag hoe zich achter de Chinees combinaties van appels, klokken, bananen en klavertjesvier vormden. De machines stonden al een tijdje op geven, als een drachtig dier, maar het kon ook morgen worden. Hij dacht aan vrouwen, aan een vrouw. De wereld was er vol mee maar de zijne zat er almaar niet tussen. Hij lachte weer zo kleintjes en knikte. Toen zei de Chinees dat hij een zuster had in Guang-zhou. Een goede vrouw, ze kon werken als een paard. Hij had haar al over hem ingelicht, ze stond met de koffers klaar.

Baptist keek naar de goudstaven en dollartekens die in duizelingwekkende vaart rondtolden achter de Chinees, en dacht: in de fruitautomaat van de liefde moet af en toe ook een eurootje. 'Laat maar komen,' zei hij.

En zo stonden er op een dag drie Chinezen voor zijn deur, twee meer dan gedacht omdat de vrouw haar dochter en zoon had meegebracht, de kleine lettertjes als het ware, die haar broer was vergeten te noemen.

Hij had een groot hart, Baptist, maar in een groot hart kun je niet wonen, zodat hij op zoek ging naar een nieuwe cafetaria met woonhuis waarin hij zijn Chinese invasie kon onderbrengen. Die vond hij in de Dorpsstraat van Mariënveen, waar de viswinkel van Alferink al een tijdje leegstond. Op de zijmuur stond nog altijd in grote letters ALFERINKS VIS DAN WEET JE WAT HET IS, wat een van de grote raadsels van Pauls jeugd was geweest. Hoe vaak had hij het zich niet afgevraagd, in onmachtige woede, *dan weet je wat wát is?!*

En als je Baptist vroeg hoe het allemaal zo gekomen was, met hem en zijn Chinezen, dan zei hij peinzend: 'Wie a zegt, moet ook b zeggen.'

Dat waren de eerste Chinezen in Mariënveen. Ze leerden patat bakken en softijs draaien en waren toegewijd en bescheiden, en er ging nooit wat mis met het wisselgeld. Niet lang daarna volgde de tweede lichting, die Bar-Feestzaal Kottink tegenover Happytaria Weening overnam en er een café-restaurant in begon met *live cooking* als specialiteit. Op het raam stond nu SHU DYNASTY, en daaronder hetzelfde in het Chinees. Nu waren er plots zeven, plus nog een paar onder het bed.

Zeven-en-nog-wat Chinezen, een restaurant met twee gouden leeuwen ervoor en daarbinnen een joekel van een feestzaal waar je met wel honderd man tegelijk kon eten. Paul herinnerde zich de keer dat hij voor het eerst babi pangang at. De revolutie in zijn mond. Driehonderd jaar vlees, aardappelen en jus en nu dit.

'Da's hond,' zei Theo Abbink.

Hond, zat hij hond te vreten?

Maar in die zaal zat na een tijdje haast nooit meer iemand. Een enkele keer was er een trouwerij. Je verzoop daar. In het cafégedeelte moest je wezen. Aan de bar met een fles Grolsch en een bord mihoen kip voor je neus. Wat je bestelde maakte weinig uit, als er maar 'van het huis' achter stond want dan kreeg je meer.

'Mama' zei je als je fles leeg was, en dan zette mama Shu een nieuwe voor je neer. Om een glas moest je vragen.

In Club Pacha begon het leven elke avond opnieuw. Je hoefde je niet te verontschuldigen voor wat vorige keer was misgegaan. De score van gisteren was gewist.

Hij begon met drie, vier biertjes. Daarna danste hij weleens met een meisje onder de discolampen. Op een klein podium stond een metalen paal; sommigen verrichtten er wonderen aan. Onder zijn hand haar warme rug, de gewelfde aanzet van haar billen. *Good-bye, oh, please don't cry, 'cause we both know that I'm not what you need...* De stemmetjes van de Aziatische meisjes schoten in de hoogte bij het refrein. *I will always love you...* Joe-oe-oe-oe...

Hedwiges peuzelde een schaaltje pinda's leeg. Soms praatte er een meisje met hem, vriendelijk als een zuster. Hij werd geplaagd, ze sloten weddenschappen af om hem. Dan zette het meisje op zijn schoot haar hele arsenaal in, maar Hedwiges was immuun voor het gefleem.

Paul kwam naast hem zitten. Een van de nieuwe meisjes stond voor hun tafeltje en maakte een drinkgebaar. 'Beer,' zei Paul. 'Cola for my friend. For you too.' Hij wees naar haar.

'Blue Lady!' lachte het meisje.

Paul stak een duim op. Hij kon haar leeftijd niet goed schatten, maar vanaf een bepaald moment in zijn leven waren ze plotseling allemaal alleen nog maar jong.

Ze kwam terug met een klein dienblad. Het cocktail-glas met een blauwe likeur erin. De kleur van een droom. De muziek speelde, Paul leunde achterover en ademde diep uit. De druk op zijn borst nam af, zijn zorgen gleden op zijn uitademing mee naar buiten. Het meisje kwebbel-de met Hedwiges. Uit de achterzijde van haar tanga stak een wit label met wasvoorschriften. Haar jeugd hinderde hem. Ergens in Thailand of Birma werd aan haar gedacht. Fotootjes aan de muur, gemis dat uitwaaierde zonder richting, zonder bestemming. En zij zat in Stattau in een tanga waar een label uit stak en nipte van haar toverdrank. Ze had zijn dochter kunnen zijn. Dat gold voor de meeste meisjes hier. Hij was de vader van Teresita, Luana en Lud-milla, van Sunny, Lola en Susanna. Dit kon hij ze niet zeg-gen wanneer ze hem bij de hand namen om hem mee naar achteren te nemen. Dat zijn stijve een geweten gekregen had. In plaats daarvan zei hij 'Ik kom voor Thong' of 'Ik kom voor Rita'. De grootmoedertjes van de familie, als het ware, al waren ze nog geen veertig. Maar zo gemakkelijk lieten ze zich niet verjagen, die lellebellen. Ze zaten daar als lichaam en het lichaam moest aan het werk, net zoals de lichamen op het land of in de fabriek. *Let's play, Paul, let's play.*

Laurens Steggink zei dan: 'Vuurwerk, Paultje, die kleine donder, ik zweer het je.'

Steggink sloeg ze als ze niet luisterden. Paul had liever dat ze het hem niet vertelden. Als Steggink wist dat ze er met klanten over praatten, sloeg hij ze nog harder. Meer nog dan dat hij Steggink verachtte, verachtte Paul daarna zichzelf. Soms ging hij een tijdje niet.

Eén keer was Paul er met hem over begonnen, na een klacht van Rita.

'Je snapt het niet, Paultje,' zei Steggink. 'Ze zijn wild, ze gaan alle kanten op behalve de goede. Ik moet ze een beetje dresseren, anders komt er niks van hier.'

De nabootsing van hun vroegere vriendschap was nog het minst te verdragen.

Hij was naar huis gereden over de kronkelige grensweg, de aardedonkere weilanden en houtwallen aan weerszijden, en dacht: als die flikker nog één keer 'dresseren' zegt, dan schiet ik hem neer.

Na die keer was Rita een tijdje verdwenen en keerde terug met een scherm over haar ogen, haar ziel. Stil hadden ze naast elkaar gelegen, het verwassen laken over zich heen. Paul liet zijn vingers over haar wangen glijden om te voelen of ze huilde. Ze huilde niet. Bij vertrek stak hij haar honderd euro extra toe. 'For your birthday,' zei hij.

'It's not my birthday,' zei zij.

'Pretend it is.'

Rita en Thong waren er vanavond niet. Ook Steggink zag hij niet. Hij stond op om te gaan roken, toen de Rus binnenkwam. Paul keek hem na toen hij zonder op of om te kijken de trap op liep naar kantoor.

Paul rookte een sigaret onder de avondhemel. De aanwezigheid van de Rus stoorde hem. Diens betrokkenheid bij de club was nieuw; Paul had geen idee waar die uit bestond.

In de jacuzzi op het binnenplaatsje lag Luana in de armen van een grijze vijftiger. Zijn handen omsloten haar kleine borsten. Zwijgend lagen ze achterover in het borrelende water en keken naar de sterren. Paul duwde de sigaret in een asbak vol verregende peuken en ging naar binnen.

Of ze een schaar had, vroeg hij de Poolse achter de bar. Het was een rustige avond, alleen de muziek en de hoge stemmen van Hedwiges en het meisje. Paul schoof naast het meisje op de bank, en nam, terwijl hij zich achter haar langs boog, het label uit haar tanga tussen duim en wijsvinger en knipte het af. De tafel viel bijna om toen ze opsprong. Ze draaide haar hoofd achterwaarts en rekte het elastiek van haar ondergoed ver uit om te zien wat hij gedaan had. 'You crazy!' riep ze uit, gevolgd door verwensingen die hij niet verstond.

Paul hield het label naar haar op. 'Ho ho,' zei hij, 'it's only this little, eh...'

Ze griste het uit zijn hand. 'You crazy guy!' Wankelend op haar pumps verdween ze naar achteren. Op de kleine overloop verscheen de Rus. Hij overzag de vloer met zijn koude geitenogen, en bleef daar een tijdje zo staan.

'Rare actie,' zei Hedwiges zacht toen de Rus weer verdwenen was.

''t Is m'n avond niet, denk ik,' zei Paul. 'Kom, laten we gaan.'

Op het parkeerterrein achter de club stond Stegginks Ferrari. Paul legde zijn hand op de motorkap. Warm. Er kwam een vlug, ritmisch tikken onder vandaan, de motor had hard gewerkt. Liet Steggink de Rus erin rijden? Waren ze zo dik met elkaar?

Ze stapten in Pauls auto en draaiden de weg op. De ramen van de club waren geblindeerd, de letters op het dak straalden in rozerood neon.

Hij herinnerde zich betere tijden in Club Pacha, avonden zonder duur of plicht. Drinken, drinken, en de liefde die voor het oprapen leek. Je vergat dat er een rekening kwam.

Hedwiges opende zijn raam een eindje om koele avondlucht binnen te laten. Een diepblauw waas steeg boven de bomen op. Op de velden lag dunne nevel. Ze reden door de verlaten grensstreek, soms flakkerde het verlichte raam van een boerderij achter de bomen op, als morse. Paul dacht aan de Rus. Wat deed hij, hoe stond hij in verhouding tot Steggink? Er was iets dieps en ondoordringbaars aan hem, dat Paul kenmerkend leek voor een volk dat door eeuwen ontberingen en onderdrukking was gehard.

Steeds meer volk uit het oosten zag hij de laatste jaren komen. Veelal zigeuners, werd gezegd. Bulgaren, Roemenen – je zag het aan de nummerborden van de busjes en autotransporters. De Polen waren er al langer. Inbraken, diefstallen. De zegeningen van het nieuwe Europa. De lege, wetteloze grensstreek was geschikt jachtterrein voor ze. Je laadde een auto op de trailer en was de grens over. Ze stroopten reeën en zwijnen in de bossen. Bij Shu vertelde iemand dat een wandelaar met zijn voet in een klem was gestapt. Bendes. Ze gehoorzaamden mannen ver weg in het oosten, die in marmeren paleizen woonden en in dikke wagens reden. Bij Theo Abbink hadden ze het hek opengeknipt en twee Audi's weggehaald. In een ervan zat niet eens een motor.

'Waarom ga je niet naar Roemenië op vakantie, Theo,' had Alfons Oliemuller 's avonds tegen Abbink gezegd, 'je auto is er al.'

Abbink en Oliemuller, de autohandelaar en de autosloper, naast elkaar op het industrieterrein tussen Mariënveen en Kloosterzand. Je hoefde ze niks wijs te maken.

In maart was er in Deurlo een man een garagebedrijf binnengerend, bloedend als een rund, zijn handen met een kabelbinder vastgesnoerd achter zijn rug. Ze hadden hem onder bedreiging van een pistool ontvoerd en achter in een busje gemarteld. Toen ze weer waren gaan rijden, had hij de deur weten open te krijgen en zich op straat laten vallen. Het fijne wist niemand er nog van, maar dat het allemaal te maken had met de smokkel van zevenhonderd kilo cocaïne van Willemstad naar Hamburg in een container vol schroot, was zeker. Later die middag waren op het bedrijventerrein van Mariënveen twee mannen gearresteerd die van de ontvoering werden verdacht.

Het slechten van de Europese binnengrenzen had niet alleen vrijhandel gebracht, maar ook dat soort ellende. Willemstad, Hamburg, Mariënveen; je verstand stond erbij stil.

Paul had zijn schuur vol militaria beter laten beveiligen. Er hingen camera's aan de boom bij de oprit en boven de ingang. De beelden werden verzonden naar de database van Safety4u en daar zes maanden bewaard.

Van een scharrelaar die de voormalige DDR afstroopte op zoek naar antiek, was hij een grote handelaar in militaria geworden. Uniformen, wapens, helmen, medailles, zendapparatuur, mortierhulzen – alles, alles. Zelfs een Shermantank had hij gehad, maar met rijdend materieel was hij gestopt, op een Daimler Dingo na; te veel massa, te weinig marge.

Van oud ijzer komt vroeg of laat geld, werd over Krüzen

Militaria gezegd. De meeste handel verliep via internet, zijn werkdagen bestonden vooral uit het verzendklaar maken van pakketten. Van de directe verkoop moest hij het niet hebben. Hij dacht erover om daar zelfs volledig mee te stoppen, maar aarzelde omdat het dan helemaal zo stil werd op het erf.

Niettemin was de anonimiteit van de internethandel hem het liefst. Tien bestellingen en zijn dag kon niet meer stuk. Elk pingeltje van de mail was kassa. Hij was een betrouwbaar adres voor Duitse militaria. Origineel onderscheidde hij feilloos van namaak. In China waren al tien keer zoveel naziuniformen, dolken, Führer-bustes en insignes geproduceerd als in het hele Derde Rijk bij elkaar. Hij had gehoord van een drukkerij die zich uitsluitend bezighield met het bijdrukken van *Mein Kampf* in alle talen van de wereld. Ze begroeven het spul zelfs om het een doorleefd aanzien te geven. Imitatie had de markt verpest maar hem een goede boterham opgeleverd: aan een deskundig oog was meer behoefte dan ooit.

Bij de weg stond nog altijd het bord dat vijfentwintig jaar geleden door Hedwiges was beschilderd omdat hij als kruidenierszoon een mooie reclameletter in de vingers had.

KRÜZEN

CUROSIA

&

MILITARIA

Het eerste deel was danig verweerd, het goed leesbare & MILITARIA was van later datum.

Paul had een heldere herinnering aan de dag dat ze het bord aan de weg zetten. Ze hadden er een tijdje naar staan kijken; een paar auto's gingen voorbij. 'Wat heb je nou opgeschreven, druif,' had Paul ten langen leste gezegd.

'Wat dan?' vroeg Hedwiges.

'*Curosia*...'

'Wat is daarmee?'

'Het is fout, dat is daarmee.'

'Wat dan?' vroeg Hedwiges opnieuw.

''t Is curiosa, geen curosia.'

'Ach, verdomme,' zei Hedwiges, en knikte toen alsof hij het altijd al wel geweten had.

'Wil je dat ik het overdoe?' vroeg hij ten slotte.

Paul schudde zijn hoofd. 'Laat ze maar denken dat we dom zijn hier. Goed voor de onderhandelingsruimte.'

Een windvlaag ging door de eiken in de bocht van de weg, eikels ratelden op het asfalt. Ze keken nog een tijdje naar de witte sierletters op de donkergroene ondergrond.

'Maar verder is het goed?' vroeg Hedwiges.

'De andere helft is top.'

Ze liepen over de oprit terug naar huis. Het grind knarste. Paul sloeg hem op zijn schouder en zei: 'Ik ben blij dat ik je geen "parafernalia" heb laten schrijven.'

Henri Montizaan, huisarts voor de dorpen Mariënveen, Kloosterzand en Deurlo, was er eerder dan de ambulance. Hij beklopte de man op de bank terwijl Aloïs Krüzen gedetailleerd verslag deed van zijn avontuur in het maisveld. Afwezig zei Montizaan: 'Dat verhaal moet je me later nog maar eens vertellen, Aloïs.' De vreemdeling was bijgekomen, zacht kermend onderging hij zijn aanrakingen. Montizaan immobiliseerde de linkerarm van de piloot en knipte zijn mouw open om hem een spuit in zijn bovenarm te geven. Paul keek van een afstandje naar zijn handelingen. De ogen van de piloot kregen geen houvast en draaiden weg. Hij was een en al bloed en modder, alsof hij met geweld uit de aarde was opgegraven. Langzaam verstarden zijn ogen, zijn mond zakte open. Paul kwam een stap dichterbij. Het leek of hij een beetje spleetogen had, maar zijn bouw en huidskleur hadden niets Aziatisch. Een oude soldaat, uit een oude oorlog opgedoken. Bloedeloze lippen achter een donkere stoppelbaard.

Montizaan kwam overeind. Hij nam een kop koffie aan van Alice en zette hem meteen weer weg. Opnieuw zonk hij door zijn oude knieën en liet zijn lange, benige vingers onder de kraag van de man glijden. Hij haalde een kettinkje tevoorschijn met een geponst identiteitsplaatje eraan. 'Dat is toch...' zei hij, terwijl hij het identiteitsplaatje in zijn hand omhooghield en probeerde te lezen wat erop stond. Hoofdschuddend zat hij daar te mompelen. 'Als ik me niet vergis,' zei hij toen, terwijl hij het stukje metaal ophield naar de anderen, 'hebben jullie hier een Rus te pakken.'

In het ziekenhuis werd de Rus verder opgelapt en verhoord, terwijl buiten de pers zich verdrong voor snippers nieuws over de piloot die het rijk van Brezjnev was ontvlucht. In Mariënveen vertrapten cameraploegen de mais om beelden van het vliegtuig te krijgen. Aloïs Krüzen werd op verschillende plekken op zijn terrein geïnterviewd over hoe het allemaal in zijn werk was gegaan. Hij sprak formeel – 'die heer was mij onbekend' – en bescheiden over zijn daad: 'Mij restte geen andere mogelijkheid dan meneer naar de woning te slepen.'

De Rus zelf werd door de BVD hermetisch afgeschermd van de buitenwereld. Toen ze hem eindelijk vrijgaven, wijdde *Brandpunt* een uitzending aan 'de onverschrokken held die een wereldmacht tartte'. Ernstig keek de verslaggever in de camera. 'Anton Rubin riskeerde zijn leven in een sproeivliegtuig en nam welbewust het risico om neer te storten of naar Siberië te worden verbannen.'

Hij werd in het ziekenhuisbed geïnterviewd. Zijn linkerarm stak in een mitella; naast een wervelfractuur had hij vier ribben gebroken, waardoor hij de eerste tijd was beademd en aan een morfine-infuus lag. Zijn gescheurde milt was verwijderd, het was al met al een wonder dat hij zijn val had overleefd.

In de ondertiteling was te lezen dat hij in een dorp tweehonderd kilometer ten oosten van Kiev was opgegroeid, drie jaar in het Rode Leger had gediend en daarna als onderhoudsmonteur van vrachtwagens aan de slag was gegaan. In voorjaar en zomer vloog hij met een stokoude Polikarpov boven de zwarte aarde en besproeide de gewassen met kunstmest en pesticiden. Oneindig was het golvende land dat eens de rijkste graanoogsten ter wereld had gegeven. Hoog daarboven was het roekeloze gemijmer begonnen, gedachten die zich niet lieten verdrijven door bezwaren en tegenwerpingen. De Po-2, een lichtgewicht tweedekker met een bereik van slechts vierhonderd kilometer en een kruissnelheid van honderdtien kilometer per uur, had als voordeel dat hij van triplex en canvas was gemaakt, zodat hij niet vlug door de radar zou worden opgemerkt. En omdat het vliegtuigje zo traag was, kon je er heel laag mee vliegen; je had alle tijd om obstakels te ontwijken. Het toestel – dat zijn bijnaam 'Koekoeroeznik' ontleende aan het Russische woord voor mais, *koekoeroeza* – was oud maar solide, hij had het zelf in onderhoud.

Uitgaande van een vlucht van zestien uur zou hij driehonderdtwintig liter benzine nodig hebben, had hij berekend – plus tachtig voor de zekerheid. Dat moest hem in Denemarken kunnen brengen, zo'n zestienhonderd kilometer ten noordwesten van Zagoeblene. De motor was er sterk genoeg voor; in de Grote Vaderlandse Oorlog had de Polikarpov twee inzittenden en een paar honderd kilo bommen kunnen dragen, en ook als sproeivliegtuig was de tweedekker aan extra ballast gewend. De sproeitanks zou Rubin vullen met benzine – gedurende zijn vlucht zou hij tussen de tanks heen en weer schakelen; om het toestel in balans te houden moest

71

de gewichtsafname geleidelijk worden verdeeld. Hij stal telkens kleine hoeveelheden benzine uit de tanks van de kolchoz, in zijn schuilplaats in de hangar stapelden de jerrycans zich op.

Omdat het toestel alleen beschikte over een eenvoudig windscherm, bouwde hij in het verborgene een canopy die over de hele cockpit kon worden geplaatst. Hij legde nieuwe benzineleidingen aan en installeerde extra schakelknoppen op het paneel. Het was, dacht hij, alsof hij een oude kameel uitrustte voor een lange reis door de woestijn. Hij sprak met niemand over zijn plan, ook niet met vrienden en familie. Zo kon hij er ook nog altijd van afzien, er was niemand die hem ooit aan zijn drieste voornemen kon herinneren. Hij was zesendertig jaar. Zesendertig, vond hij, was een goede leeftijd om opnieuw te beginnen.

Het werd augustus 1975 en Anton Rubin vloog boven helgeel koolzaad en zonnebloemen, vaalblauwe cichorei en graanvelden zover het oog reikte. Hier en daar staken hoge, rechte rookpluimen de hemel in, ooievaars zweefden op de thermiek. Akker na akker besproeide hij met een fijne nevel van chemicaliën. Hij had het weidse land onder zich lief, maar groter nog dan zijn liefde voor zijn geboortegrond was zijn verlangen naar vrijheid van het soort waarvan je neusgaten opengingen en je wilde rennen als een paard in het veld. Op de eenentwintigste zou het vollemaan zijn. Er werd wat hoge sluierbewolking voorspeld, zonder grote storingen. De jerrycans stonden klaar, motorisch en mechanisch had hij de Koekoeroeznik keer op keer nagelopen, maar een definitief besluit had hij nog altijd niet genomen.

In de namiddag van 21 augustus zat hij voor de hangar op een stoel in het hoge gras, rookte een sigaret en dronk zichzelf moed in. Een briesje ritselde door de populieren. Wie hem zag zitten, de piloot met zijn vuile broek en hemd en olievegen in zijn hals, zag een man die uitrustte van gedane arbeid; hij hield een beker in zijn hand en zat met de stoel op twee poten tegen de hangar geleund. De zon had de hele dag met volle kracht op de gebarsten aarde gebrand, hij rook het gras en de bloemen, de zweem van afgewerkte olie uit de hangar, en huilde zonder geluid.

Nu verloor de zon stilaan haar kracht. Het laatste toestel gleed binnen, de An-2, de bullebak, terug van zijn route langs de oostelijke velden. De wielen van de Antonov sprongen op van het gescheurde beton en kwamen weer neer. De piloot parkeerde het toestel terzijde van de landingsbaan, blokkeerde de wielen en ging naar huis. Hij stak zijn hand op naar Rubin, en riep iets onverstaanbaars naar hem. Rubin stak zijn hand met de beker erin naar hem op.

Hij liet de stoel op vier poten zakken en stak nog een sigaret op. Aan de hemel was een vale maan verschenen, doorzichtig nog; hij had straks een zwakke zuidoostelijke rugwind. Hij ging de hangar binnen, sleepte de jerrycans uit hun schuilplaats en vulde de sproeitanks af met brandstof. Met bouten en moeren bevestigde hij de scharnieren van de canopy en hing een tas met brood en flessen *kvas* naast de stoel. De zware manchester jas die hem door de koude nacht zou helpen, legde hij achter de stoel. Nog eenmaal peilde hij de olie, wierp een blik in het motorcompartiment en controleerde de cilinders. Hij ging het landingsgestel en de remmen langs en liet zijn hand over de propeller glijden om te voelen of die niet beschadigd was. Als laatste duwde hij de *flaps* op en neer, bevoelde het achterwiel en duwde toen het toestel naar buiten.

De zon ging onder, beurs als een verslagen bokser was de schemering. Rubin sloot de hangar af en liep naar het kantoor, een sigaret tussen zijn lippen. Hij legde de sleutel op het bureau van het Hoofd Planning; pas maandagmorgen zou zijn verdwijning worden opgemerkt. Hij was dan allang ergens ver weg, dood of levend, in vrijheid of gevangenschap; hij durfde zich er geen voorstelling van te maken. Langzaam liep hij terug. Zweet kriebelde onder zijn haar, op zijn slapen. Het zag ernaar uit dat zijn besluit onomkeerbaar was geworden. Met elke handeling duwde hij de wereld die hij kende verder van zich af. Hij trapte de sigaret uit en klom in het toestel. Bleek als gebeente lag de landingsbaan voor hem. Hij sloot de kap boven zijn hoofd, opende de benzinekraan en draaide de sleutel om in het contactslot; gewijde handelingen. Een hevige rilling voer door de Koekoeroeznik toen hij startte. Hij liet de motor een paar minuten warmdraaien om de olie op temperatuur te brengen, en gaf toen vol gas met de handrem er nog op, zodat de motor maximaal toeren maakte. Zijn oog gleed langs de oliemeter, hij zette de hoogtemeter op nul en controleerde of de roeren vrij waren.

Toen haalde hij diep adem en ontgrendelde de rem. De Koekoeroeznik schoot naar voren, de wielen daverden over het beton. Zoveel zwaarder was het toestel door alle brandstof aan boord, dat het pas vlak voor het einde van de landingsbaan loskwam van de grond en het luchtruim koos. Langzaam klom hij boven de bomen uit. Nog eenmaal vloog Anton boven zijn dorp, het arme, oude Zagoeblene met zijn witte huisjes en zijn blauwe deuren en luiken, een laatste saluut, zijn ogen vol tranen. Toen zette hij koers naar het noordwesten. Zo begon zijn lange reis, met alleen de krijtwitte maan als metgezel.

Eind november reed er opnieuw een ambulance het erf op. De Rus was ontslagen uit het ziekenhuis en werd afgeleverd op het adres waar hij drie maanden eerder was opgehaald. De chauffeur wees op het papier, dat hij als een pakbon voor Alice hield: 'Maar dit ís toch de Bunderweg 120?' Alice knikte wantrouwig. Terwijl de ziekenbroeder het papier dichtvouwde en wegstak, zei hij tevreden: 'Nou, dan klopt het gelukkig toch.' De andere broeder opende de achterdeuren van de wagen, waarin de Rus rechtop zat op een brancard.

Omdat het van een stenen hart en slechte manieren zou getuigen om een gevallen held uit de Sovjet-Unie weg te sturen, stemde Alice erin toe dat ze hem naar binnen reden. Terwijl ze hem op de bank installeerden belde ze naar de school van haar echtgenoot. Hij werd uit het geschiedenislokaal gehaald en luisterde in het kantoortje van de conciërge naar zijn vrouw. Hij zei 'wat nou dan?' en 'zeggen ze dat?' en was toen zo lang stil dat zijn vrouw uitriep: 'Aloïs, zeg dan wat!'

Maar omdat de conciërge naar hem stond te kijken durfde hij zijn verwarring niet te tonen en zei: 'Vijf uur ben ik er weer.' Hij hing op en ging terug naar het lokaal, waar zijn leerlingen op hem wachtten. Hij verzorgde nog twee lesuren en ging toen pas naar huis.

Daar trof hij de Rus aan op de bank en zijn vrouw op een krukje voor de haard met zijn achtjarige zoon naast zich, die in stille verwondering naar de vreemdeling keek. Aloïs stond buiten de ring van licht en nam het tafereel in zich op. Alice porde in het krachteloze vuur. De Rus was in het ziekenhuis niet geschoren, hij had de baard van een poolreiziger.

'Aloïs,' zei zijn echtgenote zorgelijk, en stond op om hem te begroeten. Een vluchtige omhelzing, arm aan geruststelling.

Aloïs zette zijn schooltas neer en stapte op zijn gast af. 'Hallo,' zei hij.

De Rus kneep zijn ogen samen – spleetogen, dacht Paul opnieuw – en knikte hem toe. Hun handen grepen in elkaar.

'Anton heet hij,' zei Alice.

'Ja, dat heb ik wel gelezen, ja,' antwoordde Aloïs.

'Hij praat geen Nederlands,' zei Alice. 'Russisch. En een paar woorden Engels.'

Aloïs knikte, ging een stap dichter bij de Rus staan en zei met plechtige nadruk: 'Dobryden.'

Geen reactie. Aloïs draaide zich om naar zijn vrouw en zei: 'Altena zei dat dat "goeiedag" betekent. Hij heeft bij het Algemeen Nederlands Jeugdverbond gezeten.'

'Probeer nog 's,' zei Alice.

'Dobryden,' zei Aloïs weer, nu met andere klemtonen. De man keek hem welwillend aan, maar vertoonde geen blijk van herkenning. Aloïs haalde zijn schouders op. 'Zo heb ik het opgeschreven,' zei hij, en keek op de rug van zijn hand. 'Dobryden, zo zei hij het.'

'Dobry den!' zei toen de Rus op de bank. 'Vy govorite po-roesski!'

'Dat versta ik dan weer niet,' zei Aloïs.

'Dankoewel,' zei daarop de Rus, want dat woord had hij in het ziekenhuis geleerd. Hij wees rond en stak een duim op. 'Kakoj oe vas krasivy dom.'

'Een fijn huis, denk ik dat hij bedoelt,' zei Alice. 'Hij begon er straks ook al over.'

Ze verdween naar de keuken met Paul in haar kielzog. Aloïs volgde. In de keuken ging ze voor hem staan en zei: 'Dit kan niet, Aloïs, dit is belachelijk.'

'Wat kan ik eraan doen?' vroeg hij gedempt. 'Jij hebt hem binnengelaten.'

'Wat kon ik anders?! Waar moest hij dan heen?'

Ze draaide zich om en begon het avondmaal te bereiden.

'Ik ga morgen bellen,' zei hij. 'Ze hebben een fout gemaakt. Gewoon een vergissing met de administratie. Het wordt rechtgezet.'

Ze schilde aardappelen en zweeg, een en al rug.

'Morgen weten we meer,' zei Aloïs. 'Het komt goed, maak je nou maar geen zorgen. Ik ga bellen en dan halen ze 'm gewoon weer op.'

Haar handen hingen stil boven de aardappelmand. 'En wie,' zei ze langzaam zonder zich om te draaien, 'ga je dan precies bellen, als ik vragen mag?'

De Rus at met zijn bord op schoot omdat hij niet van de bank af kon. 'Dankoewel,' zei hij weer.

''t Is in elk geval een beleefde Rus,' zei Aloïs.

Alice schonk hem een flauwe glimlach.

Ze baden in stilte onder de lamp. Vanaf de bank klonk het schrapen van mes en vork over het bord. Paul spiedde boven zijn gevouwen handen naar de bezoeker, die deels verborgen was achter de rugleuning van de bank. Het eten werd hem danig bemoeilijkt door zijn wervelfractuur. Zijn baard wipte op en neer terwijl hij kauwde. Zo langzaam als zijn vader at, zo schrokkerig was de Rus.

'Here zegen deze spijze, amen,' klonk zijn vaders stem.

De Rus had zijn bord al leeg. Hij legde het bestek neer en veegde met de rug van zijn hand langs zijn mond.

Het kwam erop neer, zei Aloïs de volgende middag, dat niemand ooit eerder zoiets bij de hand had gehad. De Rus viel niet onder één instantie, er was simpelweg niemand verantwoordelijk voor hem. Toen hadden ze in het ziekenhuis aan hem gedacht, de man die de piloot het leven had gered. Zo had de geneesheer-directeur van het Saksonia-ziekenhuis het Aloïs verteld, toen hij hem 's middags aan de lijn had gehad. De geneesheer-directeur vervolgde met de woorden: 'Ik weet niet of ik de dichter goed citeer, maar volgens mij was het zoiets: waar je gevallen bent, daar ben je thuis... Zeg ik het zo goed?' De huisarts, zei hij, zou de patiënt vanaf hier begeleiden. Waren er voldoende pijnstillers achtergelaten? Met voldoende rust en fysiotherapie zou hij tegen het voorjaar alles weer zelf kunnen.

'Maar even anders wat,' zei de geneesheer-directeur toen met hernieuwd enthousiasme, ''t is me wel een avontuur geweest, toch? Wat een formidabele kerel; echt een held, ik kan niet anders zeggen.'

Alice onderbrak Aloïs zijn relaas. 'Als hij zo van hem onder de indruk was, waarom hield-ie 'm dan niet zelf?'

'Dat zei ik ook, maar –'

'Dat zei je helemaal niet.'

'De revalidatieafdeling had gebrek aan bedden. En omdat hij geen acute zorg meer nodig had, dachten ze... Dus...'

'Dus zijn wij de pineut.'

Aloïs glimlachte wat en trok met zijn schouders.

'En nu?' vroeg Alice.

'Ja, dat is de vraag, ja.'

'Hij kan hier niet blijven.'

Aloïs haalde diep adem en vroeg toen met de moed der wanhoop: 'En waarom eigenlijk niet?' Het was maar tot maart. Ze konden hem alvast inschrijven voor een woning op de Avermaten. Drie, drieënhalve maand maar. Minder nog. Zou het niet misdadig zijn hem weer op straat te zetten, iemand die zijn leven had gewaagd voor de vrijheid?

Alice richtte het strijkkamertje naast de deel in voor de Rus, waar ze weckpotten en flessen vlierbloesemsiroop bewaarde, en ook de noodpakketten die ze op advies van de Burgerbescherming in huis hadden gehaald voor het geval van een nucleaire aanval of een invasie van het Rode Leger. Ze ruimde de planken leeg, verwijderde de stofnesten en spinnenwebben en sleepte er een eenpersoonsbed naartoe. Uit de schuur kwam een transistorradio en op het bijzettafeltje legde ze een stapeltje geïllustreerde geschiedenisboeken van Aloïs neer. Haar vader bezorgde een rolstoel waarmee ze hun gast van het bed naar de bank en weer terug konden rijden.

De Rus was een legende. Van heinde en verre kwamen mensen om hem te zien, de man die zichzelf vleugels had omgebonden en uit het Rode Rijk was weggevlogen, waarvan de westgrens eigenlijk zo dichtbij was dat beweerd werd dat acht kilometer verderop, in Deurlo, pershings op het oosten stonden gericht. Ze tikten op het raampje naast de zijdeur, riepen 'volluk' in het halletje en kwamen op kousenvoeten binnen. Ze wreven hun handen bij het vuur, zeiden 'heel graag' als Alice ze koffie aanbood en meenden dat het nu wel vlug zou gaan vriezen, het zat al in de lucht. Onderwijl staarden ze ongegeneerd naar de Rus, die onder de lamp lag te lezen in het leerboek *Nederlands leren voor buitenlanders*, met Russische woordenlijsten achterin. Hij scheen heel tevreden. In Denemarken was hij weliswaar niet beland, maar het lot had hem toch maar naar een haardvuur gebracht en naar een mooie vrouw die geduldig zinnen met hem ontleedde en de juiste uitspraak herhaalde. Ze bracht hem zijn eten en schoof hem zonder te verblikken of te verblozen een po onder zijn kont.

'Anton,' vroeg ze, 'ook koffie?'

Hij hief het hoofd. 'Nej. Dankoewel. Mevrouw.'

'Dank *u* wel,' verbeterde ze hem.

'Dank *u* wel,' zei hij.

'Zo zo,' zei het bezoek.

Haar vage glimlach. 'Hij is een goede leerling.'

Algemeen werd aangenomen dat Aloïs Krüzen, die zijn vrouw alleen maar had kunnen verleiden met de zekerheden van het ambtenarenbestaan, met de Rus zijn paard van Troje had binnengehaald. Niemand waarschuwde hem. Iedereen keek toe en wachtte. Van sommige dingen is de afloop van meet af aan duidelijk, maar toch blijf je kijken, alleen omdat je wilt weten hoe die zich zal voltrekken.

De mais was gehakseld en Harry Voorthuis had het vliegtuig uit het land gehaald en bij Krüzen op de oprit gezet. Bemodderd en verkreukeld stond het daar, het landingsgestel, de propeller en de linkervleugels op een ordeloze hoop ernaast. Waar Rubin had gezeten maakte het toestel een misselijkmakende knik. Iedereen op het erf trommelde even met zijn vingers op het verstelde canvas. De Koekoeroeznik was een relikwie en de Rus een heilige die de Rode Draak had verslagen.

De hemel trok dicht, ze bereidden zich voor op een lange, barre winter omdat Jan Oude Booijink had gezegd dat zijn bijen de opening van hun kasten potdicht hadden gemetseld. In huis klonken vervoegingen en elementaire zinnetjes en volgde de grammatica van het noodlot haar ijzeren logica. En Aloïs? Ziet hij het niet? Haar rode wangen als hij thuiskomt, het leven in haar ogen? Is hij vergeten dat ze eens ook zo naar hem gekeken heeft? Het is zo langzaam uit haar blik weggegleden dat hij het in de opeenvolging van jaren niet gemerkt heeft. En dan is het verdwenen en denkt hij er niet meer aan terug.

Hij begrijpt ook haar uitval niet, de avond voor kerst, als ze hem in de slaapkamer met nauwelijks bedwongen woede meedeelt dat ze Rubin onmiddellijk uit huis wil hebben. Hij ontwricht alles, zegt ze, merkt hij dan niets? Ze heeft haar armen onder haar borsten geslagen, haar grote, warme borsten – het spijt hem dat ze op een ruzie afstevenen.

Maar hij zit daar maar gewoon te zitten, werpt hij tegen,

82

hij doet toch niemand kwaad zo? En zo vlak voor kerst is toch niet het moment om iemand weg te sturen? Hij vraagt om geduld, hun gast loopt alweer op krukken, algauw zal hij weer helemaal op de been zijn en is alles weer als tevoren.

Haar uitval die avond is de laatste waarschuwing die hij niet verstaat, en pas later, als het te laat is, zal die als bazuingeschal in zijn oren klinken. Arme Aloïs Krüzen, die de rest van zijn leven de omvang van het verlies zal proberen te overzien, een man die de afstand tot verdwenen sterren meet.

Was het niet een idee, zei Gerard Meinders tijdens een bijeenkomst van de buurtschap, om voor carnaval een wagen te bouwen met een replica van dat vliegtuig erop? Dan zetten ze de Rus erin en verkleedden de *noabers* zich als soldaten van het Rode Leger, geflankeerd door een batterij scudraketten. Het vliegtuig vloog dan als het ware boven de soldaten en raketten uit, omdat het op een kolom zou rusten met een trappetje erin, waardoor de Rus erin kon klimmen. Gerard had al wat zitten schetsen.

Eigenlijk waren ze al begonnen aan een wagen met als thema smurfen, maar dit plan werd door de buurtschap van de Muldershoek met zoveel enthousiasme ontvangen dat ze dat idee lieten varen. Nu moesten ze het de Rus zelf nog vragen. Aloïs nam de tekeningen mee naar huis en liet ze Anton Rubin zien. Wat dacht hij ervan?

Hij weet toch niet wat carnaval is, zei Alice. Ze probeerde het de Rus uit te leggen, half in het Nederlands, half in het Russisch, want zoals hij haar taal leerde, leerde zij de zijne.

Rubin begon hard te lachen en zei: 'Otlitsjny plan! Moj koekoeroeznik otlitsjno goditsja dlja karnavalnogo sjestvia.'

'Nederlands, Anton,' zei Alice.

Hij zuchtte diep en zei: 'Goede…' Hulpeloos keek hij naar haar op en tikte met zijn wijsvinger op zijn slaap. 'Plan!' riep hij uit. 'Goede. Plan!'

In de grote koeienschuur op het erf van Krüzen begonnen ze aan de bouw van de wagen die voor de Muldershoek in de optocht mee zou rijden. Een paar avonden per week kwamen ze bij elkaar en toverden een platte boerenkar om tot hun verbeelding van Rubins vlucht. Rondom de wagen werd op een halve meter van de grond een batterij ballistische raketten van triplex aangebracht, die de wielen aan het zicht onttrokken en tevens dienden als balustrade, zodat de feestvierders er niet afvielen. In het midden van de wagen verrees een constructie van hout en metaal, sterk genoeg om het vliegtuig te dragen. Het rook naar zaagsel en verf in de schuur, iedereen was het erover eens dat dit het beste idee was in de geschiedenis van het Mariënveense carnaval. Ze zouden ze laten opkijken, de anderen met hun wagens vol Barbapapa's en Fabeltjeskrant-dieren. Rubin zat te roken op een stoel en gaf af en toe een aanwijzing over de replica van zijn toestel. Op gezette tijden legden ze hamer, zaag en kwast neer, dronken een glas jenever en zeiden 'na zdorovje!'

Het geraamte van het vliegtuig werd gemaakt door Gerard Meinders, die een timmerbedrijf had, en zijn broer Berthold, die halverwege het dorp en de Muldershoek een houtzagerij begonnen was.

Nooit eerder was Mariënveen in het nieuws geweest, nog nooit sinds de naam voor het eerst voorkwam in een eigendomsakte uit 1013, en nu waren ze zowaar dagenlang voorpaginanieuws geweest. En de Rus was nog een beste kerel ook; hij hield van een glas en kon wat met zijn handen. De propeller van zijn toestel had hij zelf gemaakt, ver weg in een schuur in Zagoeblene. Een propeller maken was een wonder van evenwichtskunst, waarbij zelfs de lak de balans kon verstoren. Om redenen die niemand begreep hield Rubin zelfs zoveel van propellers dat hij er een had laten tatoeëren over de hele lengte van zijn bovenarm.

De afgebroken propeller werd zo goed en zo kwaad als het ging hersteld en aan de neus van de replica bevestigd. Theo Lesscher prutste met een elektromotortje en een accu tot hij hem kon laten ronddraaien.

Toen het vliegtuig klaar was, takelden ze het gevaarte op aan een balk en reden de kar eronder. Het was een sinister Sovjetmonument geworden. Koud glommen de zilvergrijze raketten, heroïsch verhief zich boven die getande haag het vliegtuig. Rubin huilde en dronk op zijn nieuwe vrienden die zijn verhaal hadden naverteld in hout, metaal en verf. Paul klom in de cockpit, die een gerieflijke zetel bevatte, waarin Rubin het enkele uren moest zien uit te houden. Daarbeneden ging Frans Huzink de glazen nog eens langs. 'Op de NAVO dan maar, hè,' zei Gerard Meinders, en weer hieven ze de borrelglaasjes die eens als souvenir waren aangeschaft in het Teutoburger Woud.

Op de dag zelf kwamen ze naar de schuur in legerkleding, die ze uit de plunjebalen van hun diensttijd hadden opgediept. Hun vrouwen hadden er emblemen voorzien van hamer en sikkel op genaaid, vervat in een rode ster. Ze hielpen Rubin op de kar en kregen hem met vereende krachten in zijn zitplaats. Zijn benen bungelden in het gat onder hem, hij keek tevreden rond. 'Gerard!' riep hij. 'Jij goede vliegtuig gemaakt! Sejtsjas sjadu i poletsjoe. Naar huis!' Hij wees op zichzelf.

Voorthuis manoeuvreerde de trekker achterwaarts de schuur in en verbond het oog van de trekker en dat van de wagen met een ijzeren pin. Hij kwam bij de anderen staan. 'Zo jongens,' zei hij genoeglijk, en wreef zich in zijn gehavende boerenhanden.

Om twaalf uur verzamelden de wagens zich in het dorp. De dag begon miezerig maar zou gaandeweg opklaren, het was waterkoud. Rubin zat in zijn kraaiennest te roken, de leren vliegenierskap op zijn hoofd. In de verte dreef de fanfare de opgewonden klanken van de Radetzkymars voor zich uit. Daar kwamen ze aanmarcheren uit de richting van de Sint Jozefschool, in hun koningsblauwe uniformen. Het koper schetterde, dof rommelden daarachter de trommels. Kaal en donker verhieven zich de lindes langs de Dorpsstraat, uit café De Lindeboom stroomde op dit uur al licht en feestgedruis. Serveersters in dirndl renden rond met dienbladen bier. Luid zong het volk mee met *Es gibt kein Bier auf Hawaii*. Clemens II kreeg de sleutel van de burgemeester overhandigd en blies na een toespraak die niemand verstond op zijn hoorn, waarop de hele meute de straat op zwierde en op de wagens klom. Stapvoets gingen ze achter *When The Saints Go Marching In* aan, de kerk, de Rabobank en de winkels langs; soms liet het wolkendek een reep koud zonlicht door. De vierde wagen in de stoet was die van de Muldershoek. 'Anton!' riepen de mensen langs de kant. Hij lachte en zwaaide naar hen, en ze voelden een warme trots dat hij juist hun dorp had uitgekozen om neer te storten.

De noabers van de Muldershoek salueerden en richtten hun jachtgeweren op het dubbeldekkertje boven zich. Soms marcheerden ze op de plaats op het ritme van de oorverdovende marsen uit de luidsprekers achter op de wagen. Ze hadden een toren van kratten Grolsch aan boord, Anton schonk zich naar believen bij uit een fles Puschkin. Met wodka moest je kalm aan doen, wisten de noabers, al kon het voor Anton geen kwaad, die was eraan gewend – maar het was een koude dag, één glaasje deed geen zeer. Tegen de tijd dat ze halverwege de tweede ronde door het dorp waren, was het Rode Leger al straalbezopen en zat de piloot daarboven met zijn vliegenierskap op te grijnzen met natte lippen en druppels in zijn baard.

Harry Voorthuis, die de trekker reed, keek af en toe bezorgd achterom naar zijn buurtgenoten, die de tape met marsen hadden vervangen voor 'Hollands mooiste' en meeloeiden met *Tulpen uit Amsterdam*. Er kwamen verstekelingen aan boord, allemaal wilden ze de Rus een handje geven.

Paul, verkleed als boertje, zwaaide met zijn rode zakdoek toen de wagen het kerkplein passeerde, maar zijn vader staarde glazig over de menigte en hield zich aan de neus van een scud in evenwicht. Hoog daarboven leek het of Rubin een dutje deed met zijn hoofd tegen de rand van de cockpit. Paul en zijn moeder rilden toen er een wolk voor de zon schoof. In De Lindeboom wachtten ze de terugkomst van de stoet af.

Op het podium in de feestzaal zetten ze Anton Rubin neer, zodat hij het feestgedruis kon overzien. Hij werd omstuwd door carnavalsvierders die hem op de schouders sloegen. Soms brulde hij iets onverstaanbaars.

'Anton, he-j honger?' riepen de knuppels, en voerden hem stukken braadworst. Daarna goten ze de inhoud van flesjes schnaps in zijn mond. De kracht om zelf het glas naar zijn mond te brengen leek hem te hebben verlaten. De fanfare maakte een ronde door de zaal, het volk sloot aan in polonaise.

Paul, die aan de zijkant op een tafel stond, sloeg zijn handen voor zijn oren. Van een afstand zag zijn moeder hoe de Rus even onverschillig als gelijkmatig worst en drank verzwolg. Vieux en currysaus dropen uit zijn baard. Een potige jongeman nam Rubins hoofd in zijn armen en hield zijn mond open zodat een ander de drank erin kon gieten. Nog een worst kwam er uit de frietkraam buiten; traag vermaalden Rubins kaken de brij van vlees en schnaps.

'Aloïs!' schreeuwde Alice naar haar echtgenoot die in polonaise langszwierde. 'Aloïs!'

Maar Aloïs, zijn handen op de schouders van de man in boerenkiel voor zich, was doof voor haar stem in de menigte.

Ze baande zich een weg naar het podium. Handen streken langs haar lichaam – ze knepen in haar kont en haar opgebonden borsten in dirndl. Anton Rubin, het middelpunt van de bacchantische razernij, was weggezakt in het duister achter zijn ogen, terwijl zijn kaken werktuiglijk maalden en hij de brand in zijn slokdarm niet meer voelde. De knuppels waren hem aan het vermoorden met braadworst en alcohol. Wanneer hij vooroverviel, trokken ze hem weer overeind en propten meer worst naar binnen. Toen hij kokhalsde sloot een van de jongemannen zijn mond stevig af met zijn hand.

'Hij stikt!' schreeuwde Alice. 'Hou daarmee op!'

Haar stem ging onder in het gedruis. Rubins bovenlichaam schokte. Alice klauterde het podium op en duwde de knuppel met twee handen weg. De Rus viel voorover, het lachende volk voor aan het podium deinsde walgend achteruit terwijl hij kotste, kotste.

Tussen twee mannen was hij naar buiten gedragen, in de auto piste hij zichzelf onder. 'Anton!' schreeuwde Alice, en sloeg de Rus in het gezicht. Thuis legden ze hem in bed, Alice trok zijn kleren uit en verschoonde hem.

In de dagen dat hij in bed bleef om van de alcoholvergiftiging te herstellen, bracht ze hem zwijgend zijn maaltijden. Paul keek in de deuropening het kamertje binnen. Rubin wilde iets zeggen, maar afgemeten schudde Alice haar hoofd. Ze verliet de kamer en sloot de deur gedecideerd achter zich.

Van alle straffen is zwijgen de zwaarste. Hartgrondig, langdurig zwijgen, waar zelfs een door het leven geharde Rus na zes dagen niet langer tegen bestand was, want op een middag kwam Paul de huiskamer in en zei tegen zijn moeder: 'Hij loopt bij de weg.'

'Wie?'

'Anton.'

Ze keek op. 'Wat zeg je nou?'

'Hij loopt bij de weg. Daar.' Paul wees naar buiten.

'Dat kan helemaal niet,' zei zijn moeder, die een jas aan-schoot en naar buiten holde, waar een gestage, ijzige regen neerdaalde. Ze liep de oprijlaan af en stak de weg over. 'Blijf daar!' riep ze tegen Paul. Ze ritste haar jas dicht en ging achter Rubin aan, die er in de verte op zijn krukken van-door ging. Rond zijn schouder droeg hij de linnen tas die hij van het ziekenhuis had meegekregen, met daarin zijn schamele bezittingen: brieven en kaarten uit het hele land, een paar krantenknipsels, zijn pijnstillers. Paul hoorde de stem van zijn moeder. 'Anton! Anton!'

Paul rilde onder de grijze eiken. Niet van de kou maar om haar stem die niet om hem riep maar om de Rus die ginds langs de weg hompelde. Ze stak het bruggetje over en haalde hem in bij de houtzagerij. Van ver, onverstaanbaar, hoorde hij hun stemmen. Dat zijn moeder huilde, dat hoor-de hij, en dat ze elkaar omhelsden, dat zag hij – en zoals zijn vader de rest van zijn leven spijt zou hebben dat hij de Rus niet in het maisveld had laten verrekken, vergaf Paul zich-zelf nooit dat hij haar had gewaarschuwd toen Anton Ru-bin ervandoor ging. Wat als hij dat niet gedaan had. Wat als hij de Rus zwijgend had laten gaan. Wat als.

Toen Ronnie Steeghuis de finale van *X Factor* bereikte,
kwam Mariënveen voor de tweede keer in zijn bestaan in
het nieuws. In de grote zaal van Shu Dynasty zat een man
of honderd voor het filmscherm dat ook voor belangrijke
voetbalwedstrijden werd neergelaten. De glorie van Ronnie Steeghuis straalde op iedereen daarbinnen af – hij gaf ze
een plaats in de wereld, de wereld die het avontuur met de
Rus allang vergeten was en nooit meer aan Mariënveen had
teruggedacht. Het was Steeghuis, die in het dagelijks leven
de regio rondtrok als charmezanger, op de een of andere
manier gelukt om elke week door te dringen tot de volgende aflevering van de show, zodat er nu, in de finale, echt iets
op het spel stond. Vanavond had hij gekozen voor *These Are
The Days Of Our Lives* van Queen.

'Homo!' riep Abbink.

Voor zijn optreden zagen ze Steeghuis in een repetitie-
ruimte met een piano in gesprek met Wendy van Dijk.
'Ronnie Steeghuis, helemaal uit Mariënveen,' zei ze moe-
derlijk. 'Je voorbereiding voor het grote optreden. Jouw
grand finale, nu moet het gebeuren...'

Er volgde een terugblik op zijn zangcarrière, hoe hij als
bandartiest langs volksfeesten en bejaardentehuizen trok
en op een goede dag had besloten mee te doen aan de voor-

rondes van *X Factor*. Met zijn kinderlijk eerlijke antwoorden in dialect had hij in de loop van het programma een zekere cultstatus verworven.

'En wat is nou,' vroeg Wendy van Dijk, 'als je diep in jezelf kijkt, Ronnie, je allerdiepste wens?'

'O,' zei hij, 'gezond blijven. Da's toch het belangrijkste.'

Ze schaterde om weer zo'n ontwapenend antwoord. 'Dat is waar,' zei ze, nog nahikkend van de lach, 'dat willen we allemaal natuurlijk. Maar jij, Ronnie, als jij nou echt diep in jouw hartje kijkt, wat is dan *jouw* allerdiepste wens?'

Ronnie was een tijdje stil. Zo diep keek hij in zijn hart dat hij het meest voor de hand liggende antwoord vergat – 'De *X Factor* winnen natuurlijk!' –, zijn schouders ophaalde en de onsterfelijke woorden sprak: 'Noar 't westen.'

De meute in het café viel stil.

'Dat meen je toch godverdomme niet,' klonk Abbinks stem.

'Wat een klootzak,' mompelde Paul richting het scherm.

Mensen verlieten de zaal. Even later klonk er een cynisch applausje toen Steeghuis welgeteld één jurylid achter zich kreeg en roemloos afdroop.

Misschien, dacht Paul niet voor het eerst, waren ze toch een ander slag volk hier. Een merkwaardig restproduct van wat de Saksen en Tubanten hadden achtergelaten toen ze zich schielijk uit de voeten maakten. O, die aandoenlijke trots: Ronnie Steeghuis, op de nationale televisie... Genoegdoening voor een leven in de schaduw aan het uiteinde van het koninkrijk, ver van zee – maar toen ze Ronnie vroegen waar hij werkelijk naar verlangde, sprak die kloot zomaar de waarheid: dat er hier niks was en dat iedereen die de kans kreeg onmiddellijk vertrok. Zelfs door de Chinezen werden ze geminacht. O zeker, die glimlachten de hele dag door naar je en waren zo meegaand als wat, maar niemand die eraan twijfelde dat ze achter de klapdeuren hartelijk werden uitgelachen. Dag in, dag uit klonk daar het Chinese geproest om de malle koekenbakkers aan de andere kant van de bar.

Paul verbaasde zich over de chauvinistische trots die op de bodem van zijn ziel verscholen had gelegen, en die was losgewoeld toen een dorpsgenoot op de nationale televisie was. Hij stond zachtjes te sakkeren terwijl mama Shu en haar dochter Ming bierflesjes openden en op de bar zetten. Die idioot van een Steeghuis maakte hen allemaal te schande. Sukkels zonder het talent om elders te slagen. Wie iets kon, verdween. Herbert Kieftenbelt met zijn transportbedrijf over de grens; Henny Löwik, wiens naam je overal zag op grote borden naast bouwterreinen; geen van beiden was ooit naar Mariënveen teruggekeerd. 'Bij ons uit het dorp,' zei je achteloos als een van hen ter sprake kwam. 'Hoog in de bol,' zei je als iemand zich afvroeg waarom je ze nooit meer in Mariënveen zag. Waarom toch. Ze waren welvarender dan Kloosterzand en Deurlo bij elkaar. Er werd gebouwd, als het even kon zetten ze Saksische woonhuizen neer, gehistoriseerde nep weliswaar, maar knappe huizen. Ze hadden een textielfabriek en nog een paar vakwerkboerderijen van een paar honderd jaar oud. Zelfs internationale drugshandel hadden ze aan de hand gehad, bleek toen een paar jaar geleden een bende werd opgerold die opereerde vanuit café Halfweg aan de rijksweg naar Kloosterzand. Café Halfweg met zijn speeltuin waar softijs en snoep werden verkocht vanuit een grote paddenstoel – als de paddenstoel openging wist je dat de lente was begonnen; hoe symbolisch wilde je het verlies van onschuld hebben? In maart nog waren in Mariënveen die mannen opgepakt in verband met cocaïnesmokkel in de haven van Hamburg. Lieve hemel, wat kon je nog meer verwachten van een klein dorp?

Het scherm was weer opgerold, de zaal en het café grotendeels leeggestroomd. 'Ming lekker ding,' zei Abbink, 'doe mij d'r nog maar een.'

Eén keer had Ming, de oudste van de twee kinderen Shu, de fout gemaakt te zeggen dat ze liever met een uitkering achter de televisie zat dan de rest van haar leven flessen bier en borden bami voor ze neer te zetten. Eén keer. Ming Uitkering was geboren.

Paul had medelijden met haar. Het leven had haar niet bevoordeeld. Ze was zo mager als een riem, over haar tanden lag een blauwzwart waas. Haar haar was dof en vet, alsof de bakolie er bij haar geboorte was ingetrokken om er nooit meer uit te gaan. Maar ze bezat het vermogen om te verdragen. Ze glimlachte bij de keten aan rijmwoorden bij haar naam en werkte zeven dagen per week zonder een klacht.

Paul viel op Aziatische vrouwen maar niet op Ming Shu. Hij had geprobeerd haar vlakke achterste te begeren en zijn best gedaan zich voor te stellen dat ze fijne kleine borsten of een delicaat kutje had, maar niks lukte. Ze was eigenlijk, vond hij, een vrouw zonder duidelijke voor- of achterkant. Toch stelde hij zich soms, in zijn dagdromen, een leven met haar voor. Ze was halverwege de dertig, ze zouden nog kinderen kunnen krijgen. Hij was bijna vijftig maar dat was hem niet aan te zien. Misschien zou hij genoegen kunnen nemen met haar, als zij genoegen kon nemen met hem, maar aan het eind van zijn mijmeringen stuitte hij altijd op dezelfde hindernissen: dat hij te oud was en Ming te lelijk. Dag in, dag uit droeg ze hetzelfde soort zwarte broek, die hoog boven haar scherpe heupbeenderen was aangesnoerd, en altijd had ze een wijd zwart T-shirt aan dat haar plat en vormeloos maakte.

Ze kwam de keuken uit met een bord babi ketjap kip voor Alfons Oliemuller.

'Had je nog niet gegeten, Alfons?' vroeg een van de Hennies.

Hij knikte met zijn hoofd vlak boven zijn bord.

'Wat nou, Ming,' zei hij even later, 'had je de kip op?' Hij stak zijn vork over de bar.

Ming keek. 'Is kip hoor,' zei ze.

'Ei,' zei Oliemuller.

'Kip, joh,' zei Ming.

'Proef dan,' zei Oliemuller. Hij kwam overeind van zijn barkruk en hield de vork voor haar gezicht.

Paul had de kip-eidiscussie vaker gehoord. Het was een van de hardnekkigste verdenkingen jegens de oude heer Shu, dat hij sjoemelde met de kip.

'Ik ga jouw kip toch niet opeten,' zei Ming verontwaardigd.

'Jullie vreten zelf niet eens wat je ons voorzet,' zei Oliemuller grimmig. 'Die troep.'

Ming zette haar lach van donkere tanden op. 'Is goed eten hoor, Chinees eten! Gezond!'

'Waar blijft dan jullie afval? Jullie hebben nooit afval. Alles opgegeten. Door ons.'

En daar was meteen de tweede hardnekkige verdenking: dat de Chinezen alles opgebruikten, alle etenswaren in de keuken, van gebutst tot overrijp, beschimmeld en rot, alles. Iedereen geloofde het, zoals iedereen ook gewoon nasi, bami en mihoen bleef bestellen, zolang er maar 'van het huis' achter stond. Misschien kende ook Ming haar plaats in de voedselketen, dacht Paul, en was ze realistisch genoeg om niet meer van het leven te verwachten dan haar toekwam. Ze zaten feitelijk in hetzelfde schuitje. Allebei hadden ze het ouderlijk huis niet verlaten en waren in die zin altijd kind gebleven. Ook voor haar zag het ernaar uit dat ze kinderloos zou blijven. De zorg voor haar ouders stond haar nog te wachten. Haar vader zou vermoedelijk niet erg oud worden, dacht Paul. Hij had geen tand meer in zijn mond en slofte, als hij niet stond te koken, op badslippers met witte sokken erin naar zijn tafel bij het raam, waar hij zijn Chinese gedachten had en de ene na de andere Marlboro rookte tussen middel- en ringvinger. Mama Shu werd daarentegen zeker honderd. Ook als Ming naar de bakker liep of in de bus naar de stad zat, zou ze de klaaglijke stem van haar hulpbehoevende moeder horen. De stem was overal, ze zou er niet aan kunnen ontsnappen.

Zelf hoorde hij soms ook de stem van zijn vader als hij van huis was. *Paul? Paul, waar bi-j?* Kilometers ver droeg die stem. Sterker, hoe verder hij bij zijn vader vandaan was, hoe helderder zijn stem klonk. Onafgebroken en klaaglijk weerklonk hij in zijn hoofd, totdat hij naar huis reed, waar zijn vader al in bed lag of onder de lamp zat met een boek over de voc of de geschiedenis van Amsterdam, en met een verwonderde uitdrukking op zijn horloge keek en zei: 'Wat bi-j d'r vroeg weer?'

Door het raam van Shu zag Paul hoe bij de Happytaria aan de overkant het licht uitging in de vitrine met bamiblokken, mexicano's en frikadellen. Hij dacht aan Baptist, die met zijn Chinese was getrouwd omdat wie a zegt, ook b moet zeggen. De laatste tijd voegde hij er soms aan toe: 'De langste b van mijn leven.'

Toen Baptist kanker gekregen had, had hij de Happytaria overgedaan aan zijn stiefkinderen. Wen stond er het vaakst, samen met Xi, die ze had ontmoet op een Chinees feest in Osnabrück. Baptist bracht hun zoontje elke dag naar school – hand in hand liepen ze over het bomenlaantje langs de bibliotheek. Het kind was erg begaafd. 'De pianolessen worden met patat betaald,' zei Baptist.

Hij had dun, wit haar gekregen. De ziekte had hem in korte tijd veranderd in een uitgeputte, oude man. Hij zat veel voor het raam en keek naar de vrouwen die boodschappen deden in de Dorpsstraat, de vrachtwagens van Aviko die voorbijreden. 'Het is verbazingwekkend,' zei hij, 'hoeveel volk er nog op zo'n dorp rondloopt dat je niet kent.'

Hij was voorzichtig weer in zijn moestuin aan de slag gegaan. Vorig jaar was het er door de bestralingen niet van gekomen. Couperose zette zijn bleke wangen in bloei.

Als je hem vroeg 'Hoe is je dat eigenlijk bevallen, een Chinese vrouw?', dan leunde hij achterover in zijn stoel, vouwde zijn handen op zijn buik en zei droogweg: 'O, ik ben zo eenzaam als wat. Ik kan nergens met haar over praten. Ik moet haar nog uitleggen wie Angela Merkel is. Ze volgt het nieuws wel, maar pas als het een paar dagen later op Weibo heeft gestaan.'

Vooral het begin was heel moeizaam geweest, de woordenboeken, de misverstanden.

En als je Baptist ten slotte vroeg hoe het nou was om zo plotseling tussen de Chinezen te leven, dan antwoordde hij: 'O, alsof ik altijd op vakantie ben – ik versta geen woord van wat ze zeggen.'

Maar hij had al met al geen spijt van zijn keuze, zei hij kalm. Tijdens de bestralingen had hij zich geen betere verpleegster kunnen wensen dan zijn echtgenote Lihua. Ze bereidde kruidendrankjes voor hem en stak acupunctuurnaalden in zijn oren en voorhoofd.

'En nu maar hopen dat de K zich verder koest houdt,' zei hij.

Nu zette Xi in de Happytaria de stoelen recht en deed de lichten uit. Alleen nog wat licht van de straatlantaarn viel binnen. Xi draaide het bordje GESLOTEN naar de straatkant en verdween in de schaduwen.

Langzaam gingen ze de bloeiende bosrand af, zijn vader en hij. Vlierstruiken staken hun witte schermen uitbundig naar het licht. Zijn vader knipte de hoge bloesems af, Paul de lage. 'Doe je het een beetje voorzichtig, jochie?' vroeg zijn vader. 'Het stuifmeel geeft veel smaak.'

Achter de vlierstruiken lag het bos van beuken en eiken, dat zich aan de overkant van de beek voortzette. Daar werd het weer begrensd door een braakliggende es waar kieviten nestelden op de warme aarde.

In de keuken vulde zijn vader een emmer tot de schermen onderstonden. Hij zette hem in de bijkeuken met een theedoek erover en mompelde 'zo maar dan'. De volgende dag stonden de bloemetjes drabbig in de emmer; er kwam een rinse pisgeur vanaf. Op het aanrecht lag Alice haar receptenschrift opengeslagen. Ze brachten het mengsel tegen de kook aan in de grootste pan voorhanden en roerden er citroenzuur en suiker doorheen. Daarna zeefden ze het en goten het in flessen. Ze hadden er heel wat te weinig.

In de bijkeuken stonden nog volle flessen van voorgaande jaren, de witte labels beschreven in het dierbare handschrift van zijn moeder.

Van de flessenbodems stegen bleke wervelingen van droe-
sem op, transparante sterrennevels, gevangen in glas.

Dat jaar werden de stickers voor het eerst beschreven in
het scherpe onderwijzershandschrift van zijn vader. Alles
moest doorgaan als altijd.

Dit ritueel zou elk voorjaar terugkeren: zijn vader en hij
die vlierbloesemsiroop maakten. Het was een van de beste
dingen die Paul over hem te vertellen had.

Vijf maaltijden leerde zijn vader zichzelf koken in die eerste
maanden alleen, alle vijf met aardappels. Vijf basismaaltijden,
noemde hij het, een voor elke dag van de week. Het weekeinde was voor de kliekjes. Het was onwaarschijnlijk wat je allemaal met aardappels kon doen. Koken, pureren, stampen,
bakken, frituren. In staafjes, blokjes, partjes en schijfjes, en
vast nog wel meer als je er dieper over nadacht. Maar ge-
stampt was de aardappel Aloïs het liefst. Ze aten het jaar rond
stamppot. In het voorjaar kon je stamppot maken van raap-
stelen en postelein en in de zomer van sperziebonen en snij-
biet. Dat volstond tot eindelijk het boerenkoolseizoen weer
begon.

Paul schilde de aardappelen. Dit was van meet af aan zijn
taak. Eerst met een dunschiller, en toen die per ongeluk
met de schillen was weggegooid met een mesje. Hij waste
de aardappelen en zette ze onder water in de pan.

Terwijl zijn vader kookte las hij *Pinkeltje op reis*. Het deksel klepperde boven de piepers. Terwijl een klont Croma

smolt in de koekenpan, ging zijn vader met het vergiet de tuin in om slablaadjes te plukken. Goedkeurend mompelde hij tegen de gewassen. De boerenkool kwam op, de bonen hadden zich al tot aan het eind van de stokken gewonden. Niet lang meer en ze aten alle dagen sperziebonen.

Toen de rundervinken sisten in het vet, dekte Paul de tafel. De jus bereidde zijn vader naar eigen zeggen volgens oud familierecept. Hij schoof het vlees naar de zijkant van de pan en fruitte een uitje. Hij voegde ketchup en mosterd toe en roerde alles dooreen. Dan zijn geheime wapen: een scheutje halvamel. Het geheel afblussen met water en ziedaar zijn jus, die trouwe secondant van de aardappel. Zo had hij dat lang geleden van zijn moeder geleerd, zei hij, en zo leerde hij dat ook weer aan zijn zoon.

Hadden ze vroeger wel halvamel? vroeg Paul. En ketchup? Maar zijn vader hield staande dat het recept authentiek was.

Een tijdje later vouwden ze hun handen en waren even stil. Paul bestudeerde de rode schemering achter zijn oogleden, een zonsopgang op Mars.

'Here zegen deze spijze amen,' zei zijn vader. Hij had zijn trouwring nog om. Wat als ze terugkwam op een dag.

'Amen,' zei ook Paul. Hij prakte de dampende gele aardappels en schikte ze tot een landschap met een bassin in het midden. Daarin jus. Langzaam trad het meer buiten zijn oevers en overspoelde de laagvlakte.

Met kerst had Paul zijn vader in een Van der Valk-restaurant om een extra kommetje jus horen vragen. Op de verbazing van de serveerster had hij gereageerd met de woorden: 'Want wij zijn natte eters.'

Soep aten ze nooit, zij hadden jus.

Een rookkolom steeg op boven de populieren aan de benedenloop van de beek. Masselink die zijn vuil verbrandde.

Langzamer dan zijn vader kon een mens niet eten. 'Ik heb nog huiswerk,' zei Paul soms, maar zijn vader was als een ezel die na een tik op de kont twee passen harder liep, en dan weer net zo langzaam als daarvoor. Terwijl Paul wachtte, dacht hij aan school, zijn moeder, de jongens met wie hij omging. Alles, iedereen. Vroeger, nu, de dingen die kwamen. Ongerijmde blikken in de toekomst.

De zoldering kraakte weer als een galjoen op volle zee. Het kraakte al sinds mensenheugenis daarboven. Zijn vader vertelde hem een keer hoe hij de hele nacht in afgrijzen naar het plafond had liggen kijken, waar op de grote, lege zolder boven hem een gevecht tussen gladiatoren gaande was. Daar was de hel losgebroken, de balken kreunden en de planken vloer knarste alsof de spijkers eruit werden gerukt, en hij lag vastgenageld op zijn bed.

Aloïs leek direct spijt te hebben dat hij hem dit had verteld.

Later had Paul een paar nachten precies hetzelfde meegemaakt.

Paul spitste zijn oren, hij probeerde te lokaliseren waar op zolder het geluid zich precies bevond. Er was beslist leven daar. Geen marter of een rat. Groter. Anders. En niet alleen daar. Hij zag soms dingen in de woonkamer. Een keten geschakelde waakvlammetjes, blauw flakkerend, die energiek door de kamer schoof. Ze verdween in de richting van de achterkamer en loste daar op. Hij was er niet bang voor, de vlammetjes waren een vertrouwde verschijning.

Zijn negende verjaardag – op de velden werden de eerste aardappels gerooid. Grommend schoven de machines over het land. Zomer, plotse verheviging van de warmte. Vlak voor het onweer ging de wind als een hark over het land. Reusachtige stofwolken stegen naar de hemel op.

'Komt ze vandaag?' vroeg hij zijn vader.

'Geen idee,' zei Aloïs. 'Verheug je maar nergens op. Dat is het beste.'

Verbeten schilde Paul de aardappelen. Met de tenen aardappelmand op schoot dacht hij aan het leven van de bintjes die hard en stoffig door zijn handen gleden. Ze waren door de warme aarde uitgebroed en in het droge duister mooi stevig in de schil gekomen. Uitgegroeid tot fikse knollen wisten ze niets van het stof en de zomerstormen boven hun hoofd. Hoe het loof bespoten werd en het hele veld als door een vloek verdorde. Niets wist de aardappel, van begin tot eind was hij onwetend.

Voor ze aan tafel gingen kreeg hij van zijn vader een bouwpakket. Een Panzer-tank, bemand door een paar soldaten van het Afrika Korps. 'Ik weet nog toen ik negen werd,' zei zijn vader. Als toetje aten ze een tompouce.

Sinds ze weg was, tochtte het in huis. Een zuchtje kou woei uit het keukenkastje als Paul het opende; knielde hij voor zijn bed bij het avondgebed, dan wervelde er een koude ademtocht rond zijn benen.

Haar kleren en huisraad had ze in het voorjaar met een bestelbusje opgehaald.

De Rus had op de oprit staan roken, naast het wrak van zijn vliegtuig. Hij stak zijn hand op naar Paul, die van een afstand naar hem keek. Paul hief zijn hand, maar liet hem halverwege weer zakken. De Rus bevoelde het canvas van de Koekoeroeznik, zijn vingers gleden over de plekken waar het materiaal was versteld. Dat, dat was zijn huid, en hijzelf, hij was het verlangende hart van dat vliegtuiglichaam geweest.

Binnen ging zijn moeder de kasten door. De ene na de andere verhuisdoos vulde ze met jurken, schoenen en ondergoed. Ze droeg de dozen de kamer en het halletje door en gaf ze bij de zijdeur over aan de Rus, die ze naar de bus bracht. Hij hinkte nog een beetje.

Aan de eettafel zat zijn vader met kromme rug de zaterdagkrant te lezen. Alice droeg een doos naar buiten waar WINTERKLEREN op stond.

Vanuit de keuken vroeg ze even later: 'Deze, Aloïs?'

Hij keek op. Ze hield de koekenpan in de lucht. 'Van mijn moeder,' zei hij.

Ze knikte en zette de pan terug in de kast. Toen hij het getingel van bestek hoorde, keek hij op. 'Afblijven,' zei hij.

Ze stak haar kin naar voren. 'Dat hebben we van mijn ouders gekregen,' zei ze.

'Leg terug.'

'Ik ben je hond niet.'

Hij kwam overeind. 'Terugleggen, en rap wat.'

'Verdomme, Aloïs, dat is het trouwbestek van mijn ouders!'

Hij kwam achter de tafel vandaan en was met een paar passen in de keuken. 'Dat laat je godverdomme hier.' Hij hijgde.

'Wat denk je wel,' zei ze. 'Mij te commanderen...' Ze gooide het verzilverde Gero-bestek met handenvol in de verhuisdoos.

Hij rukte een theedoek van de muur en sloeg haar ermee in het gezicht.

'*Aloïs!*' Bestek kletterde op de keukenvloer.

'Jij mag dan niet meer getrouwd zijn,' schreeuwde hij, 'ik ben dat nog wel!'

In de woonkamer knielde ze bij Paul neer. Ze wreef haar behuilde gezicht over het zijne. Hij huiverde van genot. In de keuken klonk het geraas van een besteklade die werd omgekeerd boven de vloer.

'Mama,' vroeg Paul, 'blijf ik hier?'

'Ja, schat,' antwoordde ze, 'dat is het beste. Geloof me.'

'Maar waarom dan?'

'Omdat... Omdat jij en je vader...' Ze glimlachte moeizaam, haar stem werd zachter. 'Je papa kan hier toch niet alleen blijven? Toch?' Met het puntje van haar mouw wiste ze de tranen uit zijn ooghoeken. 'Je papa heeft je nodig, lieveling.'

'Maar ik wil bij jou,' fluisterde Paul.

Ze streelde zijn hoofd. 'Dat gaat niet, liefje. Echt niet.'

'Maar waarom dan niet?'

Ze nam zijn gezicht tussen haar handen en hield het opnieuw tegen het hare. Haar stem bij zijn oor. 'Dit is het beste voor je. Voor jou en je papa. Dat lijkt nu nog niet zo... Later zal je begrijpen dat dit het beste is. Echt waar.'

Hij knelde zijn armen vaster om haar heen, maar ze maakte zich los uit zijn omhelzing en stond op. Hij hield haar bij een been vast. 'Shh, shh, stil maar,' zei ze, en streelde zijn haren. Met gesloten ogen zei hij *ik wil niet alleen blijven, ik wil niet alleen blijven*, en had dwars door alles heen de felle herinnering aan een sprookje waarin een meisje in een put viel en net zo lang bleef vallen tot ze in slaap viel.

'Hier moeten we het mee doen, jochie,' zei zijn vader soms in
die begindagen, op dezelfde afwezige manier waarop hij tegen zijn gewassen sprak, en ook tegen de auto als die niet
wilde starten. Hij had overwogen, bekende hij later, om hem
bij de paters te doen. Wist hij veel hoe je een kind opvoedde.
Wat daarvoor nodig was. De aanwezigheid van een kind ver-
hinderde dat hij zich volledig op zijn ongeluk kon storten,
zoals misschien zijn natuurlijke neiging was. Er moest brood
in huis zijn en 's avonds warm eten op tafel staan. Kleren in
de kast en schoenen aan zijn voeten.

Aloïs haalde een oude fiets uit de schuur, die nog van zijn
vader was geweest. De banden waren plat, de buizen bedekt
met kleverig stof. Na de zomervakantie kon hij zijn zoon
's morgens niet naar school brengen, zoals Alice altijd had
gedaan. Hij zette hem op het zadel en zag dat zijn voeten
niet bij de trappers kwamen. 'Ik dacht dat je groter was,' zei
hij. De werkelijkheid was dat Paul de kleinste was van de
klas en nooit boven de 1 meter 69 zou uitkomen.

Bij Busscher in het dorp liet hij de fiets opknappen. 'Gro-
ningse degelijkheid, Fongers,' zei Busscher. 'Zo worden ze
niet meer gemaakt.'

Paul raakte eraan gewend, aan staand fietsen. Soms rustte hij even uit op de stang.

Zijn vader kookte, Paul fietste staand naar school en schilde 's avonds de aardappelen. Ontelbare zanderige binten gleden hem in de loop der tijd door de vingers. Na het eten deed hij de afwas.

Met het verstrijken van de tijd vergat hij soms hoe zijn moeder eruitzag. Even verdrietig als haar afwezigheid was haar gezicht dat vervaagde; hij kon haar doorschijnend portret slechts twee of drie uitdrukkingen laten aannemen, een grove vereenvoudiging die hem zeer deed.

In de herfstvakantie van het eerste jaar van haar afwezigheid had ze hem zullen meenemen naar een Waddeneiland. Vergeefs wachtte hij die dag op haar komst.

Ze kwam niet toen hij tien werd. Op 20 juli 1978 wordt hij elf. Groot en zwaar doemt de dag voor hem op, een gletsjerwand. Het wordt een dag als alle andere. Hij leest *De scepter van Ottokar*, fietst naar de textielfabriek om te kijken of er nog wat interessants in de afvalcontainers zit en gooit de ramen van een oude varkensstal bij Huzink in. Als zijn vader thuiskomt van school, staan de aardappels onder water in de pan.

'Elf,' zegt zijn vader, en houdt hem bij zijn bovenarmen vast. 'Elf alweer.'

In het doosje van de banketbakker zitten twee tompouces.

Om halftien gaat hij naar bed. Door de kieren tussen de gordijnen glipt het laatste daglicht binnen. Hij begraaft zijn hoofd in het kussen en roept om zijn moeder zoals een man in het uur van zijn dood om zijn moeder roept.

In de herfst, op een zondag na de kerk, wandelen ze naar de grens. Zijn vader heeft horen zeggen dat er betonblokken op het pad zijn geplaatst, nadat eerder die week, in Limburg, twee douaniers door de Rote Armee Fraktion zijn doodgeschoten. Het is een warme najaarsdag, hij heeft zijn overjas over zijn onderarm geslagen. Ze passeren de varkensschuren van Kamphuis die een bijtende ammoniaklucht uitwasemen en een koeienstal waar de beesten aan de hekken rammelen. De eiken houden nog wat geel en rood blad, het zandpad stijgt langzaam in de richting van de grensovergang. Aloïs staat stil en kijkt rond. Diep, gouden licht schuimt om hem heen. 'Dekzandrug,' zegt hij, en zijn arm wijst de wijde omgeving rond. De flanken van de verhoging in het landschap, waar ook hun huis op staat, worden al eeuwenlang door boeren bewoond. Zij die het eerst kwamen, zijn nog altijd de rijkste boeren.

Soms is zijn vader in de stemming om te praten. Hij weet dingen die hij gewoonlijk verzwijgt, en misschien voor zijn leerlingen bewaart. Dat er op Jupiter een eeuwige storm woedt, die al gaande was toen hij geboren werd en nog altijd zal voortrazen als hij zijn laatste adem uitblaast. Dat de kameel een dubbele rij wimpers heeft en zijn neus tegen het zand kan afsluiten. Dat hazen na hun geboorte een paar dagen geurloos zijn.

Soms komen ze plots aan de oppervlakte, als oude geheimen.

Over de Grensweg, het zandpad onder de bomen, kun je 's avonds weleens een Mercedes vol biggen of kalveren de grensovergang zien passeren, maar het smokkelverkeer is hier gewoonlijk beperkt. In de verte zien ze de betonblokken al liggen.

De boeren die hier van oudsher woonden, vertelt zijn vader, verbouwden hun graan op de hoge zandrug en weidden hun vee op lagergelegen terrein. Voor de veenarbeiders die eeuwen later kwamen, zo laat als de negentiende eeuw pas, was er alleen beneden nog plaats. Als je 's morgens kwam aanzetten met je boeltje en voor zonsondergang een bouwsel van plaggen had met vier muren en een schoorsteen waar rook uit kwam, dan liet de veenbaas je blijven. Het was een bestaan van niks. Een schaal aardappelen en een bui regen, dat was het dieet.

De veenarbeiders legden de veenmoerassen droog en staken ze af, in de achtertuin verbouwden ze boekweit en piepers.

Paul probeert het wandeltempo van zijn vader bij te benen en denkt aan de boeren die hoog op hun Massey Fergusons en John Deeres heersen over het land. Het is ze goed gegaan, in de loop der tijd, al zal geen boer dat ooit toegeven.

De betonblokken staan midden op het pad onder de bomen. Een fietser past er nog net tussendoor. Daar voorbij splitst het pad zich, je kunt rechtsaf of rechtdoor Duitsland in, waar de zandpaden zich verliezen in een web van autowegen.

Pal op de grens staan drie douanierswoningen met houten gevels en een knik in het dak, gebouwd in de tijd dat douaniers nog langs de grenssloot patrouilleerden. Een *Zoll*-auto staat met de neus naar Nederland geparkeerd. Er zitten twee douaniers in. Hun petten hebben ze tussen de voorruit en het dashboard geklemd. Zijn vader maakt een praatje, voorovergebogen bij het raam, dat op een kier staat. De bestuurder blijft door de voorruit staren terwijl Aloïs praat. Dan een knikje, ze mogen doorlopen. Pas vijftig meter verderop glijdt de gedienstige glimlach van Aloïs' gezicht.

In de achtertuinen van de douaniershuizen kwijnen de maisstengels en wacht de boerenkool de eerste nachtvorst af. Ze lopen over het traag slingerende commiezenpad langs de grens met Nedersaksen.

Waar het Nederlandse landschap rechts van hen glooit, is het aan de Duitse kant met brute krachtsinspanning geëgaliseerd, een tafellaken zonder plooien. Aan de Nederlandse kant is nog een deel van een langwerpige, lage heuvel te zien, bedekt met braamstruiken en lage eiken.

Dit is bijzonder, zegt zijn vader, let op. Ze bekijken het inwendige van de heuvel, een dwarsdoorsnede van kiezels en rotsen. Zijn vader beschrijft Paul het einde van een ijstijd, een smeltende gletsjer bedekt het land. Met grote kracht snelt onder de ijskap een smeltrivier door, die gesteente met zich meevoert. Langzaam raakt de ijstunnel met stenen opgevuld, als een ader die dichtslibt. De temperatuur blijft maar stijgen, tot alle sneeuw en ijs verdwenen is; het gesteente in de smeltrivier blijft in het landschap achter als een lange, slingerende wal. Daar kijken ze naar, een rivier van steen, recht in het hart van de voorlaatste ijstijd. Het is de enige esker van het land.

Paul neemt de aanblik van het gesteente in zich op en ziet het leven op aarde voor zich zonder zichzelf erin. De aarde wordt koud en onherbergzaam, het licht is koud als een raam. Inktblauwe stormen jagen over de poolwoestijn. En de winter duurt duizend jaar, tienduizend jaar, en wanneer de kou eindelijk wijkt staat hij daar in de zilveren ochtend waarin alles kraakt en fonkelt, waarin druppels stroompjes worden en stroompjes beken.

Zijn vader zit op een boomstronk in de zon. Paul heeft honger maar ze hebben niks te eten meegebracht. Een zandverstuiving tussen de bomen, doorkijkjes naar de akkers en de heidevelden. In het zand vindt Paul een paar aardappelplanten. Hij trekt eraan en haalt aardappelen met een rode schil boven, met worteldraden aan de plant verbonden. Een voor een graaft hij ze uit; het geluk van de schatzoeker is met hem. Een hele berg is het, opgewonden woelt hij de kille aarde om en haalt alles boven. Het is een raadsel hoe ze daar komen.

'Mooie Duitse tuffels,' zegt zijn vader even later, en spreidt zijn overjas uit op de grond. Hij legt de aardappels erin, vouwt de jas dicht en tilt de lading op aan de mouwen, die hij tot een hengsel heeft geknoopt. 'Pfoe,' zegt hij.

Ze steken de velden door in de richting van hun huis. Hazen rennen voor ze uit.

Bij de broers Oude Wesselink steken ze de Molenbeek over. Paul is eens bij ze binnen geweest, nadat hij belzen plukte in hun boomgaard langs de beek. Ze hadden een waterput op de deel en in de keuken een zoemende ketel op een komfoor. Je kon niet goed naar buiten kijken door het vuil en de spinnenwebben op de ramen. Ze waren zo oud als bomen, die broers, en even vriendelijk. 'Wij zijn zo oud,' kraakten hun stemmen, 'wij hebben geen leeftijd meer.'

Paul had niks tegen ze weten te zeggen. Uit een kastje pakten ze glacékoeken van de Attent in Kloosterzand en keken toe terwijl hij at; hun dikke grijze sokken schoven over de plavuizen. Op het aanrecht stond een stapel vuile vaat. Ze hadden aan de tijd zitten morrelen, die twee, en hem uiteindelijk onklaar gemaakt.

De Rus had patat gegeten, zei Baptist. Hij sprak wat Duits maar had weinig gezegd, en had naast de fruitautomaat maar zo'n beetje op zijn telefoon zitten kijken. Na de patat bestelde hij een xxl-frikadel en een mexicano. Daarna was hij in Stegginks Ferrari weggereden.

Paul bleef Baptist aankijken, maar dat was alles wat hij erover te zeggen had.

'Niet te vertrouwen,' zei Paul.

'Niks van te merken anders,' zei Baptist.

'Wacht maar,' zei Paul, en pakte het regionale katern. Baptist trok de rest van de krant over tafel naar zich toe. Paul las over een man die met zijn quad onder een trekker terechtgekomen was. Een familiedrama: de dode was de schoonzoon van de man op de trekker. Paul keek op. Als je voor elke dode ooit een kaarsje zou branden op de plaats waar hij gestorven was – je zou geen stap meer kunnen verzetten. De Dorpsstraat zou een zee van lichtjes zijn, de wereld een Allerzielen van kosmische proporties, de planeet zou als een laaiende toorts door het heelal suizen.

Wen zat op haar kruk achter de vitrine te wachten tot de patat klaar was. Ze glimlachte tegen haar telefoon. Paul sloeg de pagina om. Aan de grens was een Bulgaar opgepakt. Hij had vrachtwagenzeilen staan openknippen op het parkeerterrein bij het Avia-station. Zijn maat was nog voortvluchtig. Op de volgende pagina was het aantal woninginbraken en autodiefstallen in de regio voor het derde jaar op rij gestegen. De politie ging mobiele teams inzetten.

Paul keek naar de overkant van de straat. Achter de ramen bij Shu was beweging. De eerste politiepost vanuit Mariënveen, dacht hij, was pas twintig minuten verderop. Alleen bij alcoholcontroles in het weekeinde zagen ze weleens een politieauto. Ze betaalden hier evenveel belasting als iedereen maar hadden er maar half zoveel profijt van. Bij inbraken en overvallen duurde het soms een uur voordat de politie er was, met een hartaanval was je eerder in het ziekenhuis met de buurman dan met de ambulance.

'Weet jij wat dat is,' vroeg hij Baptist, 'een mobiel team? De politie gaat *mobiele teams* inzetten, staat hier.'

'Dat ze in een auto zitten?' opperde Baptist. 'En dan rijden?'

'Ja. Zoiets zal het wel zijn, ja.'

Wen zette zijn bord op tafel. 'Lekker eten, Paul.'

Mooie, lieve Wen.

'Eet u smakelijk,' zei Baptist. Hij had ontstoken mondhoeken. Het zag er rood en pijnlijk uit. Tijdens zijn kanker was hij lang niet in de Happytaria geweest. Hij verdroeg de geur van dood vlees niet. Horror carnis.

'En de handel, Paul?' vroeg Baptist.

Zestien pakketten had hij die ochtend verzendklaar gemaakt. Duitse bajonetten voor Amerika, een ss-uniform naar Noorwegen en een partij Amerikaanse gasmaskers naar België. Grote pakketten voor Duitsland bracht hij zelf naar het postkantoortje in Stattau, dat scheelde een jas.

'Hoe langer de oorlog geleden is,' zei Paul, 'hoe meer handel ik ervan heb.'

Baptist knikte. Hij vertelde over de Vietnamfilm die hij op tv had gezien, en zei: 'Er zijn zo langzamerhand meer Hollywoodsoldaten in Vietnam geweest dan echte, denk je niet?'

'Dat zal haast wel,' zei Paul.

Baptist zweeg een tijdje. Toen zei hij: 'Er is vast iemand die dat bijhoudt op internet. Een of andere gek ergens.'

'Vast,' zei Paul. Hij prikte friet aan zijn vork en las over stukken boerenland die werden teruggegeven aan de natuur. De mens trok weg, goede boerengrond werd weer bos, moeras, vlakte. Er had een tijdje terug een wolf rondgelopen langs de grens. Een paar mensen hadden 'm gezien. De foto's waren vaag en korrelig, maar het leek inderdaad op een wolf. Dat was de stand van zaken in dit deel van het land: wel een wolf maar geen pinautomaat. Die hadden ze uit het dorp weggehaald. Te weinig transacties.

Baptist, die sinds een paar jaar met zijn Chinese vrouw in het appartementencomplex ertegenover woonde, keek nu uit op de houten plaat die voor de opening in de muur zat geschroefd. ''t Is toch alsof er een deel van jezelf wordt weggehaald,' was zijn commentaar geweest. ''s Morgens stond er soms een rij. En als je 's nachts uit je raam keek, kon je ook nog weleens een pinner zien.'

Als je wilde, kon je nu tot vijftig euro extra pinnen bij de Plus. Zo leefde je in een krimpregio om de gebreken heen.

Baptist hoestte met een geluid alsof er iets stukging vanbinnen.

's Middags reed Paul met zijn vader naar het ziekenhuis. Blinkend en rechthoekig was het nieuwe Saksonia-ziekenhuis verrezen tussen de houtwallen en de essen. In de gangen wees Aloïs waarheen. 'Ik weet de weg,' zei Paul. De rolstoel waarin hij zijn vader voortduwde, stamde nog uit de tijd van de Rus. Paul had hem teruggevonden op de deel, hij had hem schoongemaakt en de banden opgepompt. Het gecraqueleerde rubber piepte op het linoleum van de ziekenhuisvloer.

Het duurde lang voor de lift kwam. Dit is mijn leven, dacht Paul, ik hou de stervenden gezelschap.

In de wachtkamer werden ze opgehaald door een Aziatische zuster. Ze ging hun voor naar een kleine behandelkamer. Een Filipijnse, vermoedde hij. Haar Nederlands was accentloos. Geadopteerd misschien.

Ze hielp zijn vader uit de rolstoel en ontdeed hem op de rand van het bed van zijn broek. Ze was klein, een zilveren kruisje blonk om haar hals. Hij keek haar brede heupen na toen ze de dokter ging halen. Zijn begeerte was zorgelijk. Ze gutste alle kanten op.

De huid hing in plooien rond zijn vaders bovenbenen. Zijn onderbenen waren droog en schilferig, schimmels deden zich aan hem te goed. Vanaf een bepaalde leeftijd zag elk lichaam eruit als op een foto uit Auschwitz, dacht Paul.

Het weefsel rond de wond was rood en glanzend. Ronnie Steeghuis had gelijk – gezondheid was alles wat je wilde. Gezondheid, een goede vrouw en een paar centen op de bank.

Het was als een onschuldig wondje begonnen, zijn vader had er geen aandacht aan besteed. Tegen de tijd dat hij zijn zoon er voor het eerst op gewezen had, was het al flink diep geworden, Paul was geschrokken omdat hij iets bleeks zag glinsteren, waarvan hij vreesde dat het bot was. Hoe het gekomen was, wist zijn vader niet meer; misschien dat hij zich gestoten had.

Kleinigheden konden je in de ouderdom opeens te gronde richten. Paul dacht aan zijn vader zonder been. Hij vreesde dat dat zijn competentie als mantelzorger te boven ging. Tot nu toe had hij hem niet hoeven wassen of in bed hoeven leggen, een toekomst waarin zulke lichamelijke intimiteiten van hem gevraagd zouden worden lag in het verschiet.

'Heren,' zei de arts. Hij schudde ze allebei de hand. Hij oogde bruin en gezond, alsof hij even van zijn zeilboot was gestapt om de zieken te genezen. Tussen het grijze borsthaar dat uit het boord van zijn overhemd stak, hing een gouden davidster.

Nu nog een hoofddoek en alle geopenbaarde woestijngodsdiensten waren vertegenwoordigd, dacht Paul.

De arts trok latex handschoentjes uit een doos en boog zich over het onderbeen van zijn vader. Hij wenkte Paul. 'Kijk hier... En hier. Ziet u wel? De doorbloeding is heel matig, de wond kan zo niet genezen.' Hij rolde de handschoentjes af en deponeerde ze in een prullenbak. Op een computerscherm bekeek hij het patiëntendossier.

'U hebt Broxil gehad, zie ik.'

'Dat zou kunnen,' zei Aloïs.

Paul knikte. 'Heeft-ie gehad.'

'Ik schrijf nu flucloxacilline voor, een smalspectrumpenicilline. Dat is zo'n beetje ons laatste redmiddel. Dat moet het wel doen, verwacht ik. Doet het dat niet, dan wil ik u graag een tijdje opnemen om te kijken of we het probleem hier kunnen verhelpen. Zullen we dat afspreken?'

Al in de lift begon de herinnering aan de verpleegster te vervagen. Vroeger zou haar lieve gezichtje hem dagen hebben gekweld. Het was beter zo. Rustiger en beter. Dit leek Paul de eerste stap in de richting van de aanvaarding van de dood.

Zijn vader had zijn handen in zijn schoot gevouwen. Onder het dunne witte haar schemerde zijn schedel vol wondjes en korstjes. Een leven zonder hem was niet voor te stellen. Prediker, Pauls favoriete Bijbelpersonage, had gezegd dat hetgeen ontbrak, niet kon worden geteld. Predikers profane vermoeidheid stemde hem altijd gelukkig, alsof hij een oude vriend tegenkwam. Las Oswaldo Teixeira, de Braziliaanse pastoor van Mariënveen en omstreken, uit Prediker, dan was zijn dag goed.

Zijn vader wachtte in de auto toen Paul de apotheek binnenging. De vrouwen achter de toonbank verrichtten hun werk zonder haast. De volgnummerautomaat had een kalmerend effect op de wachtenden, iedereen hield z'n gemak. Hij bekeek de posters van Vichy en Azaron en draaide aan de foldermolen. Wat te doen bij koortslip. Bij hooikoorts. Bij wormen of schimmel. Bij kanker. Hij ging zitten. Koortslip en kanker gingen niet samen. Hooikoorts en wormen niet. Magneetpolen die elkaar afstootten. Alleen van kanker en wormen was hij zeker. Die hoorden bij elkaar.

De display boven de toonbank versprong, het was zijn beurt. Hij haalde het receptenbriefje uit zijn achterzak, de apothekersassistente las het en keek hem aan.

'Krüzen,' zei ze, en knikte. Haar kapsel was kort en functioneel, er lag een donkerrode gloed op. Aan de wortel was het grijs een centimeter uitgegroeid.

'*Paul* Krüzen,' zei ze toen.

Hij lachte verlegen.

'Wat leuk,' zei ze. 'Hoe is het met jóu?' Ze schoof haar leesbril in haar haren; de pootjes paars, het montuur rood.

'Goed, goed,' zei hij. 'En met jou?'

'Comme ci, comme ça,' zei ze. 'En waar woon jij tegenwoordig? Wat doe je?'

'Mariënveen,' zei hij vlug. 'Curiosa.' Een vlugge lach. 'Daar doe ik in.'

'Daar nog steeds? Jeetje.'

Hij wierp een vlugge blik achter zich. Twee bejaarden knikten hem bemoedigend toe.

'Ik vind het echt ontzettend leuk om je weer te zien,' zei de vrouw. 'Dat ik je meteen herkende, bijzonder toch?'

Afwezig gleden haar ogen over het recept in haar hand, toen keek ze weer op. Ze fronste haar wenkbrauwen. Toen bracht ze uit: 'Je ziet het echt niet hè? Je ziet het gewoon niet.'

Hij haalde verontschuldigend zijn schouders op. 'Ik ben nooit zo goed geweest in gezichten.'

'Ineke Wessels,' zei ze.

Hij lachte dankbaar. 'Ineke Wessels. Nu zie ik het.' Maar haar gezicht was hem nog even vreemd als zo-even. Haar naam bracht klassenfoto's in herinnering, de gemengde groepen die ontstaan waren na de fusie van de Mariënveense jongens- en meisjesschool. Een meisje in een blauwe plooirok, altijd ergens achteraan. Onderdeel van het legertje anonimi dat zich ook op de foto op de achtergrond hield. Dat meisje was deze luidruchtige vrouw geworden.

'Ik herinner me jou wel,' zei ze gedecideerd. Haar glimlach leek hem te vergeven, maar hij vergiste zich. 'Je kon niet goed meekomen. Bloedarmoede had je toch? Dat zeiden ze altijd volgens mij.'

Hij knikte en ontspande. Haar wraak was onmiddellijk gekomen, de kans bestond dat ze het recept nu vlug in orde zou maken. 'Dat was zo, ja,' zei hij. 'Langzaam. Altijd al.'

Ook zichzelf zag hij voor zich op de klassenfoto's van de lagere school die hij in zijn geheugen had opgeslagen. Eerst op de Sint Jozefschool tussen uitsluitend jongens in overhemden met hoge boorden en spencers in primaire kleuren. Later waren de meisjes erbij gekomen. Met de meisjes verschenen ook de T-shirts met opdruk en de wijde broekspijpen – de jaren zestig hadden er tien jaar over gedaan om Mariënveen te bereiken. De onmacht en de weerzin van die tijd herinnerde hij zich het beste; hij was blij dat het voorbij was en verlangde nooit ergens naar terug.

Ineke Wessels was naar achteren verdwenen. Achter een melkglazen ruit zag hij haar gebogen gestalte aan het werk. Naast hem werd een witbestoven bouwvakker geholpen.

'Nou, Paul Krüzen,' zei ze even later oorlogszuchtig, 'het was leuk om je weer 's te zien hoor.' Ze schoof het doosje over de toonbank naar hem toe. 'Viermaal daags 500 milligram met water innemen en voor gebruik goed de bijsluiter lezen.'

Hij stak het doosje in zijn zak. 'Nou, aju hè.'

Het was jammer dat hij haar had teleurgesteld, dacht hij onderweg naar de auto, maar ze had haar eigen ongeluk veroorzaakt door te veronderstellen dat ze als vrouw van tegen de vijftig weinig verschilde van het meisje dat ze eens was.

Hij schoof naast zijn vader in de auto. 'Het duurde wat langer,' zei hij. 'Ik kwam iemand tegen.'

Aandachtig als een schildpad draaide zijn vader zijn hoofd naar hem toe. 'Wie?'

'Een meisje uit de klas vroeger.'

Zijn vader knikte. 'Ik heb ook een vrouw gezien,' zei hij. 'Met een hond. Hij scheet op de stoep. Ze dacht dat niemand het gezien had.' Hij grinnikte. 'Toen zag ze mij... Dat zijn leuke dingen voor de mensen.'

Een paar dagen later ging 's morgens de telefoon. Paul nam op.

'Met wie spreek ik?' vroeg een vrouwenstem aan de andere kant.

'Krüzen.'

'Paul? O hai! Met Ineke. Ineke Wessels. Ik heb je nummer uit het adressenbestand van de apotheek. Dat mag eigenlijk helemaal niet, maar nood breekt wet, toch?'

Het bleef even stil. 'Ja, dat denk ik wel,' zei Paul toen.

Haar gespannen lach. 'Ik was een beetje onaardig tegen je, geloof ik. Dat was niet mijn bedoeling.'

'Niks van gemerkt,' zei Paul. 'Maak je niet druk.'

'Ik had dat gevoel. Dat vind ik vervelend. Ik wilde sorry zeggen.'

'Is toch nergens voor nodig,' zei Paul.

Weer was het even stil.

'Wat ik me afvroeg, hè Paul,' zei ze toen, 'zou je misschien zin hebben om hier een keer langs te komen voor een kop koffie? Een beetje bijkletsen over vroeger en zo. Ik woon op de Avermaten.'

'Da's toch goed,' zei Paul.

Ze spraken af voor de zaterdagmiddag erop. 'Goudsbloem 37,' zei ze. Hij krabbelde het op een briefje en hing op.

In de slaapkamer zat zijn vader op de rand van het bed. Zijn grote gele voeten plakten op het zeil.

'Wie was dat?'

'Die vrouw.'

'Welke vrouw?'

'Die uit de apotheek, eergisteren of zo.'

'En?'

'Niks en. Gewoon.'

'Komt ze langs?'

Paul grinnikte.

'Da's mooi dan,' zei zijn vader tevreden. 'Ik eruit en zij erin.'

Zelf zag hij de Rus pas terug toen hij op vrijdagavond naar Club Pacha ging. De letters van de club straalden hem uitnodigend tegemoet. Ze draaiden de parkeerplaats op, Hedwiges zei: 'Niet meer in de meisjes knippen, oké?'

Hij keek opzij. 'Oké, miljonair. Als jij betaalt.'

Aan de bar zat de Rus. Zijn brede gat stak aan weerszijden van de kruk uit. Paul weerstond de aandrang om direct rechtsomkeert te maken.

'Heren van het goede leven,' zei Steggink. Aan de kopse kant van de bar nam hij even zijn zwarthouten telefoon van zijn oor.

'Een cola en een biertje,' zei Paul tegen de barvrouw. De Poolse werkte er al jaren, zwijgend als een steen. De Rus keek even op van zijn telefoon. Was hij vergeten dat hij hen een tijdje geleden had gezien in Shu? Hij keek weer naar het beeldscherm. Heeft je moeder je geen manieren geleerd, dacht Paul. De man was al even onbeschoft als de nurkse Russen die zich bijkans dooddronken in de all-inclusive-resorts in Thailand of de Filipijnen. Mechanisch vretend en zuipend brachten ze de dag door, waarbij ze zich zo nu en dan verplaatsten van de bar naar het strand en van het strand naar het restaurant. Het was of ze juist uit de goelag waren vrijgelaten en met dat vreugdeloze bacchanaal hun herwonnen vrijheid vierden.

Zo'n Rus was ook deze Rus, dacht Paul.

Hedwiges nipte van zijn cola.

'Waar zullen we dit jaar eens naartoe,' vroeg Paul.

Hedwiges haalde zijn schouders op. 'Als het er maar warm is,' piepte hij.

'Weet je Cambodja nog?' vroeg Paul.

Hedwiges schudde zijn hoofd. Paul memoreerde hun bezoek aan Sihanoukville, een troosteloos oord met mooie, zij het vervuilde stranden. De ranke Khmer-meisjes met hun scheve ogen en diepbruine huid in de massagesalons waren een stuk minder doortrapt dan hun Thaise collega's.

Maar Sihanoukville was uit Hedwiges' herinnering weggegleden.

Rita maakte haar entree in een zwart negligé.

'Zo zo,' zei Paul.

'Mi amor,' zei Rita, en gaf hem een lichte kus op zijn lippen. '¿Cómo estás?' Ook uit haar slip en bh staken labels. Waarom zei niemand daar iets van? Zomin als ze haar onder hun oksels hadden zouden ze waslabels in hun ondergoed mogen hebben.

Aan het kettinkje rond haar hals hing het medaillon van de heilige Rita dat hij haar eens gegeven had. Hij droeg er net zo een. Hedwiges en hij hadden eens een vakantie doorgebracht op het eiland Boracay, ze waren nog nooit zo ver van huis geweest. Op een dag had Hedwiges hem een medaillon van de heilige Rita gegeven dat hij op straat gekocht had. Haar afbeelding, vergezeld van rozen, een wijnrank en de woorden Sta RITA ORA PRO NOBIS: Heilige Rita, bid voor ons.

'Voor mij?' vroeg Paul verbaasd, omdat hij nog nooit iets van Hedwiges gekregen had.

Hedwiges grinnikte.

Niet alleen was Rita de patrones van de hopeloze gevallen, maar ook van onvruchtbare vrouwen en vrouwen met een slecht huwelijk, slagers en vleeshandelaren.

Later die middag wees Hedwiges hem het stalletje met katholieke parafernalia, waar Paul eenzelfde medaillon voor Rita kocht. Ze droeg het hangertje van haar naamheilige altijd.

Hij liet haar een Baileys bezorgen en ze zonderden zich af in een hoek van de bank. Ze streelde zijn bovenbeen. Zo vertrouwd waren ze met elkaar, dat hij zich soms voorstelde dat ze bij hem introk en ze een leven samen zouden hebben. Ze had een zoon en een dochter op de Filipijnen, zijn bestaan zou dat van Baptist weerspiegelen. Maar hij had er slechte ervaringen mee. Tien jaar geleden had hij de Thaise Lalita gevraagd bij hem in te trekken. Hij had haar ontmoet in een bordeel in Nordhorn. Hij was tot over zijn oren verliefd, het duurde drie maanden voordat hij ontdekte dat ze zich nog altijd prostitueerde en geld van hem stal. Meer dan een mobiele telefoon en een autootje had ze niet nodig gehad om haar hoerenbestaan voort te zetten. Ze bezocht haar klanten in het Twingootje dat hij voor haar had gekocht, na een tijdje had Hedwiges het hem droogweg gezegd: 'Rij dan maar 's achter d'r aan als je het niet gelooft. Dom figuur.'

Twintigduizend euro en een illusie armer bracht hij Lalita terug naar het bordeel waar ze vandaan kwam en zag haar nooit meer terug.

Zijn vader had haar aanwezigheid geduldig verdragen, en na haar vertrek alleen gezegd: 'Daar kon je maar beter vanaf wezen. Die loog zoals de dag lang was.'

Met Rita zou het anders zijn. Ze was katholiek, net als hij, de nestgeur van de moederkerk. Hij vertrouwde haar, maar vroeg het haar niet; de eerste hoer in zijn huis had de toegang voor de tweede versperd.

Steggink verliet zijn vaste plek aan de bar en ging naast Hedwiges zitten. Terwijl Rita in zijn handpalm kriebelde, hoorde Paul Steggink zeggen dat Hedwiges iets met zijn geld moest doen; voelde hij er niet voor om te investeren in de club? Partner te worden? Meedelen in de winst? 'Je bent een dief van je eigen portemonnee als je het tegen 0,1 procent op de bank laat staan,' was het laatste wat Paul hem hoorde zeggen voor hij met Rita naar achteren verdween.

Ze sloot de kamerdeur aan het eind van de gang zachtjes achter hen en deed hem op de schuif. Het negligé gleed op de grond. Haar huid glansde in het indirecte licht. Er stond een laag bed met een nachtkastje ernaast waarin zich de condooms en glijmiddelen bevonden. Op verzoek waren speciale attributen leverbaar, maar naarmate Rita en hij dichter naar elkaar waren toe gegroeid, hadden de kleine perversiteiten plaatsgemaakt voor een vorm van huwelijkse intimiteit die gedragspatronen had uitgesleten waar ze, net als in een huwelijk, niet meer aan ontkwamen. Op haar korte beentjes trippelde ze naar het bed en vlijde zich erop. 'Du, komm,' lispelde ze.

'Haast, dame?' zei Paul. Hij vouwde zijn kleren op en legde ze op de stoel naast de deur. Naakt liep hij op haar toe. Mettertijd was hij zijn schaamte tegenover haar kwijtgeraakt. Hij gleed in haar omhelzing. De warmte van haar lichaam was het grootste genot dat ze hem schonk. Hij sloot zijn hand rond haar geslacht alsof hij het het zwijgen oplegde. Het gloeide in de palm van zijn hand. Nadat ze hem een condoom had omgedaan neukten ze zonder omhaal, hij boven, zij onder; haar voeten haakten in elkaar op zijn achterste. Ze was kort geschoren, de weerbarstige haartjes schuurden over zijn huid en joegen zijn genot op. Zijn handen gleden tussen haar billen. Langzaam duwde hij zijn nagels in het zachte vlees rond haar anus. Nog harder werd hij in haar. Haar ademhaling bij zijn oor, het zuchten van een hond; hij rook de sigaretten in haar adem.

Naar haar genot had hij nooit durven vragen. In het begin had het gekund, achteloos, maar het moment was voorbijgegaan.

Ze wreef haar borsten tegen zijn ribbenkast. Hij boog zijn hoofd en zij bracht ze naar zijn mond. Hij nam de linkertepel – groot en donker, alsof ze zwanger was – in zijn mond en zoog eraan. Zijn orgasme kwam niet lang daarna, een sensatie van uiterste vloeibaarheid, alsof hij zich in haar van zichzelf ontdeed.

Hij lag op haar als een steen. Toen ze hem van zich af probeerde te duwen, maakte hij zich nog zwaarder. 'Du, zu schwer!' steunde ze. Hij grinnikte en gleed van haar af.

Ze nam het condoom van zijn krimpende lid, draaide er een knoop in en deponeerde het in de kleine gegalvaniseerde IKEA-vuilnisemmer. Ze rookten. Kalm, bevredigd.

Rita blies een straaltje rook naar het plafond en zei 'weiß nicht' toen hij langs zijn neus weg vroeg wat de Rus eigenlijk in de club te zoeken had.

Werkte hij hier, hield Paul vol, of deed hij soms andere klussen voor Steggink?

Ze herhaalde dat ze het niet wist. 'Nur Freund, wie du.'

De vader van haar kinderen werkte op een veerboot die tussen Stockholm en Tallinn voer, tweemaal per jaar was hij een week thuis. De kinderen groeiden bij zijn ouders op, soms zag ze ze op Skype. Omdat ze dan altijd moest huilen, belde ze hen liever niet op.

Paul had haar eens geholpen een groot pakket vol Nikes, baseballcaps en merkkleding te verzenden. Hij bracht het naar het postkantoor van Stattau en tilde de doos op de toonbank. Daar ging, veilig aangetekend, de liefde van een moeder.

Rita kwam overeind, pakte het laken, dat naar het voeteneind geschoven was, en schudde het met een handige polsbeweging op. Langzaam daalde het laken op hun lichamen neer, de luchtstroom die eronder vandaan kwam streek langs zijn gezicht. Paul dacht aan de heilige Rita. Volgens de overlevering hadden bijen een wit laken over haar heen gedrapeerd toen ze gestorven was. Zo eindigde in 1447 haar leven met de bijen waarmee het ook begonnen was – in de wieg waren er bijen in en uit haar mond gekropen om haar met honing te voeden.

Ze had een zwaar leven gehad, de heilige Rita. Ze had willen intreden maar werd al op jonge leeftijd uitgehuwelijkt aan een bullebak van wie ze twee zonen kreeg. Toen hij door een rivaal werd gedood, zwoeren haar zonen wraak. In haar gebeden smeekte Rita God dit te voorkomen, liever zag ze haar zoons sterven dan dat ze hun wraak ten uitvoer konden brengen – waarop zij inderdaad plotseling stierven en de weg eindelijk vrij was voor haar om in te treden en zich te wijden aan haar liefde voor Christus.

Ook Rita van Cascia had er, net als zijn eigen moeder, geen been in gezien haar nageslacht te offeren voor haar grote liefde, dacht Paul schamper.

Lang geleden was zijn moeder met haar Rus in Duitsland neergestreken, in een plaatsje tussen Nordhorn en Osnabrück. Ze baatten, had hij gehoord, een sportvliegveldje uit buiten Werdingen. Op de dag dat Paul zijn rijbewijs haalde, kocht hij voor vierhonderd gulden een Toyota Carina, stak de grens over en reed naar Werdingen in de hoop een glimp van haar op te vangen. Het was tien jaar geleden dat hij haar voor het laatst gezien had. Hij passeerde een paar keer het bord dat de weg naar het vliegveldje wees, zag vliegtuigjes laag boven zich het luchtruim kiezen en andere die de landing inzetten, maar durfde de afslag niet te nemen. Liever vertrouwde hij op het voorbestemde toeval – dat zou haar verschijning oproepen bij het plaatselijke benzinestation waar hij tankte of in het Cambodjaanse restaurant buiten het lintdorp waar hij laat in de middag gefrituurde kiprolletjes at aan een tafel bij het raam en naar buiten keek of ze er al aan kwam. Het script was duidelijk, ze hoefde alleen maar het parkeerterrein van het restaurant langs het kanaal op te draaien om een afhaalmaaltijd op te pikken voor haar en haar Rus. Daar zat bij het raam een jongeman die naar haar keek en haar vaag verontrustte. Ze had het gevoel dat ze hem kende.

Zo mijmerde hij terwijl de tijd verstreek, en de kans steeds kleiner werd dat ze uit zijn voorstellingen tevoorschijn zou komen als een filmster die van het doek stapte.

Aan de muur hing een lijst waarin lichteffecten de indruk

van een stromende waterval gaven. Achter in de zaal, bij het aquarium, stonden een hometrainer en een stellingtafel met lege rechauds erop, blinkend als nieuwe munten. Stom was de wereld en doof bleef ze voor zijn smeekbedes.

Toen de schemering boven het kanaal opklom, verliet hij het restaurant, nagekeken door de Cambodjaanse gastvrouw en haar oude vader. Boven het water dreven slierten nevel.

Leefde ze nog? vroeg hij zich af terwijl hij zijn sigaret uit-drukte in de asbak die Rita hem voorhield. Ze zou in augustus zesenzeventig worden. Hij zou van haar overlijden hebben gehoord; zijn tante Marion zou het hem hebben verteld.

Het nieuws dat Bakkers Hedwig miljonair was, had zich als een griepje onder de mensen verspreid. Pietje Piep, zo rijk als Croesus, wie had dat gedacht. Zo onwaarschijnlijk leek het dat de kruidenierszoon miljonair was, dat iedereen het geloofde. Hij leefde in het verborgene, zijn schamele grutterswinkel was een perfecte dekmantel voor onmetelijke rijkdom. Het was een verhaal waar er te weinig van waren. Te vaak moest je het doen met tweedehands roddel en achterklap, dit was nu eens iets waar de ogen van gingen glanzen.

Merkte Hedwiges het zelf? Wist hij dat hij over de tong ging? Paul betwijfelde het – al zijn leven lang werd er over hem geroddeld, over zijn stem, zijn geaardheid, het winkeltje dat hij met starre moed verdedigde tegen de bijlslagen van de tijd. Altijd al waren de tongen over hem in beweging, hij merkte vermoedelijk geen verschil. Hij leefde afgezonderd van de mensen, en hoewel de dorpsrand in twintig jaar tijd bijna tot aan zijn huis was opgerukt, was de afstand tussen hem en het dorp gelijk gebleven. De dood van eerst zijn vader en toen zijn moeder had hem definitief een eenzaat gemaakt, een man met een privéleven waar niemand het fijne van wist. Het was jaren geleden dat Paul voor het laatst in het woonhuis was geweest. De gordijnen bleven dicht, de voortuin was een wildernis. Paul kende alleen het universum van zijn winkel, met Hak, Saroma en Dash als vaste punten aan het firmament.

Klingelde de winkelbel, dan kwam Hedwiges als een mol uit het donkere gangetje tussen het huis en de winkel gekropen, knipperend tegen het licht. Was de transactie voltooid, dan kroop hij weer in het ondergrondse terug. Veilig achter zijn toonbank had hij zich intussen op de hoogte gesteld van het reilen en zeilen van zijn klanten, terug in het onderaardse overdacht hij de dingen die hij gehoord had en rangschikte ze naar belangrijkheid.

Hedwiges' conversatie was mettertijd beperkt geraakt tot ziekte en dood. Het was of er ergens een radio aanstond, dacht Paul – je hoefde niet te luisteren en niks terug te zeggen.

Langer dan twee weken gingen ze nooit op vakantie. Langer verdroeg Paul Hedwiges niet en langer kon hij ook niet van huis weg. Elke keer weer dacht hij te zullen sterven van heimwee. De boerderij, het land, de hemel erboven, elke vezel in zijn lijf deed hem zeer van gemis. Pattaya, Boracay, droeviger oorden waren er in de hele wereld niet te vinden. De stompzinnige hitte, het meedogenloze licht; hij haatte de tropen. Wat een zegen was de gematigde klimaatzone waarin Mariënveen lag, zonder insecten die in je schoenen kropen en gastro-enteritische ziektes die je systeem ondermijnden.

Na een paar dagen namen de misselijkheid en de paniek een beetje af, om tegen het eind van de vakantie weer op te laaien. Hij telde de dagen en verlangde naar zijn slaapkamer in de schaduw van de lindeboom, het behang dat losliet van de vochtige muren en de schimmellucht in de dekens.

'Als je ook alle dagen naar huis belt...' zei Hedwiges.

Een familiekwaal, noemde zijn vader het.

Met de jaren nam de hevigheid van zijn heimwee wat af, maar altijd als hij ver weg zijn begeerte volgde, lag de Muldershoek als het eiland der gelukzaligen op de horizon van zijn verbeelding.

Hij herinnert zich heel precies hoe zijn verlangens begonnen zijn – een zomeravond lang geleden, zijn vader maait het gras, de televisie staat aan. Op Nederland 2 begint een speelfilm. De actrice heeft sierlijke vingers en slanke armen, en een smal, beetje koud gezicht. Ze borstelt haar haren voor een spiegel, even later telefoneert ze. Ze legt haar lange benen op tafel, de zijden peignoir valt een beetje open. Als ze haar benen over elkaar slaat is tussen haar dijen een beetje donker schaamhaar te zien. Paul krijgt een droge keel. Jezus, wat is ze knap. Zijn vader komt binnen en kijkt staand achter de bank naar een scène waarin twee mannen worden gemasseerd door Aziatische meisjes met blote borsten. Pauls hart hamert tegen zijn ribben.

'Waar kijken we naar?' vraagt zijn vader.

'Een film,' mompelt Paul.

Zijn vader wast zijn handen in de keuken en ploft even later neer op de bank – de hoofdrolspeelster heeft juist seks met een vreemde in een vliegtuig. Paul is opgelucht dat het verhaal een normale wending neemt: de vrouw rijdt met haar echtgenoot door een Aziatische metropool. In een sportautootje brengt hij haar naar een villa buiten de stad. Algauw verdwijnen ze in de slaapkamer om hun hereniging te vieren. Ze fluisteren dingen in het Frans – de taal der engelen – en worden tijdens hun paring door het Aziatische personeel begluurd. Een donzige warmte straalt tot in Pauls vingertoppen uit. De bedienden, een man en een vrouw, opgehitst door de paring van hun meesters, jagen elkaar na tussen de bananenbomen in de tuin. De man overmeestert de jonge Aziatische vrouw en vist een borst uit haar jurk. Ze geeft zich vlug gewonnen, ze hijgt, er staan zweetdruppeltjes op haar voorhoofd. Paul is veertien, hij weet niet dat er zoiets kan bestaan. Een mooiere vrouw is op de hele wereld niet te vinden, en heel de verschrikkelijke kracht van de begeerte dreunt op hem neer. Hoe *kan* zoiets op tv zijn, op Nederland 2? Het is een vergissing, een verschrikkelijke vergissing – ze zijn gegijzeld door een seksfilm en hij noch zijn vader weet zich uit de schaamte en de verstarring te bevrijden.

Niet veel later ontvouwt zich een heidense orgie, en een vloed aan geile lijven, aan benen, billen, schaamheuvels en borsten stroomt de kamer binnen. Zijn vader komt overeind uit de bank, loopt naar de tv en zet hem zonder een woord te zeggen uit.

Zoals bij Pauls grootmoeder het testbeeld in het scherm was gebrand omdat ze het ding nooit uitzette, zo werd bij hem *Emmanuelle* op zijn netvlies gebrand. De film betekende het begin en het model van zijn erotische verbeelding. Zijn leven lang zou de splijtende bliksemschicht van die avond hem bijblijven, in de tijd waarin er in Deurlo kruisraketten op het oosten stonden gericht maar je voor een seksboekje helemaal naar de stad moest.

Zijn vader zei 'maak je zo aanstalten' en verdween weer naar buiten. Paul bleef verpletterd achter op de bank en ervoer een hevig verdriet omdat hij zulk genot, zulke lichamelijke vreugde als hij zojuist had gezien, nooit zou kennen. Hij kon ernaar kijken, ernaar verlangen, maar het aanraken, dat nooit. Dat was voor anderen, en hij haatte het leven hartgrondig omdat het hem buitensloot van het beste wat het te bieden had.

Spoedig zou hij ontdekken dat er aan verlangen geen gebrek was in de wereld, het was als zuurstof, er was genoeg voor iedereen, heel het leven was in feite een nogal opdringerige aansporing om zo veel mogelijk te verlangen, maar het vervolg, de vervulling, daar ging het natuurlijk om, om dat wat iedereen beloofd was maar slechts voor zo weinigen beschikbaar was.

Nadat ze die avond het eerste gedeelte van *Emmanuelle* zagen, realiseerde hij zich dat zijn vader en hij zich feitelijk in hetzelfde schuitje bevonden. Na het vertrek van zijn echtgenote had zijn vader zich niet meer met andere vrouwen beziggehouden. Ze waren een mannenhuishouden en het leek ondenkbaar dat er zich ooit nog een vrouw in hun besognes zou mengen. Met het verlies van zijn moeder, begreep Paul, was ook zijn vader de toegang tot het genot ontzegd, misschien wel voorgoed.

Het zou nog tien jaar duren voordat Paul een reis naar Zuidoost-Azië ondernam. 'U hoeft zich dus absoluut niet te vervelen,' had de reisconsulente van d-reizen gezegd nadat ze de attracties van Bangkok voor hem had opgesomd. Drie dagen was wel het minimum dat de stad verdiende, en dan nog twee aan het eind van de trip, 'als jullie heerlijk uitgerust terugkomen uit Pattaya'.

Daar, ze had het zomaar uitgesproken: Pattaya. Het was of zijn verlangens open en bloot voor haar lagen, gereed voor inspectie. Hedwiges stond bij de koffieautomaat voor een tweede bekertje warme chocolademelk. De reisconsulente maakte de vouchers in orde en stak het hele zaakje in een enveloppe. De tickets kregen ze later thuisgestuurd.

Hedwiges wist niet van het eigenlijke doel, seks was voor hem evenmin een onderwerp als ruimtevaart.

Voor ze vertrokken had Hedwiges' moeder Paul op het hart gedrukt dat Hedwiges absoluut geen melkproducten mocht. Ze leek wonderlijk vertrouwd met het begrip 'lactose-intolerantie'.

Toen Paul hem in het vliegtuig een bekertje roomijs leeg zag lepelen, zei hij verbaasd: 'Je mag toch geen melkproducten?'

Hedwiges haalde zijn schouders op. 'Hypoglykemie heb ik ook, zegt ze. Als ik hoest heeft zij Lamérus al aan de lijn.'

Later viel Hedwiges tegen zijn schouder in slaap. Hij mompelde 'sorry' toen Paul hem wegduwde en viel even later tegen zijn buurman links aan, die aan het gangpad zat, een Scandinaviër die onafgebroken miniflesjes Johnnie Walker liet bezorgen. De Scandinaviër, met alleen een t-shirt, korte broek en teenslippers aan, boog zich even later over Hedwiges heen en proostte Paul in alcoholische eenzaamheid toe. Paul knikte en glimlachte. Om onnaspeurbare redenen kende hij alleen het woord 'hundelort' in het Deens, dat naar zijn weten hondendrol betekende. Hij keek door het raampje. Met 621 mijl per uur suisde het toestel boven Afghanistan; door zijn hoofd spookten verwachtingen van zijn reis. De uitentreuren uitgesponnen scenario's. Het scheen hem opeens een belachelijke missie toe. Hij had tijd en geld, hij zou het rijk van het genot binnengaan en halen wat hem al die tijd onthouden was, en nu, dichterbij dan ooit, leek het hele kaartenhuis opeens op instorten te staan, een gevaarlijke illusie, gevoed door de jarenlange koortsdromen van de onanist. Hij wendde zijn blik af van de donkere nacht maar het hoongelach was overal.

De cabineverlichting was uit, hier en daar keek nog iemand een speelfilm. Ook Hundelort de Noorman had het bijltje erbij neergegooid en was in slaap gevallen. Weer tuurde Paul in de onmetelijke duisternis. In de diepte woedde een elektrische storm. Gigantische wolkenpartijen gloeiden van binnenuit op in aangrijpend roze en geel, alsof er kortsluiting werd gemaakt in uitgeholde bloemkolen. Hij wilde naar huis.

Als opgeschrikte muizen schoten Paul en Hedwiges de volgende dag door Bangkok. Ze verveelden zich inderdaad niet, ze waren op de vlucht. Binnen de muren van de attracties zochten ze beschutting. De gouden boeddha was reusachtig, zoals ook de mensenmassa die zich eromheen verdrong. Rood en bezweet dwaalden ze door de paleistuinen.

's Avonds aten ze in een restaurant aan de rivier. Sleepbootjes trokken een keten van zwaarbeladen aken achter zich aan. De lading was met zeil overtrokken en met dik touw vastgesjord. Op de achterplecht van de aken brandde hier en daar een lampje, ze leken bewoond. De donkere, drijvende nederzettingen leken een restant menselijk leven na een catastrofe.

Hedwiges werd aangevallen door de muggen. Hij tilde

137

een satéstokje van zijn bord en keek hoe de saus eraf druppelde. 'Die van Wijko is dikker,' zei hij.

Paul kende zijn voorkeur voor dikke satésaus. Hedwiges bestelde gewoonlijk alleen patat vanwege de mayonaise en berenklauw vanwege de satésaus. 'Anders kijken ze je zo raar aan,' zei hij, 'als je alleen maar saus bestelt.'

Aan de overkant van de rivier staken de silhouetten van torenflats donker af tegen de avondhemel.

Om halfvier 's nachts werd Paul zwetend wakker. Hij moest naar de wc en had dorst, maar lag nog een halfuur naar Hedwiges' gesnurk te luisteren voordat hij in beweging kwam. Nadat hij had gepist ging hij in pyjama de gang op. Het was een groot hotel, de verdiepingen lagen gecentreerd rond een atrium. Hij liep een rondje en las *The Bangkok Post* in een fauteuil. De horoscoop was veelbelovend.

Kreeft
22 juni – 21 juli – De kleine maar erotisch sterk geladen planetoïde Juno brengt je een bezoek. *Need we say more?* Het gaat niet om een serieuze relatie of De Grote Liefde, maar de hartstocht is zo groot dat het er verdacht veel op kan lijken. Hij kan je *dazed and confused* achterlaten, vervuld van heimwee en mooie herinneringen.

Hij was teleurgesteld toen bleek dat hij een krant van twee weken oud zat te lezen. Zijn moment van hartstocht was ongemerkt voorbijgegaan.

Vijf uur, zei de klok boven de lift. Zijn vader zat nu voor

de televisie. Zo meteen zou Aloïs aanstalten maken om naar bed te gaan, nadat hij staand tegen het aanrecht twee boterhammen met hagelslag had gegeten. Daarna zouden zijn gebitsprotheses in de wasbak kletteren en poetste en floste hij wat hij nog aan vaste tanden bezat. Ze hadden moeilijke tanden, zijn vader en hij, ze ontwikkelden vlugger tandsteen dan anderen. De mondhygiëniste richtte steevast een bloedbad aan in hun monden.

Een etage hoger ging een deur open. Hij zag een meisje een kamer verlaten en de deur behoedzaam achter zich sluiten. Het roze rokje bedekte haar achterste nauwelijks. Ze schoof haar handtas over haar schouder en stak haar haar op terwijl ze naar de lift liep. Ook op zijn eigen verdieping verliet even later een meisje een kamer. Ze nam de lift. Paul ging aan de balustrade staan en zag ze even later in de diepte van de lobby samen naar de uitgang lopen.

Het reisdoel naderde, het naderde absoluut.

Weggegooid geld vond Hedwiges het dat ze aparte kamers namen in Pattaya. In het koelkastje op zijn kamer vond Paul twee condooms in een doosje, die hij terugzag op de prijslijst van de minibar. Je hoefde je er niet voor te schamen hier.

Paul en Hedwiges zwommen elke dag in het hoefijzervormige zwembad van het Shangri La-hotel; de uiteindes van het hoefijzer liepen uit in een cocktailbar. Op de ligstoelen klonk her en der Nederlands. Op de derde middag hees Paul zich na een paar baantjes op de kant. Met zijn handdoek om zijn schouders zei hij tegen Hedwiges dat hij met een uur of twee wel weer terug was.

Waar hij heen ging, wilde Hedwiges weten.

'Een eindje lopen.'

'Ik ga mee,' zei Hedwiges. Hij had zijn zonnebrandwitte gezicht naar hem opgeheven en hees zich uit het bad. Paul zette een voet tegen zijn schouder en duwde hem terug in het water. 'Neem nog een pina colada, ik zie je straks.'

Verbaasd keek Hedwiges hem na. Toen kraaide hij: 'O, van dattum zeker! Viestert!'

'En bedankt,' mompelde Paul.

In de badkamerspiegel veegde hij de watervaste zonnebrand op zijn gezicht zo goed mogelijk uit. Er was vooraf geen goede voorstelling van te maken geweest, van de beschikbare lichamen overal, een hele stad in het teken van seks. Hij stond op het punt zijn deel op te eisen, een kleine, bleke man met slechte tanden, in de sekshoofdstad van de wereld. Hij had zich erbij neergelegd dat hij ervoor zou betalen, simpelweg omdat hij geen andere mogelijkheid had.

Hij verliet het hotel en laveerde tussen de mensenmenigte en het oorverdovende lawaai van scooters en trucks, op zoek naar de straat waar het aanbod van meisjes was geconcentreerd. Talloze massagesalons had hij in de dagen ervoor gezien, vol meisjes met gladde lijven die naar voorbijgangers lonkten. Het was er niet van gekomen. Hedwiges had verbaasd 'ah joh, doe even normaal' gezegd tegen een meisje dat zich om hem heen wond, en maakte zich gegeneerd van haar los.

Paul vond de markt van Soi Buakhao terug, met daaromheen de straten vol go-gobars, reisbureautjes en restaurants; hij benijdde de rugzaktoeristen die zich een stuk in de kraag dronken in een pub met zo'n meid op schoot, om zich daarna een *soapy massage* te laten geven of hoe die erotische specialiteiten ook maar mochten heten.

Het meisje waar hij de vorige dag zijn oog op had laten vallen was er niet. Ze was klein en mollig geweest, ze droeg hotpants. Hij zag een ander lief, rond gezichtje, het meisje bleef onder de luifel van de massagesalon zitten terwijl de anderen in en uit zwermden. Hij werd door een van hen bij de hand genomen, ze wilde hem mee naar binnen trekken maar hij bleef voor het meisje van zijn keuze staan. Ze heette Yindee, zei ze, op zichzelf wijzend. Hij knikte. De ander liet zijn hand los en vroeg om een sigaret. Hij tastte in zijn zak en gaf haar er een. Lachend maakte ze zich uit de voeten.

Yindee nam hem bij de hand en ze gingen naar binnen, een zwak verlichte gang door en aan het eind de trap op. Ze opende de deur van een van de kamers op de gaanderij boven. Naast de massagetafel stond een schaaltje geurige olie boven een waxinelichtje. Ze glipte uit haar kleren en hielp hem de zijne uit te trekken, zijn т-shirt als laatste. Haar mokkakleurige lichaam schampte het zijne, hij voelde haar kleine, harde borsten. Ze reikte tot aan zijn adamsappel. De geur van shampoo. Duizelingen. Het leek of hij ieder moment kon flauwvallen.

Ze klopte met haar vlakke hand op de massagetafel. Op zijn buik, gebaarde ze, en goot toen een beetje warme olie over zijn rug. Haar handen wreven het uit, ze kneedde hem langdurig. Toen klom ze boven op hem en walste met haar knieën over zijn rug zodat de adem uit zijn longen werd geperst.

Een klapje op zijn achterste, hij draaide zich om.

'You relax,' zei ze. Ze pakte zijn polsen en vlijde zijn armen naast zijn lichaam neer.

Ze masseerde zijn dijen, haar duimen gleden langs zijn liezen. In een andere wereld, achter de muren, klonk gedempt straatrumoer, verre muziek, maar hij lag in de paarse schemering van een tempel en sloot zijn ogen. Hoger gleden haar handen, naar zijn borst, hij voelde haar schaamhaar schuren op zijn buik toen ze naar zijn schouders reikte, de warmte van haar poesje. De siddering toen ze zijn geslacht beetpakte; ze oliede het, kalm gleed haar hand op en neer. Vlak voor hij klaarkwam stopte ze. Tussen haar tanden scheurde ze het folie van een condoom open. 'You love Yindee?' vroeg ze terwijl ze hem het condoom omdeed. Schrijlings zat ze op hem, haar hand reikte tussen haar benen door naar zijn pik, ze wachtte tot hij 'I love Yindee' had gezegd voor ze hem bij zich naar binnen leidde. Haar handen steunden op zijn schouders, ze liet zich op hem zakken en veerde weer terug tot ze alleen het topje van zijn lul nog tussen haar schaamlippen gevangen hield – ze was een geoefend ruiter en hij was een ezeltje dat huilde van genot; twee stroperige tranen gleden langs zijn slapen. Transit van Juno.

Toen hij even later met sterke contracties klaarkwam, legde ze haar wang op de zijne en troostte hem als een moeder.

Jeugd. Diep in de tijd. Geruisloos gaan de dagen in elkaar over. Met Hedwiges Geerdink fietst hij vaak naar huis. Aan het vertrek van zijn moeder worden weinig woorden vuilgemaakt.

Tussen de middag vraagt Hedwiges' moeder of hij ook een boterham wil.

Zijn maag zegt ja maar zijn hoofd schudt nee.

'Een glas melk? Neem toch een boterham. Je moet toch eten?'

Hij wil wel maar kan niet. Iets in hem. Het trekt zich terug en rolt zich op.

Hedwiges neemt een witte boterham met aardbeienjam. Een glas melk. Nog een boterham met aardbeienjam. Er staat meer beleg op tafel dan hij ooit heeft gezien. Alle soorten hagelslag, leverworst, kaas en salami. Zure zult, braadharing, appelstroop en pindakaas. Naar school heeft Hedwiges vaak speculaasjes tussen de boterham.

Als de winkelbel klinkt, verdwijnt Hedwiges' moeder naar achteren. Vlug pakt Paul een snee wittebrood en smeert er een klodder jam tussen. Hedwiges fronst zijn wenkbrauwen, maar eet zwijgend verder, zijn ellebogen op tafel en de dubbele boterham in zijn handen als een mondharmonica. Voor het Mariabeeld op het dressoir brandt een kaarsje. Rond haar biddende handen is een rozenkrans gedrapeerd. Hedwiges metselt.

Ze fietsen naar de textielfabriek. In de afvalcontainers liggen half afgewikkelde spoelen en afgekeurde panty's, die ze over hun hoofd trekken. In het bos achter Pauls huis besluipen ze voetreizigers en konvooien en beschieten ze met pijlen van jong vlierhout; in Pauls ooghoeken maken spinnen met lange poten en nauwelijks een lijf zich uit de voeten. De gronderige geur van de bosgrond is vertrouwd, rins. De bovenlaag van beukenbladeren is droog, onder de laag bladeren is het vochtig en zijn witte schimmeldraden door het humuspakket geweven. Wanneer Hedwiges op de vijand afstuift met zijn zwaard boven zijn hoofd, klinkt het alsof er een sirene afgaat tussen de bomen.

Na de slachting trekken ze zich terug in een lage, oude varkensstal aan de noordkant van het erf, waar de schimmellucht van oud, stoffig stro in je neus en keel prikt. Sommige vensters zijn dichtgetimmerd, de laatste ruiten zijn ondoorzichtig als dof ijs. Stofdeeltjes fonkelen in het licht dat door de vensterkieren valt.

'Ik heb geen zin meer,' zegt Paul even later. Ze gaan het huis binnen. Zijn vader is nog op school. Paul leest *Daantje de wereldkampioen*. Als hij even later opkijkt is Hedwiges ervandoor. Hij legt het boek weg, pakt potloden en papier en begint te tekenen. De kastelen die hij tekent zijn klam en brokkelig, er wieken weerzinwekkende vleermuizen boven. De maliënkolder van de ridder lijkt op het schild van een pissebed.

Meestal is zijn afzondering volkomen. Het bos en de beek zijn van hem, hij hoeft er niemand anders te dulden.

Alleen in de winter dringen soms vreemdelingen zijn domein binnen, als er ijs op de Molenbeek ligt en ze van heinde en verre komen om te schaatsen. Een eind stroomopwaarts, bij de boerderij van de broers Oude Wesselink, klunen ze over de brug en schaatsen tussen de weilanden door Duitsland in.

Zijn vader heeft de doorlopers van de spijker gehaald. Op zwabberende houtjes klost Paul tot aan de eerste bocht en keert lopend terug. De touwtjes zijn bevroren, hij haat schaatsen.

Een laatkomer bindt zijn schaatsen onder, stapt op het ijs en verdwijnt met zijn handen losjes op de rug in de bocht. Het ziet er licht en gemakkelijk uit, iets wat je vlug zou kunnen leren in elk geval. Iedere jongen zou moeten kunnen schaatsen, zelfs Hedwiges kan schaatsen, en weer trekt hij de touwtjes zo strak als dat gaat rond zijn schoenen en strompelt naar de gindse bocht. Zijn enkels, het zijn zijn enkels, anders kan hij het niet verklaren. Ze zijn zwak, zoals alles aan hem zwak is; hij neemt aanloopjes en glijdt naar de stuw terug. Op het ijs ligt het schraapsel van de ijzers. Grijs licht siepelt tussen de bomen op de oevers, het poederige grijs dat aan een sneeuwbui voorafgaat en alles onvast maakt.

Bij de stuw staat zijn vader. Hij kijkt en zwijgt.

Paul gooit de schaatsen op de oever.

'Zo maak je ze bot,' zegt zijn vader.

'Dat zijn ze al,' zegt Paul driftig. Hij raapt ze van de grond en houdt de roestige ijzers naar hem op.

'Ik kon d'r altijd prima op,' zegt zijn vader. Zijn sjaal glinstert waar hij uitademt. Hij draait zich om en verdwijnt tussen de bomen naar huis.

Vlak voor het donker keren de schaatsers terug, in groepjes of alleen, Paul hoort hun stemmen en het krassen van de ijzers al van verre.

Als de eerste sneeuwvlokken tussen de donkere bomen waaien, heeft hij het rijk weer voor zich alleen. Hij ligt met zijn neus op het ijs en kijkt naar ingekapselde luchtbellen en hoe de stroom onder het ijs blaadjes en takjes met zich meevoert over de gladde, roestkleurige bodem. Achter hem, bij de stuw, komt het water in een dunne sluier onder het ijs vandaan en verdwijnt over de rand. In strenge winters is zelfs de waterval bevroren.

De beek die sinds de laatste ijstijd door het landschap kronkelt, ontspringt kilometers verderop, op de flanken van een stuwwal. Bij de Muldershoek achter is ze op haar breedst. Aloïs stort kruiwagens puin in de bochten tegen uitslijting; vlak boven de waterlijn grijpen boomwortels in elkaar.

Al in 1268 wordt er melding gemaakt van een watermolen achter hun huis, behorende bij de bezittingen van de bisschop van Utrecht, wiens hand helemaal tot in Mariënveen reikt. Zo'n zes eeuwen later, in 1813, wordt de eerste Krüzen eigenaar van de molen en de boerderij op de Muldershoek. Meer dan honderd jaar zal de familie de watermolen draaiende houden, tot ze in 1930 door het waterschap wordt onteigend en de molen wordt gesloopt.

De molen is zijn lange leven begonnen als oliemolen en geëindigd als korenmolen. Op de wc hangt, naast een rijmpje van Pauls grootvader over het zware molenaarsbedrijf, een foto van de molen – een vriendelijk huisje met een pannendak en wanden van zwart uitgeslagen eiken planken.

Aan de zijkant is het onderslagrad te zien. Het gebouwtje helt een beetje voorover, moe van alle gedane arbeid. Als de molenstenen draaien, dan is het diep rommelende geluid tot in de wijde omtrek te horen. Jan Oude Booijink heeft het geluid eens als naderend onweer beschreven. Zeven eeuwen knarsen de tandraderen en malen de stenen in het rond. En dan, zevenendertig jaar voordat Paul Krüzen geboren wordt, maken ze een einde aan zijn bestaan. Ervoor in de plaats komt een betonnen stuw, daarbeneden verwijdt het water zich tot een breed bekken onder hoge oevers. Tussen een haag van populieren glijdt de beek verder naar het bruggetje waar Aloïs Krüzen op een grijze zomerdag in 1955 bloemen op de klinkers heeft gelegd, en vervolgt haar weg naar het stroomkanaal waar ze kilometers verderop in uitmondt.

In de zomer welft het groen boven de beek en glipt het water ruisend onder de overhangende struiken door. Beneden bij het betonnen waterwerk vangt Paul modderkruipers met een schepnet. Ze hebben baardharen onder aan hun bek, hun tastzintuigen in het bewolkte water. De kolk is niet erg diep maar sterk in beweging bij een hoge waterstand.

Uit de modder diept Paul op een dag een munt op, die volgens zijn vader in het Latijn beschreven is. Hij gaat ermee naar de pastoor, die er in de deuropening van de pastorie zijn leesbril voor opzet en op het eerste gezicht meent dat het misschien een pauselijke gedenkpenning is. Hij zal hem moeten achterlaten om zekerheid te krijgen. Paul steekt de munt vlug weg en zegt dat dat niet hoeft. Hij vertrouwt blind op de goedertierenheid van het kindeke

Jezus en zijn moeder Maria, maar met de dienaren Gods kon je het niet weten.

De takken van de grote lindeboom achter het huis schrapen langs zijn slaapkamerraam; in de zomer hult het loof zijn kamer in een groene schemering. Een grotere boom is in de wijde omtrek niet te vinden, drie volwassen mannen kunnen de stam nog niet omvatten. Op een paar meter van de grond vertakt de linde zich tot een reuzenkatapult. Twee bomen wordt hij daar, met een hoog en dicht bladerdak dat nauwelijks een druppel doorlaat.

Zijn grootvader had die vriendelijke reus uit de weg willen hebben. Hij klom zo hoog als hij kon met de motorzaag op zijn rug, waar hij de ontzaglijke hoeveelheid werk overzag die zijn voornemen met zich mee zou brengen, en klom weer naar beneden. Zijn woede vierde hij daarop bot op de bomen vooraan bij de weg, terzijde van de oprit, waar hij alles omzaagde en zijn zoon Aloïs dwong om het hout te zagen en te kloven. Wekenlang vlogen de uilen droef roepend boven hun verloren schuilplaatsen.

Het verlies van de molen had Pauls grootvader tot het boerenbestaan gedwongen, waar hij hoegenaamd geen talent voor bezat. Hij liet een varkensstal bouwen en pachtte grond van de boeren wier koren hij eens maalde en die hem nu een poot uitdraaiden door hem laaggelegen, drassige grond in de maag te splitsen, die ze in vroeger eeuwen met heideplaggen en stalmest en intussen met kunstmest tot enige vruchtbaarheid hadden gebracht.

Stormen, blikseminslagen en woedeaanvallen had de lindeboom overleefd, soms zat Paul tegen zijn weerbarstige huid en had het gevoel dat de boom hem alleen al door zijn voorbeeld geruststelde. 's Zomers ritselde de wind door zijn bladeren, kwam de herfst, dan woei hij leeg; een periode van rust brak aan. Kalm maar, leek hij te zeggen door daar zo te staan, het komt goed.

Ter rechterzijde ziet Pauls slaapkamerraam uit op een klein grasveldje, een inham in het bos. Er staat een tuinkapelletje van ruwe tufsteen. De nis is leeg, het heiligenbeeld dat er ooit in stond is verdwenen.

Op de knutselclub in het dorpshuis waar Paul zijn woensdagmiddagen doorbrengt tot zijn vader van school thuiskomt, maakt hij er een nieuw beeld voor. Hij bekleedt een hoge, slanke fles met in vloeibaar gips gedrenkte lappen. Nadat hij vele lagen over elkaar heeft aangebracht, neemt de fles de vorm aan van een vrouw met een mantel over haar schouders en dicht tegen het lichaam gevouwen handen. De hermelijnen mantel sleept in plooien achter haar aan, zoals de koningsmantel op het staatsieportret van koningin Juliana in de Rabobank. Maria heeft een beetje een lang hoofd, maar dat is niet wat de jongens op de knutselclub opvalt. Zacht en sarrend zingen ze: 'Vrouw Haverkamp, vrouw Haverkamp, wat he-j toch grote tit'n.' Maar zo groot zijn ze helemaal niet, vindt Paul, en bij Maria achter het altaar in de kerk zitten ze ook niet bepaald verstopt.

Als het gips hard is en de verf droog, neemt hij haar mee naar huis, zijn Maria met haar strogele haren en de rode mantel om. Hij maakt de nis vrij van klimop en plaatst haar erin. Veilig staat nu de Troosteres der Bedroefden in het tabernakel, haar ogen neergeslagen en haar handen gevouwen. Hij zinkt op zijn knieën en prevelt: 'Heilige Maria moeder van God bid voor ons zondaars nu en in het uur van onze dood amen.'

's Avonds, terwijl hij zijn aardappels prakt, zegt zijn vader: 'Mager is ze wel.'

Paul kijkt op. 'Dat is ze altijd.'

'Is dat zo?'

Paul knikt stellig. 'Dat kun je overal zien.'

'Dat jij dat zo goed weet,' zegt zijn vader.

Hoe dan ook gaat ze sindsdien als de Maria Anorexia door het leven, maar Paul trekt zich van de spot over haar borsten en haar postuur niets aan want hij weet dat er in Kevelaer en Heiloo Mariaverschijningen zijn geweest en dat een vrouw in Amsterdam haar zelfs tientallen keren heeft gezien, zodat het heel goed mogelijk is dat ze zich op een dag in Mariënveen zal openbaren als een stralend licht in de lindeboom, de Koningin des Hemels met haar voorkeur voor eenvoudige herderinnetjes, huisvrouwen en boerenvolk, die ook vaak aan kinderen haar schoon en troostrijk gelaat vertoont, dus waarom niet aan een leerling van de Sint Jozefschool die voor haar een kapelletje in de achtertuin heeft ingericht?

Elke dag voor het slapengaan leest zijn vader in het Nieuwe Testament. Hij is een Jezus-man, de woeste bloeddorst van het Oude Testament bevalt hem minder. 'Meer heb je niet nodig,' zegt hij over het Nieuwe Testament. Als hij het uit heeft begint hij weer van voren af aan bij het karige licht van zijn nachtlampje, want het is niet gemakkelijk om Jezus' voorbeeld te volgen.

'Jezus,' zegt hij op de rand van Pauls bed, 'voedt ons op tot goede mensen. Niet oog om oog, nee, juist andersom. Als iemand je op je rechterwang slaat, dan moet je hem ook je linker toekeren.'

Paul komt half overeind vanonder de klamme deken en zegt: 'Geert Oude Voshaar zegt dat mama een hoer is.'

Zijn vader tuit zijn lippen.

'Ik heb 'm alle haren uit de kop getrokken.'

'Hoe zou de wereld eruitzien als...' begint zijn vader. 'Als iedereen het recht maar in eigen hand zou nemen?'

'Mama is geen hoer.'

'Zijn haren?'

Paul knikt en zijn handen plukken aan de wollen deken.

'Niet geslagen?'

Paul schudt zijn hoofd. 'Harentrekken,' zegt hij zacht, verward door de zweem van misprijzen in zijn vaders stem. Hij kan niet slaan, hij trilt te erg; zijn klappen zijn mis of te zacht. De klappen van Geert Oude Voshaar hebben hem geen zeer gedaan. Hij herinnert zich het genot om telkens vol in zijn haren te grijpen en niet los te laten. De plukken rood haar die in het rond vliegen.

'Het kan eigenlijk niet,' zegt zijn vader. 'Maar wat hij deed óók niet...'

En daar zit 'm de kneep, begrijpt Paul. Je kunt er niet zowel boven staan als wraak nemen. Zijn vader wil te veel. Dat is zijn worsteling. Dat hij 's morgens met de vrede van het gebed in zijn hart het erf af rijdt, en het volgende moment 'klootzak!' roept tegen een automobilist die gierend de bocht door komt. Dat is de verwarring die hij naar het voorbeeld van Jezus probeert op te lossen.

Op de rand van zijn bed begint zijn vader op een avond ook over een van zijn leerlingen, een zekere Viktor. Door het klapraam waait een briesje, Paul hoort het water vallen bij de stuw. Met zoveel enthousiasme beschrijft zijn vader zijn nieuwe leerling, dat hij levend voor hem in de kamer staat. Het is een leerling, zegt zijn vader, die je in je lerarenbestaan maar één keer overkomt. Niet alleen hij, al zijn collega's vinden dat. Alles wat je Viktor vertelt, valt in vruchtbare aarde. Het is of hij eigenlijk alles al weet, en dat het alleen maar geactiveerd hoeft te worden.

Paul denkt aan zijn worsteling met grammatica, met breuken, dat hij altijd de sinus en de cosinus door elkaar haalt.

Vele zomeravonden achter elkaar vertelt zijn vader over dat wonderkind, wiens ouders uit het westen komen en hier in de regio zijn neergestreken. Viktor zit op judo, hij heeft de blauwe band. Hij heeft collega Döbbe tegen de grond gewerkt met een handigheidje. Zo'n joch – zijn vader houdt zijn hand op ongeveer anderhalve meter boven de vloer.

Hij kan niet over hem ophouden. Viktor speelt gitaar en heeft in de aula *Blowin' in the Wind* ten gehore gebracht. En toen ze om meer riepen, speelde hij ook nog eens *With a Little Help from My Friends*.

Steeds overweldigender rijst Viktor uit de verhalen op, uitgeput en angstig gaat Paul slapen.

'Bestaat hij echt?' vraagt hij op een avond.

'Natuurlijk bestaat hij echt,' zegt zijn vader een beetje verontwaardigd. 'Wat denk je, dat ik dit allemaal verzin?'

Paul haalt zijn schouders op. 'Ik weet niet.'

'Honderd procent de waarheid,' zegt zijn vader, en vervolgt met de avonturen van Viktor de Geweldige. Een episode over een schoolreisje naar Artis ditmaal. Eenmaal weer thuis van die dag in de dierentuin is Viktor naar boven gegaan en niet meer beneden gekomen, ook niet voor het avondeten. Hij heeft zich in de badkamer opgesloten en weigert de deur open te doen. Zijn vader heeft het slot geopend met een tang, daarbinnen treffen ze hun zoon in de badkuip aan. Hij is niet alleen.

'Nou,' zegt zijn vader, 'raad eens wat-ie bij zich had?'

'Een boek,' oppert Paul.

'Fout.'

'Een vriendje.'

'Fout.'

'Ik weet het niet.'

'Een pinguïn!'

Paul komt overeind. 'Een *pinguïn*?!'

'Een echte pinguïn,' zegt zijn vader. Zijn handen geven het formaat aan van een flinke karper. 'Meegestolen uit Artis. In de badkuip.'

'Dat kan nooit!' roept Paul uit.

Het was niet zo moeilijk, zegt zijn vader, hij was gewoon over het hekje gestapt en had het dier uit het ondiepe bassin gevist. Onder zijn jas had hij het meegenomen naar huis.

Paul schudt zijn hoofd. 'Maar dat mág toch helemaal niet?'

Zijn vader beaamt dat, maar uit zijn gezichtsuitdrukking maakt Paul op dat voor hele bijzondere overtredingen, waar vermetelheid en zin voor avontuur uit spreken, een uitzondering geldt.

153

Toegegeven, zegt zijn vader, het was op zijn vorige school gebeurd; Viktor had het verhaal verteld als inleiding bij zijn spreekbeurt over de zwartvoetpinguïn. En waarom zou hij daarover liegen?

'Rare actie,' zegt Paul. Als zijn vader weg is, ligt hij nog een tijdlang somber naar het plafond te staren.

Achter de hoge, halfronde boog van de deuren had zich het sediment van de drie grote oorlogen van de vorige eeuw opgehoopt. In de voormalige koeienschuur van tien bij vijfendertig waren honderdduizend objecten uit WO I en II en de Koude Oorlog in stellages en dozen en op schraagtafels uitgestald; KRÜZEN CUROSIA & MILITARIA bezat de grootste collectie militaria ten oosten van de IJssel.

Paul hield het meest van de uniformen. Door de schuur verspreid stond een dozijn paspoppen, allemaal in originele uitrusting gestoken. De Tommy, de Kraut, de G.I. en de poilu; neutraal staarden de poppen voor zich uit. Hij hield ook van de dof glanzende torpedoneuzen, de bespottelijke Pickelhauben, de onverwoestbare Zwitserse legerposttassen en de antieke Duitse veldkeuken op ijzerbeslagen houten wielen, maar het liefst waren hem de uniformen. De scherpe vouwen in het kaki, de stijf geweven gabardine trenchcoats, de wollen uniformjasjes die even muf roken als de dekens waaronder hij sliep. Uniformen brachten de mens in oorlog het dichtstbij. Daarbinnen had een hart geslagen en een mens in doodsangst, verveling en extase geleefd. Door niets werd zijn verbeelding zo geprikkeld als door een uniform, en zijn bewondering ging uit naar de wevers en kleermakers die zulke slijtvaste stoffen hadden gefabriceerd en bewerkt dat ze de tijd gemakkelijk doorstonden.

Boven de schuurdeuren had hij een groot wit bord geschroefd waarop hij met zwarte verf een zin had geschilderd die hij eens boven een kraampje op een wapenbeurs in Aschaffenburg had gelezen.

WAFFEN, BRINGT MIR VIELE WAFFEN
– R. WAGNER

Zaterdagmiddag halftwee, hij printte facturen en wachtte in het glazen kantoortje op de man met wie hij had afgesproken. In een bakkersvitrine op zijn bureau bewaarde hij de objecten uit zijn verzameling die hij niet kwijt wilde. Ze hadden geen waarde, de kathedraal van luciferhoutjes – was het de Dom van Keulen? – die door een krijgsgevangen Duitser was gemaakt, en het handgeschreven verzenbundeltje van een *Häftling* die stierf in Neuengamme. Ook bewaarde hij in de vitrine de munt die hij veertig jaar geleden in de kolk gevonden had en het legerkompas van de Rus dat hij met zijn eerste metaaldetector had bovengehaald op de es, gecorrodeerd en aangekoekt als het mechanisme van Antikythera. Die dingen vormden het begin van zijn verzameling, die bij toeval zijn broodwinning geworden was.

Een paar maanden na de val van de Muur, nu bijna dertig jaar geleden, had Laurens Steggink hem gevraagd mee te gaan op handelsreis naar de DDR, het land dat feitelijk van de ene op de andere dag had opgehouden te bestaan. Het was een diffuse, wilde tijd, een heel land deed zichzelf in de uitverkoop; figuren als Steggink waren er als de kippen bij om er hun voordeel mee te doen. Stegginks vaste partner was ziek, hij had een paar extra handen nodig. Met een grote Mercedes-bus waren ze naar het oosten gereden, West-Duitsland door, en bij Helmstedt-Marienborn de grens overgestoken. Op verzoek van Paul namen ze de tijd om het voormalige *Sperrgebiet* te bekijken. De uitgestrekte strook zwaarbewaakt grensland was voorzien van hoge staaldraadomheiningen, prikkeldraadversperringen en wachttorens. Stil nam Paul de manifestatie van agressieve staatsmacht in zich op. Met wat een geweldige krachtsinspanning moest zijn geweest, had de staat een veertienhonderd kilometer lange barricade opgeworpen om de *Republikflucht* een halt toe te roepen. Een naar binnen gericht verdedigingswerk, rationeel en dodelijk. Dood was het nu zelf, die zinloze opeenhoping van beton en metaal, nadat het huis van de macht was ingestort.

Stapvoets reden ze het land van de voormalige vijand binnen, waartegen ze zich met kernwapens en divisies hadden schrap gezet. Hij had er als dienstplichtig soldaat zelf deel van uitgemaakt; net als Steggink had hij zijn dienstplicht in Seedorf vervuld. Paul had zich een ander landschap voorgesteld, kaal en grimmig, maar het was groen en pastoraal; stokoude trekkers en hooischudders op de weides schikten het gras in langgerekte regels. De koeien waren mager, de wegen slecht onderhouden en leeg. Het beeld van de vijand was vele malen sterker geweest dan de vijand zelf.

Ze gingen afgelegen dorpjes en boerenhoeves af om antiek en zware eikenhouten meubelen op te kopen. Steggink reed soms tweemaal per week naar Oost-Duitsland om zijn wagen vol te laden met *Fichtenholz*-kasten, dressoirs en secretaires, maar ook spiegels, voetenbankjes, kerk- en rijtuigstoofjes, Keulse potten, lampetstellen en vogelkooien. Alles kocht hij onder de lui vandaan. De gretigheid was wederzijds, maar aan het langste eind trok altijd Laurens Steggink. Die *Ossies* verkochten hem hun hele hebben en houden voor een krats, en Paul kromp van schaamte wanneer Steggink, als een ss'er bij de ingang van het kamp, huisraad aanwees waarop hij zijn oog had laten vallen; koperen kolenkitten, kandelaars, haardstellen, alles was handel. De portemonnee danste hem in de achterzak. Stegginks marken waren hard, hun handen namen ze graag aan. Dit waren ze nu, dacht Paul, de vijanden van weleer, deze armoedzaaiers die in geen decennia iets nieuws bezeten hadden.

In een plaatsje ten oosten van Maagdenburg hield Steggink een vrouw een bundeltje marken voor, toen ze ernaar greep trok hij het vlug terug. 'Diese Sachen noch,' zei hij, en wees een heksenketel boven de haard en een koperen doofpot aan. 'Dan haben wir einen Deal.' Hij trok het staartje op zijn achterhoofd strak aan.

De boerenvrouw mopperde en gromde maar ging ten langen leste akkoord.

Tevreden droeg Steggink de buit naar de bus, eenmaal weer onderweg zei Paul: 'Doe dat maar niet meer waar ik bij ben.'

'Wat niet?' vroeg Steggink, die een sjekkie rolde op zijn bovenbeen.

'Met dat geld zo. Dat was niet zo mooi van je.'

'Dat? Dat is het spel, Paultje. Zo speel je dat.'

Steeds zwaarder werd de bus, dieper en dieper hing hij door, tot er niets meer bij paste en ze naar huis terugreden. Paul ging een keer of wat met hem mee, toen kocht hij zelf een Mercedes T2, waarmee hij in zijn eentje oostwaarts reed.

Elke keer als hij de voormalige Duits-Duitse grens passeerde, verbaasde hij zich erover dat hij achter de wachttorens vijftig jaar terugging in de tijd; niets dan hardnekkige stagnatie hadden die torens bewaakt. De goederenproductie was teruggevallen naar een voorindustrieel niveau, het systeem had weinig meer dan apathie bij de arbeiders en corruptie bij partijbestuurders teweeggebracht; zonder economische prikkel was niemand meer vooruit te branden.

Hij mijmerde over de incongruentie van een rijk dat de eerste bemande ruimtevlucht uitvoerde maar waar de levertijd van een prutsautootje twaalf jaar bedroeg. De koeien waren misschien mager en de mensen behoeftig, maar hun ingenieurs hadden ze mooi wel de eerste foto's van de achterkant van de maan geschonken...

Bedaard dreef hij zijn handel. Hij was een kiene koopman. Als het moest draaide hij iemand een poot uit, maar over het algemeen vroeg hij niet het onderste uit de kan. De marges leenden zich voor toegeeflijkheid. Hij had oog voor antiek, bleek. De koeienschuur op het erf van zijn vader richtte hij in als verkoopruimte, op afspraak ontving hij antiekhandelaren uit het hele land, die het spul weer doorverkochten op de brocantemarkten van Weerselo en Zuidlaren.

Al vlug moest Paul steeds verder oostwaarts omdat de handelaren als sprinkhanen op de voormalige DDR waren neergedaald en het grootste deel van het land al hadden 'leeggetrokken', zoals de cowboys van het eerste uur tevreden zeiden. Over steeds kleinere weggetjes, steeds verder bij de provinciale hoofdwegen vandaan, reed hij het achterland in om nog iets interessants te vinden. In doodstille, verlaten gebieden klopte hij bij de mensen aan. Hij bezocht veilingen en huisopruimingen, en stuitte in Colditz, in de schaduw van het beruchte kasteel op de heuvel, op een compleet ss-uniform, met de *Wehrpass* nog in de binnenzak. Op het canvas omslag van de pas droeg de adelaar het hakenkruis in zijn klauwen. De eigenaar van het uniform had gevochten aan het front in de Eerste Wereldoorlog en was in 1934 opnieuw in dienst getreden, kennelijk aangestoken door het hernieuwde Duitse elan. Het uniform lag netjes opgevouwen in de doos, de laarzen onderop, afgedekt met exemplaren van de *Leipziger Volkszeitung* uit 1949. Mao, las Paul vluchtig, leverde fel strijd met de nationalisten en in een krant van een paar maanden eerder had de Sovjet-Unie Joegoslavië van zich afgeschud omdat het zich ontwikkelde tot een 'vulgaire burgerrepubliek'. Hij kocht het uniform voor een bespottelijk laag bedrag en onderwierp de *Wehrpass* van Dieter Soltau in zijn bestelbus aan een nader onderzoek. Hij was geboren in Chemnitz in 1899, was 1 meter 71 lang en woog 75 kilo. In 1942 was hij, vrij oud al, gepromoveerd tot ss-*Hauptscharführer*, volgens de stempels diende hij aan het oostfront alvorens hij tot de ss was toegetreden. Daarna was hij gestationeerd in Nice – een standplaats aan de Middellandse Zee als beloning voor bewezen diensten? – en aan het eind van de oorlog diende hij in Mittelbau-Dora. Een dynamische carrière, kon je wel zeggen.

Aan kroonluchters kon Paul zien hoe en wanneer het kristal geslepen was, aan hout wanneer het echt was en wanneer geperst, allemaal nuttige kennis, maar dit, voelde hij, dit was het echte werk. De historische sensatie toen hij de doos, onopvallend tussen alle uitgestalde huisraad voor de deur, opende en het *Feldgrau* zag...

Het uniform van Dieter Soltau was het begin geweest van zijn militariaverzameling, hij had het nooit verkocht.

Op goed geluk dwaalde hij door de Duitse landen. Wanneer hij door een aanval van heimwee werd overvallen, dan spande plotseling alles in de omgeving die hij doorkruiste tegen hem samen. Boosaardig waren opeens de bomen, het gras, de wegen en de huizen. Nergens ter wereld was het zo voos en onveilig als waar hij op dat moment was. Hij zweette en trilde, soms zette hij de bestelbus langs de kant van de weg om tot bedaren te komen.

Het overviel hem onder meer aan de Duits-Poolse grens, waar hij na een tip bij een oude kruitfabriek terechtgekomen was. Bij Forst was hij de Neisse overgestoken en Polen binnengereden, in welk land de fabriek na 1945 was komen te liggen. De Sovjets hadden de installaties grotendeels als oorlogsbuit weggevoerd, maar er was, had een handelaar in Halle hem verteld, nog voldoende interessants te vinden. Het terrein van de Deutsche Sprengchemie besloeg zo'n vijfhonderd hectare, de fabrieksgebouwen en honderden deels ondergrondse bunkers waren door kilometers rails en wegen verbonden. Er was nog altijd explosiegevaar omdat nog lang niet alle nitroglycerine was opgeruimd; ruim veertig jaar na het einde van de oorlog hing er nog steeds een bijtende kruitlucht. Niet lang geleden was een oudijzerboer ontploft die met een snijbrander in een put was afgedaald. Er was alleen een handschoen van hem teruggevonden.

In het bos zag Paul een man met een metaaldetector die minutieus de bodem afluisterde, verder was er niemand. De man keek niet op of om; het was al met al toch een wat autistische hobby, dacht Paul. Hij prentte zich de overwoekerde ruïnes goed in om niet te verdwalen. Met fabrieken als deze had het Derde Rijk zijn botte agressie gestut, hier kreeg de militaire suprematie haar beslag. Alle dood en verderf die zich als een pest over het continent had verspreid, was hier voorbewerkt. Hij dacht aan de energie die het had gevergd om honderden industriële complexen als dit uit de grond te stampen – niet anders dan door dwangarbeid en slavernij kon zo'n titanische onderneming tot stand worden gebracht.

Twee uur dwaalde hij over het verlaten complex, tot hij in de stilte tussen de bomen door een vuistslag op de borst werd getroffen die hem de adem uit de longen sloeg – naar huis, hij moest onmiddellijk naar huis... Het zweet brak hem uit, half rennend verliet hij het bos en vond de bus aan de rand ervan terug. Het was halfvier 's middags; even voor middernacht was hij thuis.

Zo leerde hij de lengte van de riem kennen. De Neisse was, wanneer hij over land reisde, het einde van zijn wereld. Daar voorbij viel hij eraf.

De Duitser arriveerde een halfuur te laat; hij hoorde autobanden knarsen op het grind. Langzaam, op de oprit die de schuur en het bosje eiken bij de weg scheidde, reed een Mercedes zijn blikveld binnen. De man kwam de schuur binnen door de kleine deur in de hoge, halfronde poort, Paul ontstak het licht. Knipperend sprongen de tl-buizen aan, een vloed van licht spoelde over de immense schatkamer. De Duitser floot tussen zijn tanden. In de stellingkasten lagen veldtelefoons, reddingsboeien en verrekijkers opgetast, in de vitrines blonken de onderscheidingen en de Zippo-aanstekers. Een tafel vol 25-ponderhulzen en voedselcontainers. Dozen vol officiershemden, broeken, sokken, bretels, onderhemden en dassen, zware rubberen laarzen alsook laarzen en schoenen van leer, Krüzen Militaria had het allemaal. Achter slot en grendel bewaarde hij de Mausers, Lugers en Enfields – de glazen vitrinekasten opende hij op verzoek. Torpedo's schraagden het dak, in de nok hingen spionageballonnen en ook een provisorische luchtballon waarmee een Oost-Duits gezin in 1978 tevergeefs de oversteek had gewaagd.

'Na sowas,' zei de man verbluft.

'Ihre ganze Geschichte,' zei Paul. 'Kaffee?'

'Sehr gern, danke,' antwoordde de man.

Paul ging het kantoor binnen en zette de koffiemachine aan. Door de ruit zag hij de man ontzet tussen het oorlogstuig dwalen, al die schitterende, dodelijke techniek. Hij bleef lang staan bij de Daimler Dingo, een licht verkenningsvoertuig van Britse makelij. Al zijn klanten waren onder de indruk van de museale opstelling; hij gaf ze rustig de tijd. Paul bracht hem zijn koffie en zette zich weer aan zijn administratie. Even later verscheen de Duitser in de deuropening – of hij misschien een beetje suiker mocht. Zijn kop was al halfleeg. Ze waren te bescheiden geworden, de Duitsers. Paul zette zijn bestelling op tafel, de man keek in de kartonnen dozen. Acht gasmaskers en legerjassen uit de DDR, nog aangeschaft bij de leegverkoop van een militair depot. De gouden tijd, voordat de overheid met het agentschap *Treuhandanstalt* de verkoop van staatseigendommen in eigen hand genomen had.

In een andere doos zaten drie Zweedse verpleegstersuniformen. De man nam er een uit en hield het met gestrekte armen voor zich. 'Ausgezeichnet,' zei hij. 'Wirklich gut.'

Zijn portefeuille was dik als die van een huismoeder. Ze droegen de dozen naar buiten, Paul keek de Mercedes na toen die het erf af reed.

Zijn vader zat met zijn been op een krukje aan de Kerk-aan-huis-ontvanger te prutsen, waarmee hij de weekeinddiensten in de Mariakerk kon volgen.

'Doe de broek maar omlaag,' zei Paul. 'Ik moet er weer even bij.' Hij waste zijn handen uitvoerig en droogde ze af met een schone doek. Zijn vader wurmde zijn broek op de enkels en liet zich weer in de stoel zakken. Niet zeggen, dacht Paul, maar daar waren ze al, de woorden die hij uitentreuren had gehoord: 'Als het zo moet,' verzuchtte zijn vader, en Paul vulde aan: 'Dan hoeft het van jou niet meer... Hou toch nog maar even vol, oké?'

Hij schrok toen de wond onder het verband vandaan kwam. Fosfor maakte zulke wonden, herinnerde hij zich uit het *Handboek Soldaat*. Het vrat zich, door de huid, diep in het vlees en had als unieke eigenschap dat het niet doofde als je er water op gooide. De tip in het handboek was geweest om het brandende fosfor met een lepel uit de wond te wippen.

'Volgende week toch nog maar even naar het ziekenhuis,' zei Paul. 'Slik je die pillen?'

'Zekers.'

Paul smeerde antibioticazalf op de wond en bracht nieuw verband aan. Daarna nam hij een douche, schoor zich en kamde zijn haar in een scheiding.

'Waar moest je ook alweer heen?' vroeg zijn vader toen Paul zijn avondmaaltijd alvast in de magnetron zette.

'De stad,' zei Paul.

'O?'

'Die dame uit de apotheek. Kijk even hier alsjeblieft. Je hoeft alleen maar op start te drukken. Ik heb de tijd al ingesteld. Deze knop.'

'Die,' zei zijn vader.

'Waar ik het pijltje bij heb geplakt.'

'Is toch goed.'

'Vorige keer heb je 'm juist uitgezet.'

'Er zijn ergere dingen.'

'Druk toch maar op de goeie knop, oké?'

De Avermaten was de nieuwbouwwijk van de stad waar gescheiden vrouwen eindigden en vluchtelingen opnieuw begonnen. Naast Ineke Wessels woonde een bedeesd Afghaans gezin, vertelde ze, schuin tegenover haar had een troep woeste Koerden een woning toegewezen gekregen. Ze gaf taallessen op haar vrije dag.

'Nee joh, superdankbaar werk juist,' zei ze toen Paul haar vroeg of dat niet moeilijk was. 'En die mannen zijn zo hoffelijk – kom daar bij Hollandse mannen maar eens om!'

Misschien, dacht Paul, had er onlangs een Syrische of Eritrese meneer op zijn plek gezeten, even hoffelijk als vol verlangen naar een oudere, westerse dame met borsten als kanonlopen. Hij was blij dat hij nog even bij de Plus was gestopt voor een doosje After Eight.

Ineke Wessels stond open voor andere culturen, was de boodschap die uit de woonkamer van haar doorzonwoning sprak. Afrikaans houtsnijwerk, op het dressoir foto's van haar in verre landen. Ze droeg op de meeste foto's een driekwartbroek en sandalen. Soms had ze een kleurige doek rond haar hoofd en schouders geslagen. Ze was pas echt gaan reizen, vertelde ze, toen de kinderen het huis uit waren.

'En je man?' vroeg Paul.

Een vlugge lach, even week de gepantserde opgewekt-heid. 'Ruud,' zei ze. 'Ruud is in 2003 overleden. Veertien jaar geleden alweer.'

'O,' zei Paul. 'Dat spijt me.'

'Zelfdoding. Ja, ik zeg het maar meteen even, anders blijft het zo hangen.'

Paul keek rond, zijn ziel vloog als een musje tegen het raam.

'Zomaar, midden in het leven?' vroeg hij toen, omdat haar openheid daar aanleiding toe leek te geven.

'Ik wil het er niet te lang over hebben, als je het niet erg vindt,' zei ze. 'Maar inderdaad, midden in het leven, zo zou je dat wel kunnen zeggen, ja.'

Ze schonk koffie uit een thermoskan. 'En jij, Paul, vrouw, kinderen?' En met een lach die ze niet uitstootte maar leek in te ademen: 'Huisje, boompje, beestje?'

'Nee hoor, niks,' zei Paul. 'Ik woon nog altijd met m'n vader.'

'Da's toch niet niks? Dat kan heel waardevol zijn, toch juist? Hoe oud is je vader?'

'Achtenzeventig.'

'Is hij nog goed?'

'Mwoch.' Hij schommelde met zijn hand.

'Dus jij zorgt een beetje voor hem? Wat een geluk voor 'm, zo'n zoon! En voor jou is het natuurlijk heel dankbaar, dat je dat voor hem kunt doen.'

'Och. 't Is zoals 't is, zeg maar.'

'Nog altijd even nuchter hè, Paul?'

Het gesprek boog af – hun school vroeger, de zusters fran-ciscanessen die de meisjesschool hadden bestierd, meester

Braakhuis, die het hoofd was geweest van een van de laatste katholieke jongensscholen van het land. Een potentaat met een schedel als een dinosaurusbot. In driedelig pak gestoken en met een stropdas voor, rookte hij sigaren op het kleine podium voor in de klas; door een zwarthoornen bril nam hij zijn klassen in zich op. Zo werden ze niet meer gemaakt.

Samen met de pastoor en de bankdirecteur vormde hij het dorpstriumviraat. Sommigen vonden dat de dokter er ook nog bij hoorde, want als je ziek was had je liever antibiotica dan het Onzevader.

Toen ze in de vierde klas van de lagere school zaten, werden de jongens- en de meisjesschool samengevoegd. Het was ver in de jaren zeventig, het einde van een tijdperk. Meester Braakhuis ging met pensioen en wijdde zich tot aan zijn dood aan de heemkunde van Mariënveen, geleidelijk verdwenen ook de zusters franciscanessen uit het straatbeeld.

Pauls ogen dwaalden door de woonkamer. Aan het plafond was nergens een bevestigingspunt voor een touw te zien. Als rouwadvertenties een aanwijzing van zelfmoord gaven, wilde hij altijd weten hoe het was gebeurd, de voorbereidingen, de handeling zelf.

De ene na de andere foto schoof ze hem onder zijn neus. 'Hier, Jenny, ken je haar nog? En Heleen? Het schoolreisje naar Hellendoorn, weet je nog?'

'Ponypark Slagharen, dacht ik?'

'En Hellendoorn.'

Hij keek. Brave kinderen. Een andere eeuw. Beter. In elk geval de tweede helft. Een onvoorstelbare digitaal-technologische tijdversnelling had zich sindsdien voorgedaan;

zonder die revolutie had zelfs zijn tamelijk ouderwetse bestaan er heel anders uitgezien. En de wereld was in beweging gekomen. Russen, Chinezen, Roemenen, Polen en Bulgaren, al die volkeren die je vroeger alleen uit de Bosatlas kende.

'Het rare is,' zei Ineke Wessels, 'dat ik jou eigenlijk nergens op zie. Ja, op de klassenfoto's, maar dan moet je nog steeds goed zoeken.'

'Ik mis er niks aan,' zei hij.

'O nee? Nou, ik denk er anders met plezier aan terug. Een heerlijke tijd.'

Hij dacht aan het teruggetrokken meisje dat alleen door haar onopvallendheid voor het gesar werd behoed. Wie waren haar vriendinnen geweest? Hij kon ze zich niet herinneren. Het leek erop dat ze haar verleden opnieuw had vormgegeven, gemodelleerd naar wie ze nu was.

'Ach jee,' zei ze, 'kijk hem dan. Wat een zielige figuur was dat ook.'

'Hedwiges Geerdink,' zei Paul.

Met gespeelde verongelijktheid zei ze: 'Mijn naam wist je niet eens meer, maar die van hem weet je onmiddellijk! Hij had zo'n enge stem, weet je nog?'

''t Valt wel wat mee hoor.'

'Wat zou er van hem geworden zijn?'

'Kruidenier. Net als zijn vader en zijn grootvader.'

'Je ziet hem nog?'

'We zijn vrienden. Denk ik. Maar zoveel weet ik niet van 'm. Hij is erg op zichzelf. Hij praat alleen nog maar over de dood. Wie er op sterven ligt, de dood van die en die, wie er nu weer dood is. Ook als iemand al dertig jaar geleden begraven is, zegt-ie: "Ook al dood." Graven, dat is alles wat hij ziet.'

Ze knikte ernstig. 'Zoveel achteruitkijken is niet goed voor je. Je moet blijven vooruitkijken. Wil jij nog iets?'

'Neuh. Ik stap zo maar weer 's op, denk ik.'

'O, maar zo bedoel ik het niet! Je bent er net. Heb je honger? Zal ik een pizza in de oven doen?'

'Doe geen moeite.'

Maar ze was al opgestaan. 'Het is bijna zeven uur, jij moet toch ook wat eten nog? Ik ook trouwens. Ik rammel.'

Hij leunde achterover in de bank toen ze naar de keuken verdween. Praten vergde veel van je. Een mijnenveld was het. Toch vond hij het contact met Ineke Wessels onverwacht aangenaam. Ze had een dode man en kinderen die haar verlaten hadden. Ze droeg haar eenzaamheid waardig. Alleen aan de lichte hysterie onder haar stem hoorde je hoe het er met haar voor stond.

Ze gaf hem even later het meeste van de pizza en toen hij het ophad zei ze: 'Dat was een beetje weinig, geloof ik, hè?' en verdween weer naar de keuken om een tweede pizza in de oven te stoppen. Ze bracht hem een fles bier en nam zelf een glas moezel. 'Wil je een glas?' vroeg ze. 'Of zit het al in een glas?'

Hij had dorst gekregen van de pizza en dronk het flesje driekwart leeg.

'Ik ben blij dat ik je herkende,' zei ze, 'ook al herkende jij mij niet. Het verleden is iets kostbaars, dat moeten we koesteren.'

Met halfvolle mond zei hij: 'Ik ben blij dat het voorbij is.'

'Het heeft jou gemaakt tot wie je bent, Paul, een uniek en onherhaalbaar mens.'

Hij schoot in de lach. Een hoekje pizza vloog uit zijn mond.

'Nou,' zei ze. 'Nou.'

'Sorry,' zei hij. 'Het is gewoon grappig gezegd.'

Ze lachte nu ook een beetje. 'Dat denk ik gewoon.'

Voor het eerst herkende hij het meisje dat ze eens was, nu hij de foto's had gezien.

'Je bent een cynicus, Paul Krüzen. Je weet wat een cynicus is, hè?'

'Ik denk het wel,' zei hij, 'maar zeg jij het maar.'

'Ze zeggen dat een sarcastisch iemand een teleurgesteld verstand heeft, en een cynisch iemand een teleurgesteld hart…'

Daar heb ik je, zei haar blik.

'En jij,' vroeg Paul, 'ben jij dan ook een cynicus?'

'Alle cynische mensen hebben een gebroken hart, denk ik, maar niet alle gebroken harten worden cynisch.'

Hij schoof het flesje over tafel naar haar toe. 'Doe mij nog maar een biertje dan.'

Ze stond op. Het leek of ze het leuk vond om iets voor hem te kunnen doen. Hij had het naar zijn zin. Zag het huwelijk er zo uit? dacht hij, zo comfortabel en genoeglijk? Was dit hoe ze het hadden, al die echtparen? Voor zoiets was hij ook wel te porren, dacht hij als een autohandelaar die een kansje rook.

'Proost,' zei ze even later. Ze boog zich voorover over het glazen tafeltje, het wijnglas met de gouden rand in haar uitgestoken hand. Zwaar hingen haar borsten in de tuniek.

'Prut,' zei hij.

Hij stond op en liep naar de glazen schuifdeuren, die uitkeken op een kleine achtertuin. Het gras stond hoog. Tassen vol flessen, een dichtgeknoopte grijze vuilniszak. Een esdoorn hing over de schutting bij de buren. Ze kwam naast hem staan. Nog kleiner dan hij was ze.

'Toch nog één boom, gelukkig,' zei ze, terwijl ze de deur een eindje openschoof. 'Ik ben eigenlijk heel erg een natuurmeisje. Een natuurmeisje verdwaald in de stad, zou je kunnen zeggen.'

'Kom maar 's langs,' zei Paul. 'Bomen zat bij ons.'

Hij dacht aan de lindeboom achter zijn slaapkamer, die oude geweldenaar die gelijkmatig de seizoenen doorstond. Het was belangrijk om een boom in de buurt te hebben waartoe je je kon verhouden; binnenkort bereikten ook mensen de leeftijd van bomen, maar zonder de wijsheid van hun zwijgzaamheid.

De schaduwen lengden, in een tuin zong een merel. Ze kwam tegen hem aan staan. 'Dat mag wel even, toch?' zei ze met een andere, zachtere stem.

Hij zweeg en verroerde zich niet. Er waren echte rotdagen, er waren dagen waarvan je je niet herinnerde dat ze bestaan hadden en er waren goede dagen. Laat een gelukkige dag u niet ontsnappen, had hij Jezus Sirach onlangs nog in de Mariakerk horen zeggen bij monde van pastoor Oswaldo Teixeira, en zorg dat uw deel van het geluk u niet voorbijgaat.

Zo stonden ze naar de schemering in de tuin te kijken, de kleine vrouw en Paul Krüzen, een man die een gelukkige van een ongelukkige dag wist te onderscheiden.

'Vertrouwd voelt het,' zei ze na een tijdje, en hij zweeg in de hoop dat ze dan vanzelf haar mond weer zou houden.

Voorzichtig legde hij even later zijn handen op haar ronde schouders. Ze vlijde zich erin als een kat. De bh-bandjes deukten haar vlees. Ouderwetse zeep rook hij, niet de aromatische verfijning van zijn *belles* in Club Pacha. Toen ze haar gezicht naar hem ophief, viel haar leesbril uit haar haren op de grond. 'Geeft niks,' zei ze vlug. 'Een HEMA-dingetje.'

Gretig en hard was hun kus. Een vrouw, dacht hij, een gewone vrouw.

Het bed stond onder een schuin dak, door het veluxraam keek hij in oostelijke richting over de Waarmanslanden, die de Avermaten scheidden van Mariënveen. Eens was het een groot moeras geweest, dat in de jaren dertig door werklozen uit het westen was drooggelegd. Om de watertoevoer naar het moerasgebied af te snijden, hadden de ingenieurs het Mariënveens Stroomkanaal laten graven en de Molenbeek daarin laten wegstromen.

Het moeras was tot vruchtbare akkers omgetoverd, er liep een kilometerslang slingerend weggetje doorheen.

Ze vielen op het bed. Ineke Wessels maakte zich na een tijdje los uit hun omhelzing en begon zich op de rand van het bed uit te kleden. Pauls schoenen vielen met een bons op de vloer. Hij keek op. 'Nog even bellen,' zei hij en daverde op kousenvoeten de trappen af naar de woonkamer, waar hij zijn telefoon van de glazen tafel griste.

'Krüzen,' zei zijn vader met een mond vol brood en hagelslag.

'Ja, Krüzen hier,' zei Paul. 'Ik ben er later weer.'

'Mooi,' zei zijn vader. 'Aju.'

Met de telefoon in zijn hand steeg Paul weer op naar de verdieping onder de nok, waar Ineke Wessels op hem wachtte met een kussen in haar rug en het laken tot boven haar borsten opgetrokken. 'Mantelzorg...' zei ze, terwijl ze toekeek hoe hij zijn hemd over een stoelleuning hing en zijn broek opgevouwen op de zitting legde. Met alleen zijn onderbroek nog aan schoof hij naast haar onder het laken. Ze vielen op elkaar aan als worstelaars, hun vlees kletste op elkaar. Dan lag hij boven, dan weer zij. 'Dit mag wel uit,' zei ze na een tijdje, en haakte haar duimen achter het elastiek van zijn onderbroek. Ze greep naar zijn stijve geslacht, sloeg het aan als een snaar. Ook zijn handen gingen hun gang. Hij voelde een dot schaamhaar; hij was het niet gewend. Rita, Thong – ze hadden hun lichaamsbeharing aangepast aan de eisen van de tijd. Ineke Wessels daarentegen had schaamhaar zoals hij dat kende uit seksfilms van lang geleden. Een vinger glipte tussen haar natte schaamlippen. Gelukzalig daalde hij af naar haar schoot, voorbij haar stevige ronde buik, het laken schoof met hem mee omlaag. Overal de geur van zeep, maar daaronder bespeurde zijn neus een aantrekkelijke zweem, iets lichaamseigens dat hem opwond. Ze pakte hem bij zijn oren en trok hem voordat hij haar geslacht had bereikt terug naar boven. Hij keek tussen hun lichamen door naar zijn pik die tegen haar schaamhaar rustte. Het was goeddeels grijs, grijs als sigarenas. Met een opwaarts stuwen nam ze zijn pik in haar lichaam op. Als een langgerekte golf rolde haar genot onder hem door. Nogmaals keek hij omlaag, naar het schaamhaar onder haar ronde buik. Terzijde van haar romp hingen haar zware borsten. Hij nam een borst in zijn hand en woog het zachte vlees. Hij sloot zijn ogen. Ezeltje, doe je werk, dacht hij. Rita, kom mij te hulp. Thong, Teresita, Luana en Ludmilla, al jullie sexy lellebellen – maar niets bracht het treintje van zijn verbeelding op gang. Van de kinderen die ze baarde en zoogde, van een dode man en het verstrijken van de tijd sprak het lichaam van Ineke Wessels, en grijs als as was haar schaamhaar. Naaktheid had een oude vrouw onthuld. Hij stootte toe maar zijn kracht vloeide uit hem weg, zijn hardheid, hij streed een verloren strijd. Een gelukkige dag ontsnapte hem, zijn deel van het geluk loste voor zijn ogen op.

'Het zijn de zenuwen,' zei ze even later vergoelijkend. En: 'Alle begin is moeilijk.' Ze zou erom lachen, had ze blijkbaar besloten, en hij grinnikte maar zo'n beetje mee, verlegen met zijn nederlaag. Het oudere vrouwenlichaam, begreep hij, moest met de handen worden beroerd, niet met de ogen.

'Ik heb cervelaat gehaald voor ontbijt,' murmelde ze vlak voor ze in slaap vielen. 'Ik hoop dat je daarvan houdt.'

Diep in de nacht – zijn telefoon. Hij schoot overeind. *Waar was dat ding?* Waar was verdomme zijn broek? Zijn vader, hij had hem nooit alleen mogen laten. Zijn broek, verdomme. De telefoon rinkelde aanhoudend. Hij stommelde door de kamer tot Ineke Wessels het nachtlampje aanknipte. Een vlugge blik op het scherm voor hij opnam. Niet zijn vader. 'Man, ik schrik me dood,' zei hij tegen Hedwiges. '*Wa-hej?*'

'Paul?!'

'Ik ben hier. Wat is er?'

'Ze hebben me te pakken gehad, Paul,' jammerde Hedwiges.

'Wat is er gebeurd?!'

'Ik ben overvallen, Paul, je moet komen!'

'Verdomme! Heb je de politie gebeld?'

'Je moet nu komen, Paul.'

'Ik kom eraan. Ik ben niet thuis. Een halfuur.'

Het leek of Hedwiges huilde.

'Zijn ze weg?' vroeg Paul.

'Ja.'

'Ik bel de politie. Doe alle lichten aan. Ik kom eraan.'

Hij trapte de achterkanten van zijn schoenen plat en zei 'ik moet weg'. In een verschoten nachthemd waar de rek uit was stond ze naast het bed. Haar borsten rustten op haar buik. 'Wat is er?! Iets ergs?'

'Hedwiges,' zei hij. 'Een overval. Niet goed.'

'Ga, ga,' zei ze.

Hij was de wijk al haast uit toen hij de meldkamer aan de lijn kreeg. Hij gaf het adres door en ijlde door de donkere Waarmanslanden naar Mariënveen. Hij was er eerder dan de politie. Het huis straalde als een ufo in de nacht. Door het raam zag hij Hedwiges aan de keukentafel zitten; hij deed open toen Paul op het raam tikte. Geronnen bloed op zijn gezicht, bij zijn oor zat een diepe snee. Hij was in slaap gevallen voor de tv, zei Hedwiges, toen ze opeens in de keuken stonden. Twee mannen met bivakmutsen op. De grootste had hem hard tegen de muur gedrukt, het stuc had zijn gezicht opengehaald. Zoveel kracht had de man uitgeoefend, dat zijn kunstgebit in zijn mond gebroken was. 'Hier, dwars doormidden.' Verslagen staarde Hedwiges naar de helften van zijn bovengebit op de keukentafel. 'O, o,' mompelde hij, 'o, o.'

Even voor drieën parkeerde er een politieauto voor de winkel, bijna een uur na Pauls melding. Voor de alcoholcontroles waren ze paraat, maar als er echt iets was, dan dronken ze eerst de koffie op, dacht Paul. Hij liet ze binnen, een man en een vrouw. Het hele verhaal nog een keer – hoe Hedwiges was afgetuigd en daarna neergeslagen met een hard voorwerp toen ze hadden gevonden waar ze voor gekomen waren.

Paul zette koffie, zijn kaken strak.

'Een bedrag van dertigduizend euro, zegt u?' zei de vrouw, die meeschreef in een notitieboekje. Ze kwam uit het westen, hoorde Paul.

177

'Zoiets,' zei Hedwiges.

'Dat bewaarde u in huis?!'

Hij knikte.

'Waarom, als ik vragen mag?'

Hedwiges schudde zijn wasbleke, gehavende hoofd. 'Dat hebben we toch wel gezien met die banken, of niet dan.'

'U vertrouwt de banken niet?'

'Robin Hood stal het geld van de rijke mensen en gaf het aan de arme mensen. Banken doen het net andersom.'

'Spraken ze Nederlands?' wilde de andere agent weten.

'*Geld, wo ist das Geld*, almaar achter mekaar.'

Duits, schreef het pennetje.

Paul stond tegen het keukenblok met zijn armen over elkaar te luisteren terwijl de koffie doorliep.

'Kunt u hun postuur beschrijven? Huidskleur? Bijzonderheden, dingen die u zijn opgevallen?'

Hedwiges beschreef grote mannen, eentje met een bomberjack en een camouflagebroek aan, als een soldaat. De ander was donker gekleed, meer kon hij zich er niet van herinneren. Dat ze blank waren, wist hij zeker. De bivakmutsen waren donkerblauw of zwart geweest.

Een kilte daalde als motregen in Paul neer.

'Konden ze weten dat u geld in huis had?' vroeg de man.

Een vlugge blik op Paul, toen schudde Hedwiges zijn hoofd.

'Maar ze waren er wel naar op zoek?'

'Dat leek wel zo, ja.'

Het pennetje vloog over het papier, het vond alles even interessant.

In de vensterbank stonden plastic orchideeën, met een

stapel *Story's* en huis-aan-huisbladen ernaast, waarop talloze bromvliegen hun einde hadden gevonden. Na de dood van zijn moeder was de verwaarlozing begonnen. Er was nooit meer een raam open geweest. Het rook alsof er ergens vlees lag te rotten. Naar de kerk ging Hedwiges niet meer omdat hij geen zin had om zich netjes aan te kleden; net als Aloïs Krüzen luisterde hij naar Kerk-aan-huis.

De lamp boven tafel knipperde even.

De fauteuil voor de tv was volledig doorgezeten, de vulling stak erdoorheen. Er moest een moment zijn geweest dat hij de dingen niet meer in de keukenkastjes opborg, het bestek niet en de appelstroop niet, en liet ophopen op het aanrecht.

'Wat knippert die lamp,' zei de mannelijke agent.

'Is altijd,' zei Paul. 'We zitten aan het eind van de lijn hier.'

'Zo hebben we het wel,' zei de vrouw even later. 'Is er nog iets wat u aan uw verklaring wilt toevoegen?'

Hedwiges schudde zijn hoofd.

Grimmig, met zijn armen over elkaar, zei Paul: 'Willen jullie niet weten wie het gedaan heeft?'

Een moment van zuivere, weldadige stilte. 'Ga maar 's kijken bij Club Pacha,' vervolgde hij. 'In Stattau, vlak over de grens. Daar zit ene meneer Laurens Steggink mooi weer te spelen aan de bar. En naast hem zit Iwan, een Rus. Zo'n kerel.' Hij hief zijn handen breeduit. 'Ga die twee maar 's vragen waar of ze vannacht waren.' Zijn stem beefde van woede. 'En dan zou het me niks verbazen als je achter een plint of onder de vloer dertigduizend euro vindt, en misschien nog wel wat meer ook.'

'Waarom denkt u dat?'

'Laat ik het zo zeggen,' zei Paul. 'Ze wisten donders goed dat hij geld in huis had. Gisteren heb ik de heer Steggink nog horen vragen of hij niet wilde investeren in de club.' Hij wees naar Hedwiges. 'Gisteravond nog.'

'U was daar, in die club?'

'Wij, ja. Ga die twee maar vragen waar of dat geld is.'

'Denkt u dat ook?' vroeg de vrouw aan Hedwiges.

'Dat kan ik toch niet weten?' piepte Hedwiges. 'Met die mutsen en zo. Dat kon ik toch niet zo gauw zien allemaal.'

'U had niet de indruk dat u ze misschien kende?'

'Nee,' zei hij, 'eigenlijk niet nee.' Hulpeloos keek hij naar Paul, die langzaam zijn hoofd schudde.

'Hoe heet die club, zegt u?'

Paul spelde de naam voor haar, en toen die van Laurens Steggink. Hoe de Rus heette, wist hij niet.

'Iwan, zei u toch?' vroeg de vrouw.

'De bijnaam van de Rus in de oorlog,' zei Paul. 'Iwan, Tommy, Fritz.'

'Aha,' zei de vrouw.

De agenten keken Hedwiges en hem om beurten aan, als om te peilen of er nog meer kwam. 'We nemen uw, eh, verdenking mee,' zei de man toen. 'In het verhaal.'

De vrouw legde een folder van Slachtofferhulp op tafel. 'Zo'n gebeurtenis kan heel ingrijpend zijn,' zei ze. 'Traumatiserend. Ik raad u aan contact met ze te zoeken, daar zijn ze voor.'

Dof staarde Hedwiges naar het foldertje op het tafelkleed.

'We kijken nog even wat rond, goed?' Ze verlieten de kamer en haalden staaflantaarns uit de auto, en slopen even later als vossen rond het huis.

'*Dertig*duizend?' vroeg Paul zacht.

Hedwiges zat voorovergebogen, zijn vingers weggestoken in zijn haar. 'Tachtig,' zei hij zacht.

Paul kreunde.

'Wat een domme kloot ben ik,' zei Hedwiges met zijn hoge stem. 'Wat een domme kloot.'

'Waarom zei je dertig?'

Hedwiges trok met zijn schouders. 'Ik weet niet. Ik dacht aan de belasting.'

'Man o man, hoe kan je nou...' Paul schudde zijn hoofd en zweeg.

Hedwiges richtte zich op, zijn ingevallen bovenlip trilde. 'O Paul, wat hebben ze me te pakken gehad.'

'Steggink, ik zweer het je. Wat een zwijnjak. Wat een zwijnjak.'

'O, hoe kon ik zo dom zijn.' Hedwiges' ogen stonden vol tranen.

'We pakken ze terug,' zei Paul verbeten.

Treurig keek zijn vriend hem aan. Ze waren twee kleine, zwakke mannen, machteloos tegenover het geweld. Ze konden camera's ophangen, dievenklauwen op de deuren zetten en de heilige Rita aanroepen, maar terugvechten, dat konden ze niet.

Hedwiges kwam overeind. Hij kreunde zachtjes. 'Alles doet me zeer,' zei hij. Hij draaide de kraan open, wachtte tot het water warm was en spoelde het bloed van zijn gezicht. Een web van schrammen kwam tevoorschijn en ook de snee bij zijn oor.

De agenten kwamen terug. De overvallers waren via een raam het magazijn binnengedrongen, dat achter aan het weiland grensde, en hadden er de deur naar het woonhuis geforceerd. 'Daar doe je niks tegen,' zei de man. 'Als ze binnen willen komen, komen ze binnen. Je kunt het hooguit vertragen.'

'Waar had u het geld liggen?' vroeg de vrouw.

Hedwiges ging ze voor, de trap op naar boven. Paul bleef in de keuken achter.

Toen ze een kwartier later afscheid namen keek de vrouw nog even naar de wond bij Hedwiges' oor. 'Dat moet gehecht, hoor,' zei ze.

Alleen bleven ze achter, twee miserabele mannen in het holst van de nacht. Hedwiges zette de televisie aan. Hij stond een tijdje voor het beeldscherm, waarop de werking van een wonderbaarlijk fitnessapparaat werd gedemonstreerd. Hij leek kleiner dan anders. Paul had in de krant gelezen over de kapitein van een gekaapt vrachtschip in de Golf van Aden – toen hij bevrijd werd bleek hij van pure doodsangst vijf centimeter gekrompen.

Hedwiges schuifelde achterwaarts, en liet zich langzaam zakken toen hij de fauteuil tegen zijn kuiten voelde, zijn handen steunend op de leuningen. Een zaaltje mensen luisterde ademloos naar de instructeur bij het wonderapparaat, een afgetrainde man van middelbare leeftijd met spierwitte tanden. Met zijn hoofd op zijn armen viel Paul na een tijdje aan de keukentafel in slaap.

Bibberig grijs licht kwam de kamer binnen. Paul hief zijn hoofd. Hedwiges zat nog altijd voor de televisie. Sliep hij met zijn ogen open? 'Hee, vader,' zei Paul zacht.

Hedwiges knipperde met zijn ogen ten teken dat hij hem gehoord had. Paul schonk een kop bittere, oude koffie in en liep naar het magazijn. Met venijnige steken kwam de bloedsomloop in zijn armen weer op gang. Hij zocht een boor en schroeven, maar vond alleen een hamer en wat spijkers, waarmee hij aan de binnenkant een paar planken voor het raam vasttimmerde. Het slot van de deur zou moeten worden vernieuwd. In de keuken nam hij een slok koffie en zei: 'Ik kom vanmiddag terug, oké?'

'Oké,' zei Hedwiges toonloos. 'Bedankt dat je d'r was.'

'Wat dacht je dan, siepel.'

Thuis trok hij een spoor in het bedauwde gras. Op kousenvoeten sloop hij even later door het huis en luisterde aan de deur van zijn vaders slaapkamer. Zijn ogen brandden van vermoeidheid. Hij zette de Nespresso-machine aan. Bijna vijftig jaar woonde hij in dit huis, hij had spookvlammetjes over de vloer zien trekken en lichaamloze worstelingen boven zijn hoofd gehoord. Generaties Krüzen waren hier voor hem geboren. Als een boer naar zijn zaaigoed had zijn vader naar hem, de laatste generatie, gekeken toen hij geboren was, maar het gewas was ondermaats gebleven. Met zijn dagelijkse feuilleton over de onfeilbare Viktor had hij lucht gegeven aan zijn teleurstelling. De zoon die hij niet had, stelde hij ten voorbeeld aan de zoon die hij wel had. Toen Paul zich een paar jaar geleden de verhalencyclus over Viktor herinnerde, had hij zijn vaders teleurstelling pas ten volle begrepen; niet meer dan een herhaling van het fiasco was hij gebleken. En zijn grootvader dichtte

De molenaar die slaaft en wroet
Staat in gevaar van lijf en goed.
Hij is bij dag en nacht steeds wakker
En hoort geklaag van boer en bakker.
Eerst als de Heer den wind laat waaien
En sloot en beek weer water geeft
Dan kan hij op zijn molen malen
Het graan dat God tot voedsel geeft.

Inferieur was niet alleen het geslacht Krüzen, maar ook het brood dat van het meel uit de watermolen op de Muldershoek gebakken werd. De rijksbelastingen op meel waren hoog, daarom maalden de mulders zand en gruis door het meel zodat het alleen als veevoer kon dienen. Maar de mensen, even arm als gierig, bakten er toch brood van, zodat ze zandkoliek kregen en sakkerden dat *'t vuur oe oet de bek vlög*.

Zo gingen Pauls gedachten als op een toonladder zijn voorvaderen langs, terwijl de zon opsteeg uit de melk van de ochtend en de boomkruinen beneden bij de beek aanlichtte. De moestuin van zijn vader was lang geleden al vervallen geraakt. Paul had eens een bed omgespit en ingezaaid, maar de sla was doorgeschoten en de boerenkool door de rupsen aangevreten, en dat besloot zijn bemoeienis met de grond. Groente kocht hij daarom bij de Plus en voorverpakte waren bij Hedwiges. Wat hadden ze hem te pakken gehad. Geweldsopera's speelden zich achter Pauls ogen af. Je plaats in de voedselketen kennen, en je wapenen. Breng mij vele wapens. Het martelen van Steggink, de Rus die hij door zijn knieën schoot.

Richtingloos lag de dag voor hem, tot hij zich herinner-de dat het zondag was, en dat er om tien uur een dienst was.

Weer luisterde hij aan zijn vaders slaapkamerdeur, en hoorde hem nu scharrelen en kuchen. Hij dekte de tafel en kookte twee eieren. Zijn blik gleed langs het broodmes en het vleesmes van Gero, onderdeel van het trouwbestek van zijn ouders. Hij hoorde de oude, ribfluwelen sloffen van zijn vader over de vloer slepen, de rollator stootte tegen de deur-post.

'Zo, was je d'r weer,' zei zijn vader toen hij de kamer bin-nenkwam. Slap hing het verband rond zijn dunne witte kuit.

'En hoe,' zei Paul.

Aloïs schoof aan. Paul maakte koffie voor hem. Zijn afge-dragen ochtendjas onthulde een paar verspreide haren op zijn sneeuwwitte borst.

Paul vertelde over de roofoverval, het spaargeld, de nacht die achter hem lag.

'Dus,' zei zijn vader ten langen leste, 'Hedwiges heeft last van ongedierte.'

'Steggink wist dat hij diepe zakken had. Hedwiges liep te pochen in het café een week of wat geleden. Meneer was miljonair, jazekers.'

'Da's mooi dom dan,' zei zijn vader. 'Een prijs op zijn eigen hoofd.'

'Precies,' zei Paul. 'En Steggink heeft 'm geïncasseerd.'

Zijn vader brak een beschuit in stukken met de punt van zijn mes. 'Jij mag,' zei hij tussen twee happen door, 'de boel ook weleens wat beter laten beveiligen daar.'

'Het is goed beveiligd.'

'Hoe dan?'

'Standaardpakket. Camera's, infrarooddetectie. Alles groter dan een hond staat erop.'

In de Mariakerk pasten driehonderdvijftig man. Verspreid over de banken zaten er maar een stuk of tien. De wrake Gods boezemde stilaan even weinig angst in als de bliksem van Zeus of de hamer van Thor. Eén pastoor was er nog maar voor de drie samengevoegde parochies, geïmporteerd uit Brazilië ook nog. Trokken Europeanen er vroeger met het zwaard en het boek op uit om de wilden in de rimboe te kerstenen, nu werden ze vanuit de rimboe teruggekerstend. De missie keerde terug, maar nu waren het de arme Europeanen die geholpen moesten worden. De nieuwe paus was ook al een latino, net als hun pastoor. Paul bespeurde soms Teixeira's deernis met het arme, oude Europa, dat niet wist wat het met zichzelf aan moest. De mensen hadden geen geloof meer. Nergens meer in, al helemaal niet meer in zichzelf.

Resideerde meneer pastoor vroeger als een vorst te midden van zijn parochianen, vandaag de dag was hij net als Bonifatius weer tot een reizend bestaan veroordeeld, om missionariswerk te doen onder de heidenen.

Vroeger ging hij zelf nog bij de zieken langs voor de ziekencommunie. Zij kregen een hostie en de pastoor een tientje. Die tijd was voorbij. De hostie kreeg je tegenwoordig mee in een goudkleurig doosje met een laagreliëf van brood en korenaren erop. En zat Paul vroeger achter in de kerk te hartenjagen, nu bad hij voorin om wraak. O Heer, straf ze hard. Kanker en wormen.

Hij keek naar Maria boven het altaar, naar wie hij eens zijn gipsen Maria had gemodelleerd. De Maria Anorexia had eerst haar kleur verloren en toen haar contouren, waarna klimop het tuinkapelletje weer in bezit had genomen.

De preek ging over het element strijd in de Bijbel, de strijd van allen tegen allen. Tussen arm en rijk, man en vrouw, slaaf en meester. Maar de strijd die het smartelijkst uit de psalmen opklonk, zei de pastoor, was die tussen de verdrukte gelovige en zijn belager.

Het harde Nederlands werd in de mond van Oswaldo Teixeira zacht en rond, maar zijn boodschap was onbarmhartig vandaag. Misschien zat Hedwiges een kilometer verderop mee te luisteren, en smeet hij de ontvanger door de kamer toen hij de pastoor hoorde preken dat een mens die op zijn aardse bezittingen vertrouwt, vergeten is dat alleen zijn graf hem werkelijk toebehoort. Zes voet diep in de aarde – droog en hard in het land waar hij vandaan kwam, zacht en nat in het veen hier, waar je, had Teixeira horen vertellen, vroeger een dode met een stok onder water moest houden, omdat het grondwater vlugger in de groeve opwelde dan ze zand in het graf konden storten. De rijken lagen hoog en droog, de armen hoorden plons.

'Plonsj,' zei de pastoor nog eens.

Onrustig en ongetroost verliet Paul Gods huis.

Bij Hedwiges waren de gordijnen weer potdicht. Paul liep rond het huis en zag dat vrijwel alle vensterbanken en kozijnen waren doorgerot. In plaats van het hout te vervangen, had Hedwiges er loodslabben tegenaan gespijkerd.

Sluipenderwijs waren het huis en de winkel verkrot, het beste was het om het hele zaakje tegen de vlakte te halen en er iets nieuws voor in de plaats te zetten. Voor de winkelramen was de luxaflex neergelaten. De lamellen hingen schots en scheef, in het raam stonden verbleekte pakken Omo en Dash.

Pas nadat Paul op alle ramen en deuren geklopt had, deed Hedwiges open. Zijn bovenlip was ingezakt als die van een tandeloze bejaarde; hij leek steeds meer op een oud vrouwtje, vond Paul. Op tafel lagen nog altijd de helften van zijn bovengebit. Het zou naar de tandtechnieker moeten, als het al te lijmen viel. Er hing nog altijd een doordringende ontbindingslucht in de kamer.

Op de vraag of hij al wat geslapen had, schudde Hedwiges zijn hoofd.

'Had je geluisterd net?' vroeg Paul. 'Kerkradio?'

'Geen zin aan,' zei Hedwiges. Hij keek op. Zijn ogen waren bloeddoorlopen. Hij knipperde zenuwachtig. 'Ik wil een pistool, Paul.'

Paul keek hem een tijdje aan. 'Om wat mee te doen?'

'Ik moet een pistool. Voor als ze terugkomen.'

'En dat vraag je aan mij?'

'Jij hebt ze. Dat weet ik.'

'Ik heb wel meer, en wat dan nog?'

'Ik wil er een.'

'Je zou niet weten wat je ermee moest.'

Hedwiges maakte een pistool van zijn hand en richtte het op Paul. 'Poef, dood,' zei hij.

'Ze komen geen tweede keer,' zei Paul. 'Ze hebben al feest, met tachtig mille in de tas.'

Het noemen van het bedrag was, merkte hij, een merkwaardig sadistisch genoegen.

Steggink en Iwan waren de enige overvallers ter wereld in een Ferrari Testarossa. Misschien hadden ze het ding ergens verderop geparkeerd, op de zandweg achter Hedwiges' huis.

'Als ik er van jou niet een krijg,' zei Hedwiges, 'dan moet het anders.'

Paul keek naar hem en begreep dat hij ertoe in staat was. Via internet was genoeg te krijgen. Munitie, onklaar gemaakte vuurwapens, het was allemaal simpel weer gebruiksklaar te maken.

Hedwiges' wangen trilden. 'Ik ben bang, Paul,' kraste hij.

'Je krijgt er alleen maar meer ellende mee, echt,' zei Paul. 'Ze zijn sneller dan jij. Je weet niet hoe je ermee moet omgaan. Investeer in beveiliging. Camera's, bewegingsmelders. Daar heb je meer aan.'

Maar Hedwiges wilde koste wat kost een pistool naast zijn bed. Het instrument der wrake in zijn hand houden en het op de slaapkamerdeur richten. Het ongedierte verdelgen.

'Man, man, wat een slecht nieuws,' zei Baptist toen Paul rond lunchtijd de Happytaria binnenstapte. 'Hoe is het nou met hem?'

'Ze hebben hem de kop goed kapotgeslagen,' zei Paul. Er lag iets schuils in zijn stem, hoorde hij. Het geweld had een volstrekt weerloos man getroffen, een man van deeg, die nog nooit een vlieg had kwaad gedaan. Ze zaten aan het raam, Baptist onder een poster van een xxl-frikadel. Gedachteloos, tegen het einde van zijn relaas van de afgelopen nacht, bestelde Paul een boerenpatat. 'Ik was net nog bij 'm,' zei hij. 'Dat huis... Het viel me nu pas op wat voor een krot het eigenlijk is. Binnen en buiten. Daar schrik je van.'

Baptist keek op straat. Nadenkend zei hij: 'Hedwiges heeft het opgegeven, Paul. Dat is niet van vandaag. Als ik dat boeltje daar zo zie, dan denk ik weleens: zoals het er vanbuiten uitziet, jongen, zo ziet het er bij jou ook vanbinnen uit. Hier.' Hij tikte met zijn wijsvinger op zijn hartstreek.

Het verbaasde Paul dat er nog iemand anders was met gedachten over Hedwiges, hij had altijd gedacht dat hij de enige was.

Wen schoof een bord patat onder zijn neus.

Baptist leunde achterover en vouwde zijn handen op zijn buik. 'Wat heeft-ie, drie, vier klanten per dag? Da's nog aan de ruime kant, denk ik... Hij heeft niks om voor te zorgen, en er wordt niet voor hem gezorgd. Dan kan het hard gaan.'

En ik dan, wilde Paul verontwaardigd uitbrengen, ben ik dan niet mijn broeders hoeder? Een vlaag van troost trok door zijn borst toen hij aan Ineke Wessels dacht – zij zou hem kunnen vertroosten als zijn vader er niet meer was. Alles beter dan een eenzame dood. Zelfs Baptist was gelukkiger, of in elk geval minder ongelukkig, met een vrouw die niet wist wie Angela Merkel was dan in zijn eentje. Wie zou zijn redding afwijzen vanwege een beetje grijs schaamhaar?

'Het is met zijn moeder begonnen,' zei Paul. 'Toen zij er niet meer was.' Hij ving doperwtjes met zijn vork.

'Wat hebben ze meegenomen?' vroeg Baptist.

Paul haalde zijn schouders op. 'Vraag 'm zelf maar als je 'm ziet.'

Bij Shu Dynasty was geen beweging, de Chinezen waren in rust.

'Als je iets hoort,' zei Paul toen, 'iets, over wie of wat, dan wil ik het horen, oké? Maakt niet uit wat. Hier komt-ie niet mee weg.'

'Wie niet?' vroeg Baptist.

'Steggink niet, en die Hun van 'm.'

'Nounou,' zei Baptist.

'Zo moeilijk is dat allemaal niet.'

'Poeh,' zei Baptist. Hij schoof in zijn stoel.

'Wat dacht je dan?' vroeg Paul scherp.

'Dat is me nogal wat, wat je daar zegt,' zei Baptist.

'Je kent Steggink. Hij wist ervan. Eén plus één is twee; hij zat al een tijdje op Hedwiges te azen, sinds dat domme gedoe over dat-ie miljonair was.'

Baptist keek naar Wen en toen weer naar Paul. 'Pas er toch maar een beetje mee op,' zei hij toen.

Hij wilde geen partij zijn, begreep Paul, hij beschermde zijn stam – zijn aangenomen kinderen, zijn kleinzoon die concertpianist zou worden.

'Ik ga nog even naar de tuin,' zei Baptist. 'Het onkruid schiet me de grond uit.'

Hij steunde met zijn handen op het tafelblad en hees zich uit zijn stoel. Zijn leren sloffen sleepten over de vloer toen hij wegliep. Bij de deur zei hij: 'Doe je kalm aan?'

Paul keek hem na toen hij voor het raam langs schuifelde, even zwaar als breekbaar; een bange, oude man, voor wie een handvol veiligheid zwaarder woog dan een handvol waarheid.

Hij smeerde middagbrood voor zijn vader, sliep een uur en ging toen in werkkleren naar buiten. Er hing een lichte sluierbewolking, de middag was klam en warm. Hij liep naar de hakplaats, in het halfdonker onder de bomen zag hij het zwevende, ijle groen van lage bladerschermen. Op de open plaats vielen zonnestralen in schuine stroken op de bosgrond. Het dode blad onder zijn voeten kraakte als vogelbotjes. De beek stond zo laag dat het ruisen was verstomd, dunnetjes passeerde een restje water de betonnen stuw.

De roest was in het bijlblad gesprongen. Hij plaatste een plak eikenhout en spleet het. Het hakblok veerde een beetje mee. Een onafzienbare reeks schedels verpletterde hij. Bloed, hersenweefsel, botsplinters. Dof dreven de klappen door het bos. Het beulswerk doorweekte zijn hemd, zweet siepelde over zijn gezicht in zijn hals. Het droge hout sprong weg. De bosgrond lag bezaaid met hout, bleek en splinterig waar de bijl het had opengelegd. Hij haalde een kruiwagen nieuw hout. Het ene na het andere blok zette hij op de gegroefde beukenstomp, elke klap was raak. Als een oordeel zweefde het bijlblad door de lucht. Wraak was het zuiverste recht. Ze was goed en rechtvaardig. Als zwijgende, grijze rechters keken de bomen toe.

'Was je nog bij Bakkers Hedwig?' vroeg zijn vader later die middag.

Paul stond in de keuken en sneed een ui. Hij knikte.

'Hoe was het met hem?'

'Beroerd. Bang.'

'Dat snap ik, ja. Hadden ze anders nog wat meegenomen?'

'Een mobiele telefoon die hij niet gebruikte. Ik heb 'm wel tien keer uitgelegd hoe-ie werkte. Hedwiges is niet zo van de moderne tijd.'

'Van geen enkele tijd, als je het mij vraagt.'

Paul zette twee glaasjes op tafel en schonk ze tot aan de rand vol met jenever.

'Prut,' zei zijn vader, en morste toen hij het glaasje naar zijn mond bracht. Hij veegde eerst zijn lippen en toen het tafelblad droog.

Na het eten verdween Paul naar zijn kantoortje. Hij tilde een vloerdeel op en opende de in de grond verzonken brandkast. Onder een stapel waardepapieren en bundeltjes biljetten van vijftig euro lag een met zwart mollenvel beklede doos. Hij zette hem op de paktafel, tilde het deksel eraf en haalde een Luger po8 Parabellum tevoorschijn. Hij hield hem in zijn hand. Geruststellend gewicht. In zijn lange leven had het wapen eerst dienstgedaan onder de nationaalsocialisten en toen, uit oude legervoorraden opgedoken en gereviseerd, onder de communisten in de DDR, waar het tot in de jaren zeventig van de vorige eeuw in gebruik was gebleven. Eens bewaakte het pistool staten en ideologieën, nu alleen nog maar een erf. Het was hem een paar jaar geleden aangeboden op een wapenbeurs in Dresden, hij had het niet kunnen weigeren. De toevoeging Parabellum duidde de 9mm-kogel aan die voor dit wapen gebruikt werd, en was afgeleid van het Latijnse spreekwoord *Si vis pacem para bellum* – als je vrede wilt, bereid je dan voor op oorlog. Zijn duim gleed over het geribbelde hout van de kolf. Het was een atypisch pistool, vond hij. De loop was kort en slank, het handvat daarentegen vrij fors. Bij latere pistolen waren de loop en de kolf sterker geïntegreerd, waar ze bij het oermodel van de Luger nog enigszins los van elkaar leken te staan. Ook al leek het Paul een wat onevenwichtig ontwerp en was het systeem gevoelig voor storingen, veel wapenhandelaren beschouwden de Luger als de moeder van alle vuurwapens.

Uit de brandkast diepte Paul een kartonnen doosje patronen op. Er school erotiek in de glanzende, afgeronde kogelpunten. In kleermakerszit nam hij plaats op de grond. Als door magnetisme geleid gleden zijn vingertoppen over de gladde koperen mantels voordat hij ze in het magazijn stopte. Ze maakten slechts een kleine wondopening en brachten weinig schade toe aan de omliggende weefsels. Steggink kreeg hij met een gewone 9 mm wel neer, dacht hij, de Rus was meer iemand voor een hollepuntkogel, die, naarmate hij dieper doordrong, een steeds groter gat in het lichaam sloeg.

Hij legde het magazijn naast zich neer en maakte het wapen schoon, zoals hij lang geleden in dienst geleerd had. Tijdens zijn opleiding tot hospik had hij met een Glock leren omgaan. Hij blonk uit in schieten, in tegenstelling tot andere aspecten van het soldatenleven. Hij reinigde de loop met een in wapenolie gedrenkte flanellen lap, met een tandenborstel poetste hij de kamer en het inwendige van de kolf. Toen keek hij langs de korrel en richtte op de deur. Op zijn uitademing haalde hij de trekker over. Klik, zei de Luger.

De parkeerplaats van Club Pacha was op een paar plaatsen na bezet. Paul zette de auto buiten het hek neer en bleef een tijdje zitten, het laatste restje daglicht in de voorruit. Zijn telefoon trilde. Hij liet het bericht van Ineke Wessels ongelezen en legde het toestel in het dashboardkastje.

Vanavond was zijn afscheid van het huis waar hij jarenlang getroost en bevredigd was. Onder zijn jack droeg hij een zwartleren schouderholster, die tegen zijn ribben duwde. Met zijn duim wipte hij de drukknoop los. Hij nam het pistool uit de holster en stak het er weer in terug. Deze handeling herhaalde hij een paar keer om zich ervan te vergewissen dat het wapen niet zou blijven steken op het moment dat hij het nodig had.

Hij verliet de auto, zijn bewegingen langzaam en beheerst. Hij mocht geen fouten maken, hij was met precies voldoende moed toegerust voor één actie, ze moest zuiver en afgemeten zijn; één afwijking van de voorgeschreven handelingen en het werd een onbeschrijfelijke puinhoop.

Naast een Porsche Cayenne stond de rode Ferrari geparkeerd. Hij ging de zware, zwarte toegangsdeur naar de club door, daarachter was het halletje verlicht met een snoer gekleurde lampjes. Alles bordkarton, decor. Hij hoorde muziek, en ook stemmen en gelach. Gewoonlijk was er weinig volk op zondagavond.

Steggink zat op zijn vaste plek aan de bar, zonder de Rus ditmaal; hij stak een hand op. Pauls blik gleed door de ruimte, aan de tafeltjes bij de dansvloer zag hij een groepje mannen met legerjassen aan. Sommigen droegen een gasmasker, bij anderen bungelde het ding op de borst. Glazen rinkelden, de muziek stond luid. Thong en Luana droegen een hagelwit verpleegstersuniform, Rita zat in hetzelfde tenue op schoot bij een Duitser die aan haar borsten friemelde. Aan de paal op de dansvloer maakte Ludmilla een verticale spagaat. *Shoot that poison arrow through my ha-ha-ha-heart...*

Als bevroren stond Paul bij de deur, onmachtig om te doen waarvoor hij gekomen was.

Luana slaakte een gilletje toen een man haar op de kont sloeg en wiebelde op hoge hakken naar de bar om meer pullen bier te halen. Ze riepen haar na, de tong tussen de natte lippen gestoken. Het was bal; Steggink stak zijn duim naar hem op. Paul bleef net zo lang bij de deur staan tot alle moed hem verlaten had en zijn knieën beverig en slap geworden waren. En Steggink zat daar maar te grijnzen als een aap, tot Paul zich omdraaide en de tent verliet.

Verdoofd reed hij naar Mariënveen terug, verslagen door die helse voorstelling van geile moffen en liederlijke wijven; dit zou zijn laatste beeld van Rita zijn, in een verpleegstersuniform dat haar zowel te groot als te strak was omdat haar lijf in de breedte was uitgegroeid en niet in de lengte, zoals dat van Zweedse verpleegsters. Hij reed honderdvijftig onder de bomen, het stuur volgde ternauwernood de bochten. De hunkering om een hete kogelregen uit zijn vuist te voelen stromen, recht het lichaam van Laurens Steggink in. Het stervende lichaam vertrappen. Het van zijn uitdrukking, zijn *Stegginkheid* ontdoen.

Langzaam ebden de trillingen uit zijn lichaam weg.

Door een kier in de gordijnen zag hij de reflectie van televisielicht op de vensterbank; hij tikte net zo lang op het raam tot Hedwiges opendeed. Voor de trap in de hal stonden twee stoelen, alsof Hedwiges wilde verhinderen dat er iemand naar boven ging. Hij liet zich weer in de oortjesstoel zakken en zette de spelshow op de ZDF wat zachter. 'Wat kom je doen?' vroeg hij met zijn borststem.

Pauls ellebogen rustten op het rode pluchen tafelkleed, zijn kin rustte op zijn vuisten. 'Heb je een borrel?' vroeg hij.

Hedwiges haalde glaasjes uit het dressoir en diepte uit de groentelade van de koelkast een flesje graanjenever op. Hij schonk in, Paul dronk leeg. Hij wees op het glas. Weer schonk Hedwiges in. De showmaster klopte op het dak van een BMW 1 Series.

'Ik was er,' zei Paul. 'Bij de club. Het was allemaal zo simpel als wat.' Hij dronk het tweede glas half leeg. 'Steggink moest mee naar kantoor, daar moest het gebeuren.' Hij sloot zijn ogen en schudde zijn hoofd. 'Ik blokkeerde.' Vanuit het niets doemde Viktor voor zijn geestesoog op. Hem was het gegeven zoiets koelbloedig naar zijn hand te zetten.

Paul ontweek Hedwiges' blik en keek naar het portret van diens ouders op het dressoir. Was het geschoten bij hun vijftigjarig huwelijk? Ernaast stond de Maria die al zo lang als hij hier kwam een rozenkrans in haar gevouwen handen hield. De tijd stond hier helemaal niet stil, zoals hij gedacht had, hij knaagde. Hij vrat alles aan. De verf, het hout, Hedwiges' hart.

'Ik heb het verkloot, kortom,' besloot hij.

'Luister, Paul,' zei Hedwiges met een stem waar een afgrondelijke vermoeidheid uit sprak, 'hebben ze jou bijna doodgemaakt? Nee. Gaan ze dat doen? Nee. Jij schiet nog met een tank op ze als het moet. Laat mij dit regelen. Ik ga morgen aangifte doen en dan zal ik het zeggen van Steggink, omdat jij dat denkt.'

'Morgen is het bureau dicht,' zei Paul. 'Dinsdag pas weer.'

'Dinsdag dan.' De snee bij zijn oor was zonder hechtingen of huidlijm tot een zwarte korst verdicht. 'Blijf daar weg, Paul. Dat is niet wat voor jou.'

Ze zwegen.

'En breng me een pistool,' zei Hedwiges toen. 'Asteblief. Ik heb niks. Geen familie, geen kinderen. Niks, niemand. Niemand hoort mij als ik hier wat heb. Jij hebt ze liggen. Dat weet ik. Jij voelt je de man. Maar ik kan niet slapen omdat ze zomaar weer in de kamer kunnen staan.'

'Dat gebeurt niet.'

'Dat zeg jij.'

'Je weet niet eens hoe je 'm moet laden.'

'Ik weet hoe je de trekker overhaalt.'

'Laat maar zien dan,' zei Paul. Hij reikte onder zijn jasje en legde het pistool tussen hen in op tafel. Hedwiges keek ernaar alsof hij een adder uit zijn zak had getoverd. 'Nou zal je 't hebben,' zei hij zacht.

'Nou?' zei Paul.

'Poeh,' zei Hedwiges, 'zeg jij het maar.'

Paul klikte het magazijn eruit en toonde hem de veiligheidspal. '*Gesichert*,' zei hij, 'zie je dat hier?'

Hedwiges nam zijn leesbril van het dressoir en tuurde naar het woord dat Paul op de zijkant van het wapen aanwees.

'En als ik 'm naar boven duw – kijk, zo – dan is-ie klaar voor gebruik.'

Wat het ontwerp van de Luger uniek maakte, vervolgde hij dromerig, was dat de loop na het schot terugveerde en een even ingenieus als gevoelig systeem in werking stelde, dat door de ontwerpers was geconstrueerd als een soort kniegewricht, waarbij de huls werd uitgeworpen en de nieuwe kogel werd gekamerd. Deze informatie voor liefhebbers, zag hij, ging geheel aan Hedwiges voorbij. Zijn vriend staarde gebiologeerd naar het wapen. Zijn hand sloop naderbij over het tafelkleed en pakte het pistool op. Paul stak zijn hand uit over tafel en duwde de loop weg. 'Nooit op een ander richten, druif. Ook niet met het magazijn eruit.'

'Sorry.' Zijn vinger spande om de trekker.

'Probeer maar,' zei Paul, 'hij is leeg.'

Hedwiges knipperde met zijn ogen toen het wapen een droge klik liet horen.

'Zo,' zei hij. 'Nou.'

Paul demonstreerde hoe hij het magazijn moest plaatsen en liet hem de handelingen een voor een herhalen.

'Je hebt 'm niet van mij,' zei hij. 'Dan kan ik wel inpakken.'

'Niet van jou,' herhaalde Hedwiges werktuigelijk.

Met het wapen leek er weer een beetje leven teruggekeerd in de kamer. Ze dronken nog een jenever en keken met een schuin oog naar de tv. Weer trilde Pauls telefoon.

GAAT HET WEL ALLEMAAL??? ZO GESCHROKKEN!!! HO-
PELIJK ALLES GOED MET JE!!! XXX INEKE

Hij voelde een vage vermoeidheid over zich komen. Hij begon aan een antwoord maar hield er halverwege weer mee
op. Hedwiges wisselde van zender. Op tafel lag een Luger
p08, in 1939 vervaardigd in de Mauser-fabriek in Obern-
dorf am Neckar. Zowel op de loop als op het frame was ooit
een minuscule Duitse adelaar met een swastika in zijn klauwen aangebracht, die waren verwijderd toen het wapen onder het DDR-regime was gerenoveerd.

Er waren er wereldwijd meer dan drie miljoen van gefabriceerd, originele exemplaren deden goede prijzen.

– VIERENTWINTIGSTE –

Eens had er rogge op de es gestaan – vijfhonderd jaar, duizend jaar, tweeduizend, wie zou het zeggen? Al die tijd rijp-
te het vriendelijke koren in de zomerzon, lang voordat de
gecultiveerde boekweit uit Centraal-Azië kwam en de aardappel met de retourschepen van de conquistadores de At-
lantische Oceaan was overgestoken, gewassen die met het
koren concurreerden maar het niet verdrongen. Pas toen de
snijmais verscheen was het gedaan met de gouden korenaren op de essen. Zo ongeveer in het midden van de jaren
zestig, niet lang voor Paul geboren werd, verdween de rogge haast van de ene op de andere dag. De akkers verschoten
van kleur, het warme geel van de rijpende halmen maakte
plaats voor het gelijkmatige groen van het maisblad. Zo
hoog stond intussen het gewas overal, dat de boerderijen
erin verdwenen waren; door een labyrint van mais slinger-
den zich de weggetjes.

Het was begin juli, boven op de es keek Paul uit over de
maisvelden beneden. Een windvlaag streek door de toppen,
de maisstengels bogen als een plein vol gelovigen. Later in
het seizoen zou alles worden gehakseld en ingekuild om in
de winterdag aan de beesten te worden gevoerd. Een hout-
duif maakte zich los uit de bosrand en scheerde over de
roestkleurige pluimen.

Zijn oor ving het hoge, hese janken op van crossmotoren in een zandafgraving ver weg.

Hij liep naar huis terug. Op de oprijlaan wachtte een man in een busje, ADAMCZYK BEVEILIGING stond op de zijkant. Ze hadden telefonisch overlegd over zijn wensen, de mogelijkheden waren talloos. Sinds winkels zich steeds beter beveiligden, had Adamczyk gezegd, was het aantal overvallen op particulieren sterk gestegen; de Pool zwoer bij Sony-apparatuur.

Paul wees hem waar hij de nieuwe beveiliging wilde hebben. Er kwamen trilsensoren op de ramen en deuren, Adamczyk monteerde camera's met bewegingsdetectie op de gevel van het huis en de schuur, die waren gekoppeld aan beveiligingslampen van 8500 lumen die alles bij de geringste beweging in een hel licht zetten. Bij alarm ontving Paul pushberichten via een app; op zijn telefoon kon hij de camerabeelden in hd bekijken. De beelden werden doorgestuurd naar een centrale server en daar opgeslagen.

Het oude beveiligingssysteem werd gedemonteerd, misschien kon hij er op Marktplaats nog wat mee, zei Adamczyk.

De historische rol van de Pool, dacht Paul terwijl hij het werk gadesloeg, is om ons tegen de Rus te beschermen. De troepen van Piłsudski die het tegen de bolsjewieken opnamen, het onverwacht felle verzet na de Duits-Russische inval in Polen – heroïsch en vergeefs was hun dapperheid. Op internet had Paul foto's zitten bekijken van massagraven vol Poolse officieren in het bos bij Katyn.

'Je hebt genoeg werk, dacht ik zo?' vroeg hij Adamczyk, die op een ladder tegen de gevel van de schuur stond.

'Druk man!' riep de Pool naar beneden met onverwachte camaraderie, vermoedelijk veroorzaakt door een gebrekkige beheersing van de taal. 'Bang, iedereen bang!' Hij lachte. 'Ik zeg maar zo, veel buitenlanders, veel werk voor Szczepan Adamczyk.' De ladder schudde nu van zijn gebulder.

Paul wees een denkbeeldige lijn voor zijn voeten aan, twee meter voor de schuurdeur. 'Hier wil ik ook infrarooddetectie.'

Het systeem was erg gevoelig, legde de man uit, het werd gemakkelijk geactiveerd. Een passerende kat was al genoeg.

'Dat wil ik. Alarm bij egeltjes, beren, alles.'

'Geen beren in Holland!'

'Soms wel. Russische beren.'

Zijn telefoon ging. Het ziekenhuis. Overmorgen, op donderdag, hadden ze de opname van zijn vader ingepland; op de website kon hij een lijstje vinden met benodigdheden voor in de koffer.

Adamczyk kreeg het werk niet voor de avond klaar, hij zou de volgende dag terugkomen.

In de magnetron vond Paul de maaltijd terug die hij er drie dagen geleden in had gezet. De pasta was met een donzig schimmelwaas overdekt, hij schoof het hele zaakje in de vuilnisemmer. Zijn vader zat voor het raam en staarde in de tuin.

Paul schilde de aardappelen en scheurde een zak andijvie open. Stamppot rauwe andijvie was niet zijn vaders favoriet maar de groente was gezond en in het seizoen tegen dumpprijzen verkrijgbaar. Hij bakte spekjes uit en fruitte een uitje, onderwijl kwam in een pannetje water de Unox-rook-

worst op temperatuur. Hij had weleens een slagersrook-
worst van Hemmer geprobeerd maar er ging uiteindelijk
niets boven de mix van smaakmakers die Unox in zijn wor-
sten stopte. Hij bluste het mengsel van spek en ui af en bracht
het op smaak met een beetje ketchup, mosterd en een scheutje halvamel – Krüzens Wonderjus.

'Donderdag,' zei Paul toen ze aan tafel zaten, 'gaan we
naar het ziekenhuis. Je blijft wel even, denk ik.'

Zijn vader knikte. Op zijn gezicht was geen uitdrukking
te lezen.

'Ik bestel een nieuwe pyjama en een ochtendjas voor je.
Andere sloffen mogen ook wel weer. Nog wensen?'

Zijn vader haalde zijn schouders op. 'Niks met Mickey
Mouse erop, of zo.' Hij schoof een hap in zijn mond en begon traag te malen. De andijvie kraakte tussen zijn kiezen.

Paul herinnerde zich dat hij, vijftien, zestien jaar oud,
eens in slaap was gevallen met een seksboekje in zijn hand.
De slaap had hem overmand voordat hij zich had schoon-
geveegd. Zo kwam het dat hij geen wekker had gezet
en zijn vader hem de volgende morgen wakker maakte.
Het zaad was opgedroogd op zijn onderbuik, waar eerder
een dun streepje haar was verschenen dat zijn schaamhaar
met zijn navel verbond. Hij was te laat om de deken over
zich heen te trekken. Licht was zichtbaarheid, licht was
schaamte.

'Geef je gewonnen en zondig niet meer, prent het je in
voor je gaat slapen, kom tot jezelf,' hoorde hij op zondag in
de kerk, en hij voelde zich diep ellendig omdat hij wist dat
het enige wat hij zich voor het slapengaan zou inprenten,
Aziatische schoonheden waren die zich met een smartelij-

ke uitdrukking op hun gezicht lieten naaien door een of andere lelijke aap tussen hun benen.

Misschien was dat smadelijke moment uit zijn vaders geheugen weggegleden, dacht Paul, zoals veel van zijn herinneringen. Soms zei Aloïs: 'Ik kan heel goed dingen onthouden, alleen niet zo lang.'

Paul nam een hap en pijnigde zijn hersens met de vraag of hij nog iets van hem wilde weten voor het geval dat hij zou overlijden, maar kon niks verzinnen. Hij wist waar de polissen lagen en had een globaal idee van de cruciale gebeurtenissen die zich in het verleden hadden afgespeeld. Er hoefde niets meer te worden uitgesproken en niet om vergiffenis te worden gevraagd. Het afscheid zou dierlijk zijn, kort en onsentimenteel. Een halve eeuw was hij in het leven van zijn vader geweest, langer dan welk jong ook in het dierenrijk; zo sterk waren ze met elkaar vergroeid geraakt dat het eerder een vervelling zou zijn dan een noodlottig afscheid.

'Was het nog leuk,' vroeg Aloïs, 'bij die vrouw laatst?'

Paul grinnikte en ging rechtop zitten. 'Ze is een beetje te oud om je nog kleinkinderen te bezorgen, als je dat bedoelt.'

Zijn vader knikte. 'Maar verder?'

'Ze is aardig.'

'Da's toch al heel wat, tegenwoordig.'

'Misschien zien we elkaar nog eens, dat zou kunnen,' zei Paul, terwijl hij meer jus in het kuiltje goot. Hij wist niet wat er nog meer over te zeggen viel. Gebogen vervolgden ze hun maaltijd.

Hedwiges hield de winkel dicht. Paul voelde een zekere weerzin bij de gedachte aan dat gesloten huis, de ziel die daarbinnen worstelde met zijn demonen. Hij kon hem geen troost bieden, alleen een Luger ter geruststelling. Hij besloot hem een paar dagen te mijden, zoals je je blik afwendt van iemand die onlangs een dierbare verloren heeft; om niet in die zuigende kolk van verdriet te worden meegesleurd kijk je naar je tenen of een buizerd aan de blauwe hemel.

Op woensdag was Adamczyk niet komen opdagen. 's Avonds reed Paul opnieuw Hedwiges' huis voorbij, in de veronderstelling dat zijn vriend geen zin had in cafébezoek. Eerst ging hij de Happytaria binnen, Baptist zat aan het raam. Xi zette twee blikjes Grolsch op tafel neer. Er schuimde een beetje bier door de opening toen Paul het lipje opentrok.

Baptist draaide zijn blikje rond. 'Heerlijk Japans biertje,' zei hij, 'Grolsch.'

Paul knikte. Hij herinnerde zich het zwakke, wat formele protest tegen de verkoop van *cultureel erfgoed* toen Grolsch een paar jaar geleden door een Japanse brouwer werd overgenomen.

'Ze gaan weg, hè,' zei Baptist, en knikte naar de overkant.

'Wie?' vroeg Paul.

'De familie Shu.'

'Hoezo, weg?'

'Naar Arnhem ergens. De tent gaat dicht.'

'Ach wat.' Verbluft keek Paul beurtelings naar Baptist en naar de overkant van de straat. 'Dat kan toch niet?'

'Och.' Baptist trok zijn schouders op. 'Als ik er niet meer ben, weet ik ook niet hoe lang zij nog blijven.' Hij keek even naar Xi, die diepgevroren kroketten bijvulde in de vitrine. Xi hief zijn lachende hoofd op en zei: 'Hoe Lang is een Chinees.'

'En Wie is zijn broer,' vulde Baptist gelaten aan.

Stil keek Paul naar de overkant. Ming, mama Shu, de oude vader, even vanzelfsprekend als familie waren ze voor hem geworden. Baptist sloeg zijn verbouwereerdheid geamuseerd gade en zei: 'Niks blijft, Paul. Wat dacht je dan? Dat van dit alles over honderd jaar nog iets overeind staat? Die boom? Die huizen? De hele mensheid is vervangen tegen die tijd. Wat stond er ook alweer op de muur hier vroeger? Jij bent de enige die dat nog weet.'

'Alferinks vis dan weet je wat het is,' zei Paul werktuigelijk.

De woorden SHU DYNASTY zouden vanaf nu van de ramen aan de overkant bladderen, en de Chinese karakters daaronder, die volgens Ming eigenlijk iets heel anders betekenden dan Shu Dynasty. Wat, dat had ze nooit willen vertellen. Hij moest er nog een foto van maken; Google Translate zou er misschien raad mee weten.

Begon met het vertrek van de familie Shu de uittocht van de Chinezen uit Mariënveen? Ze hadden ze met argwaan zien komen, en bitter was vaak het commentaar geweest op hun aanwezigheid; hij had niet verwacht zulk oprecht verdriet te voelen bij de gedachte aan hun afscheid.

Het was een zachte avond, diepgroen en stoffig hing het lindeblad aan de takken; het moest weer eens gaan regenen.

Terneergeslagen zat hij in zijn nis aan de bar. Alleen dikke Ewald Bruins was er, die een autospuiterij bezat en nooit een maaltijd oversloeg.

Mama Shu zette een flesje Grolsch voor hem neer. 'Alles goed, Paul?' vroeg ze.

Hij schudde zijn hoofd. 'Wat hoor ik,' zei hij, 'jullie gaan ervandoor?'

Ze begreep hem niet.

'Weg,' zei hij, 'jullie. Naar Arnhem of zo...'

Haar gezicht lichtte op. 'Restaurant van familie van mijn man! Oude mensen, goed voor ons daar hoor!'

'Voor ons is dat anders niet zo mooi, mama.'

Ze glimlachte, zoals ze altijd deed als ze iets niet begreep.

'Natuurlijk wel,' zei dikke Ewald Bruins zonder zijn blik van de keramische draak achter de bar af te wenden.

Paul keek hem aan, maar Bruins zweeg.

'Nou, waarom dan?' vroeg Paul ten slotte.

'Wat moet dat volk hier,' zei Bruins.

Mama Shu zette flesjes in de koelkast onder de bar en had zich strategisch uit de conversatie teruggetrokken.

'Zo lang als ze er zijn,' antwoordde Paul, 'heb jij halve hanen zitten vreten hier. Zo lang als ze er zijn.'

'En wat dan nog,' zei Bruins toonloos. 'Daar heb ik hun toch niet voor nodig?'

'Denk jij dat er iemand anders is die dat hier wil doen? Serieus? Met zulk dom volk aan de bar?'

Bruins draaide zijn bovenlichaam een fractie in zijn richting. 'Doe maar kalm aan,' zei hij.

'Geen ondernemer die voor een halve haan en een grote bek naar Mariënveen komt,' zei Paul. Hij nam een slok. 'Of dacht je wel,' vervolgde hij sarrend. 'Straks is er helemaal niemand meer hier die halve hanen voor Ewald Bruins wil bakken. Kun je ze mooi thuis uit de vriezer halen. Veel plezier.'

Mama Shu keek verbaasd naar hem. Nog nooit in al die jaren aan de bar had hij zich zo laten gaan. Hij begreep zichzelf niet. Hij voelde zich verlaten, verraden. De Chinezen waren op de een of andere manier een venster op de wereld geweest, zonder hen leek het of er een mogelijkheid verloren ging. Terwijl, realiseerde hij zich, er door hun komst niets wezenlijk veranderd was. Ze hadden zich niet met Mariënveners vermengd en waren geen innige vriendschapsbanden aangegaan. Het café-interieur hadden ze onveranderd gelaten toen ze erin trokken – het biljart was geen centimeter verschoven, op de plank boven de bar stonden nog altijd dezelfde troostprijzen als toen Kottink er nog in zat. Alleen aan de feestzaal hadden ze hun chinoiserieën toegevoegd – airbrushfoto's van watervallen en de levensgrote, jadegroene boeddha. Boven de entree was een Chinese luifel bevestigd met groene, geschulpte dakpannetjes erop en rood houtwerk eronder, de gouden leeuwen bewaakten de toegang.

Hij herinnerde zich hoe lang geleden het nieuws de ronde deed dat er Chinezen naar Mariënveen zouden komen. Dat mensen van zo ver weg iets bij hen te zoeken konden hebben, leek ondenkbaar. Toch kwamen ze, de eerste golf in het kielzog van Baptist en de tweede die door de eerste was aangelokt. Er was iets te halen in het dorp, ze hadden iets te betekenen.

Dat de Chinezen van Shu Dynasty niet omgingen met de Chinezen van Happytaria Weening, had hem altijd verbaasd.

Nu was dan het moment gekomen dat ze Mariënveen

weer de rug toekeerden. Ergens was een toekomst die hier ontbrak. Ze wortelden ondiep, de Chinezen. Hij had gehoopt dat ze misschien wel net zo met de grond vergroeid zouden raken als hij, maar zonder zich om de achterblijvers te bekommeren werden ze weer een eindje verderop geblazen. Herwaarts, derwaarts. Waar het ze goed ging bleven ze een tijdje, zat het even tegen, dan waren ze weer verdwenen. Hij was werkelijk gaan geloven dat ze zich aan Mariënveen hadden gehecht. Dat ze zowel het coulisselandschap als de ruwe omgangsvormen hadden leren waarderen, en intussen de specifieke overgangen tussen zand en veen wisten te herkennen. Dat ze wisten wat een esker was en wat een es, maar niks ervan; ze zaten maar op die verdomde telefoons te loeren en namen de benen zodra het ze uitkwam. Trouweloze spleetogen, geen eer en geen uithoudingsvermogen. Ze hadden toch gelijk gehad, Abbink, Oliemuller, Bruins en al die anderen: er viel niks van ze te verwachten. Ondankbare hondenvreters en ei-voor-kip-verkopers.

Zo gingen zijn verwijten rond, wrokkig en bedroefd, de lamentatie van een achterblijver.

Paul schrok op uit zijn gedachten toen tegen de schemering Laurens Steggink het café binnenkwam. Hij was alleen. Op woensdag, terwijl Club Pacha open was, had Paul hem niet verwacht – maandag was Stegginks biljartdag.

'Moi,' zei dikke Ewald Bruins met een korte blik zijwaarts. Steggink keek niet op of om. Hij ritste de draagtas open en schroefde de twee helften van de keu in elkaar. Secuur, met gewijde gebaren, krijtte hij de pomerans. Pauls hart sloeg snel, Steggink had hem gezien, maar had blijkbaar besloten hem vooralsnog te negeren. Dwars door zijn angst voor een confrontatie heen dacht Paul aan het woord pomerans, en hoe jammer het was dat het was gereserveerd voor zoiets onbenulligs als een vilten dopje aan de punt van een keu. Hij staarde naar zijn vijand, die een stapeltje munten op de biljartklok legde. Van tachtigduizend euro kon je een leven lang biljarten, en nog wel wat langer ook. Pauls kaakspieren trokken samen, hij voelde zijn ogen droog en branderig worden.

Steggink legde de ballen op het laken alsof hij niet een paar nachten geleden Hedwiges voor dood had achtergelaten met een gebroken gebit en een bebloed hoofd vol wonden. Zijn staartje was strak aangesnoerd op zijn kalende achterhoofd. Hij boog door zijn knieën en leunde op de rand van het biljart, de lampen boven de tafel beschenen zijn tanige gezicht. In het verlengde van zijn oog dat langs de keu spiedde, schampten hun blikken elkaar.

Hij stootte af via de lange band, de witte bal raakte de rode maar rolde toen doelloos, zonder de gele te toucheren, over het laken tot hij stillag. Steggink kwam overeind en maakte zich groot. De greep van zijn vuist rond de keu verstevigde zich. Grote handen had hij, en brede polsen, zijn magere lichaam was sterk als een bullepees. De meisjes in de club vreesden zijn kracht.

Wat had hij nu graag de Luger op zijn lijf gevoeld, dacht Paul, even warm als hijzelf.

Steggink zette een paar stappen in zijn richting en stak achter de rug van dikke Ewald Bruins de keu in Pauls richting.

Zijn naam was intussen in de aangifte beland. Was de politie al bij hem langs geweest? Was hij verhoord?

Zijn mond vormde een woord dat hij niet verstond – een paar woorden, een zin. Koud en star waren zijn ogen.

'Ik versta je niet,' zei Paul schor. 'Je moet duidelijker praten.' Hij pakte het flesje bij de hals beet en zette het aan zijn mond. Oversprongedrag. Hij zette het weer neer op de bar maar bleef het vasthouden, om ermee terug te slaan voor het geval dat Steggink uithaalde.

'Jij houdt je bek over mij, Paul Krüzen,' zei Steggink kort. 'Niks geen leugens meer. Anders ben je aan de beurt. Simpel zat.'

Verbaasd keek dikke Ewald Bruins achterom.

Mama Shu kwam achter de klapdeur vandaan, wat Paul voor een ogenblik redde. De keu daalde. Paul tastte in zijn achterzak en haalde een briefje van tien uit de geldclip. Hij legde het op de bar en stond op.

'Wat jij wil,' zei hij tegen Steggink toen hij naar buiten liep. Bij de deur draaide hij zich om en zei: 'Ik merk het wel, hoeveel waarheid jij aankan.'

Weer trokken er huiveringen door zijn lijf. Wolken insecten deinden boven de weg tussen de bomen. Hij sloot het raam. Dus het is oorlog, dacht hij, oorlog tussen mij en de grootste crimineel van het dorp. En zijn Rus.

Naar Shu kon hij nooit meer terug, zomin als naar Club Pacha; zijn wereld kromp per dag. Ongemerkt was hij in de Waarmanslanden terechtgekomen; boven de uitgestrekte maisvelden kleurde de hemel roze en paars. Hij zou een nieuw café en een nieuwe nachtclub moeten zoeken. Er zouden nieuwe meisjes zijn met onverschillige lichamen en labels uit hun ondergoed, maar Rita zouden ze niet kunnen vervangen. Een steek vlijmde door zijn borst. Hij zou haar missen, haar geruststelling, haar zachte kutje, de goedheid van haar hart.

Zo groot en onmachtig laaide zijn woede op omdat Steggink hem zijn twee pleisterplaatsen had afgenomen, dat hij zich tegen een boom of een brugdeel te pletter wilde rijden om er vanaf te zijn.

De huizen van de Avermaten verschenen aan de horizon, de donkere opeenhoping van steen en glas. Een paar minuten later reed hij de wijk binnen. In de woonkamers waren de lichten aan, stil hingen de schommels in de tuinen. Achter de ramen probeerden de mensen hun verlangens zo veel mogelijk in overeenstemming te brengen met hun mogelijkheden.

Stapvoets reed hij langs Ineke Wessels' huis. De gordijnen in de woonkamer waren open, er brandde geen licht. Hij keek omhoog, maar ook achter het veluxraam op de bovenverdieping was het donker. Misschien lag ze daar met een Eritreeër of een Afghaan; hij negeerde de onverwachte opwelling van jaloezie en keerde de auto aan het eind van de straat. Waar vluchtelingen woonden, brandden tl's in de woonkamer. De huizen straalden uit als kassen, nerveus flakkerden de televisieschermen.

Tussen muren van mais reed hij naar Mariënveen terug, het licht van de stad achter zich. Thuis streken de koplampen langs de eiken op de oprit. Hij stapte uit en luisterde. De motor die afkoelde, een bries tussen de bomen. Ver weg de jubelende roep van kieviten boven de akkers. Automatisch doofden na een minuut de koplampen. 'Het is veilig,' zei hij bij zichzelf. 'Ik ruik kamperfoelie, ik zie de sterren. Ik ben niet bang.'

Bij het ontwaken was zijn nachtmerrie al doorschijnend geworden, maar het gevoel dat ze had opgeroepen was onverminderd sterk. Er was vijandschap en doodsangst, het einde stond vast.

Hij bakte eieren met spek en pakte na het ontbijt een kleine koffer in. De nieuwe pyjama was bezorgd door de pakketbezorger in zijn gammele Transporter, de pantoffels waren nog niet gearriveerd. Hij stopte de oude pantoffels in de koffer en zette hem klaar bij de deur. Al deze handelingen hadden iets noodlottigs, iets definitiefs, terwijl ze op zich weinig te betekenen hoefden te hebben. In het ziekenhuis namen ze het been onder handen met een regime van hygiëne en antibiotica, zijn vader zou geheel hersteld terugkeren, ze zouden nog enkele jaren onder hetzelfde dak leven tot hij door een hersenbloeding getroffen werd en onderweg naar het ziekenhuis overleed.

'Het scheerapparaat, heb je dat?' vroeg zijn vader.

In de badkamer klikte hij de scheerkop open en klopte het apparaat leeg in de wasbak. Als jongen had hij zich verbaasd over het grijzige poeder dat zich achter de scheerkoppen verzamelde. Fijn als as was het, terwijl het haar op zijn vaders kaken nog stug en hard was geweest, en donkerder van kleur.

Hij spoelde het weg.

In de schuur opende hij een vitrinekast en haalde er een Walther P38 uit. Het wapen was onklaar gemaakt met laspunten in de loop en de kamer. Voorzien van een certificaat mocht het vrij verhandeld worden volgens artikel 18 van de Regeling Wapens en Munitie. Hoewel hij ook een Walther PPK had liggen, de *Polizei Pistole Kurz* waarvan Hitler er een tegen zijn hoofd had gezet in de Führerbunker, koos hij de P38 omdat hij alleen 9mm-munitie had.

Met een dremel sleep hij voorzichtig de laspunt in de loop weg. Beschadigingen aan de binnenkant van de loop konden het schot onzuiver maken. Ook de las in de kamer sleep hij weg. Hij reinigde de loop en kamer van vastgekoekt, verbrand kruit. Corrosie had het inwendige van het pistool aangetast. Soms was een pistool daardoor voorgoed onbruikbaar geworden, maar dit exemplaar zou hij wel weer aan de praat krijgen. Hij oliede het, vulde het maga-zijn en schoof het in de kolf. Het voelde compact, effectief.

Hij verwijderde het vloerdeel en tikte de zescijferige code van de brandkast in – 070842, de geboortedag van zijn moe-der. Het pistool legde hij, gewikkeld in een doek, boven op het zwarte geld en de papieren. Daarna beantwoordde hij e-mails en maakte bestellingen klaar aan de paktafel. Een Slowaak had een order voor twintig antennevoeten ge-plaatst. Dat je er misschien één nodig had kon hij zich nog voorstellen, maar wat je er met twintig moest was hem een raadsel. Vervolgens maakte hij een doos met veldflessen, re-genponcho's en zes ss-dolken klaar. De dolken waren van een latere productielijn, het ebbenhout van de eerste model-len was vervangen door eiken. Op het lemmet was in gotisch schrift *Meine Ehre heißt Treue* te lezen. Het verzendadres was in Luik; ongetwijfeld een clubje jonge neonazi's dat tijdens een weekeindje in de Ardennen revisionistische theorieën papegaaide. Ze kregen een harde van een swastika en geil-den erop om vrijuit de nazigroet te kunnen brengen tussen de druipende bomen.

Hij zette de dozen op de achterbank. Toen hij terugliep naar de schuur ging zijn telefoon. Adamczyk, of hij 's mid-dags kon langskomen.

'Als je het dan ook afmaakt,' zei Paul kort.

Moeizaam duwde hij zijn vader in de rolstoel door het grind. Paul hield het portier voor hem open.

'Maak je je vast?' vroeg hij.

Zijn vader deed de veiligheidsgordel om.

Op de vijfde verdieping van het ziekenhuis keek Paul de

wachtkamer rond. De zieken en de stervenden hadden al evenveel belangstelling voor hun smartphones als de gezonden; niemand las een krant of een boek, slechts een enkeling bladerde door een verfomfaaid blaadje uit de leesmap.

Het wachten duurde lang. Hij liep rond en keek door het manshoge raam uit over de velden, de bomen en de boerderijen met hun oranje pannendaken. Hij zag nergens een koe of een schaap. Het landschap was leeg en steriel. De dieren waren definitief uit het zicht verdwenen, en hij begreep dat hij een man was geworden die zich dieren in de wei herinnerde en bij het ontbreken daarvan een gevoel van verlies ervoer.

Een verpleegster op groene Crocs riep hun naam, Paul duwde de rolstoel naar het kamertje waarin ze verdwenen was. Kalm wikkelde het snoer van gebeurtenissen zich af, tot en met dokter Levinson die zei dat een verdieping lager een bed voor Aloïs in orde werd gemaakt. Knikkend bestudeerde hij het rottende vlees op zijn vaders onderbeen. Alsof zijn vader er zelf niet bij was, legde hij Paul uit wat gangreen was; hij nam wat weefsel weg voor laboratoriumonderzoek.

De leegte in huis blies haar koude adem in zijn nek, zoals ze ook gedaan had toen zijn moeder was vertrokken. Toen de ketel begon te zingen, begreep hij dat alles moest doorgaan als altijd; hij moest zijn routines volhouden en de terugkomst van zijn vader afwachten alsof hij helemaal niet weg was. Hij zou koken, brood smeren, theezetten, afwassen en opruimen om niet net als Hedwiges te eindigen, geïsoleerd van de buitenwereld, in een vervuild huis.

Toen Adamczyk na vieren kwam aanzetten, zei Paul kortaf: 'Ik wil alles vandaag in orde hebben. Anders haal je de hele troep er maar weer af.'

De Pool knikte, hij had begrip voor zijn humeur.

Ook bij de entree van het woonhuis en achter bij zijn slaapkamer onder de lindeboom monteerde hij camera's, bewegingsmelders en beveiligingslampen. Zowel in de slaapkamer als in het kantoor kwam een display waarop Paul de camerabeelden kon bekijken.

Om acht uur 's avonds bracht Paul hem een blikje bier.

Als hij klaar was, zei Adamczyk, kon hij op acht deelschermen elke beweging op het terrein volgen. Als hij wilde, kon hij ze ook op zijn telefoon tevoorschijn roepen. De Pool kende het woord 'waterdicht', hij had het een keer of drie gebruikt.

De wond bij Hedwiges' oor heelde voorspoedig, zag hij toen hij later die avond nog bij hem aanklopte. Boven de stapel afwas drensden bromvliegen. Paul schonk zichzelf een borrel in en zweeg over de confrontatie met Steggink de avond ervoor. Hij vroeg of de televisie zachter mocht. Hedwiges richtte de afstandsbediening op het scherm en het geluid daalde tot een dragelijk niveau.

'En, hoe is het hier?' vroeg Paul.

'Wat zal ik zeggen.' Zijn schraperige stem klonk afschuwelijker dan ooit.

'Wanneer doe je de winkel weer open?'

De fauteuil kraakte. 'Misschien wel nooit.'

Na een korte stilte vroeg Paul: 'En wat dan? Plan B?'

'Plan B?'

'Ja, wat anders, bedoel ik. Zonder de winkel.'

'Och. Mooi zitten. Beetje televisiekijken.'

Paul draaide het borrelglaasje rond op het tafelkleed en knikte alsof hij het begreep. 'Heb je,' vroeg hij toen, 'Slachtofferhulp nog gebeld? Van die folder?'

Hedwiges keek kort opzij. 'Waarom zou ik?'

'Nou...' zei Paul. 'Het kan helpen, zoiets. Tegen het gedoe. Hier...' Hij tikte met zijn wijsvinger tegen zijn slaap.

Met een treurige uitdrukking op zijn gezicht zei Hedwiges: 'En dan? Zo iemand die mij gaat zitten vertellen wat ik allang weet? Da's toch niks voor mij, Paul.'

'Ze hebben je bijna doodgemaakt. Die mensen hebben daarvoor doorgeleerd, hoe je daarmee moet omgaan. Ik breng je wel. Ik rij toch al heen en weer.'

Hij vertelde dat zijn vader die middag in het ziekenhuis was opgenomen. Het kon een tijd duren, gangreen liet zich moeilijk bestrijden. Hedwiges knikte, zijn blik op het nieuwsbulletin van RTV Oost gericht. Hij had zijn belangstelling voor het leed van anderen verloren en zich als een bedreigde pissebed rond zijn eigen letsel opgekruld. Zijn redenen om nog aan het bestaan deel te nemen waren hardhandig geknakt, het zou hem al zijn veerkracht kosten om weer op te krabbelen.

Hoe hartstochtelijk haatte Paul Steggink en Iwan, die het koud had gelaten of Hedwiges hun aanval zou overleven of niet. Hun achteloze vernielzucht, de onverschilligheid over zijn voortbestaan.

Uit een strip van Rik Ringers herinnerde Paul zich een personage dat spierwit haar had gekregen van schrik – kon een existentiële schok ook zoiets aanrichten? De ziel die op slag tot asgrauw verschoot?

De beveiligingslampen op de schuur en het huis zetten de auto in een hel licht toen hij thuiskwam. Het systeem functioneerde voortreffelijk, het leek een luchtafweerstelling.

Hij haalde het pistool uit de kluis, deed de holster om en stak het pistool erin. Het woog bijna een kilo, hij trok zijn

221

sportjack eroverheen aan. Hij liep langs de deel naar de voordeur, overal waar hij kwam sprongen lampen aan, uitbarstingen van lichtenergie in het donker. Het verjoeg de duisternis onder de lindeboom en reikte helemaal tot aan de hakplaats.

In huis liet hij de lichten uit en vond in het donker zijn weg naar de eettafel. Hij ging zitten, het geschuifel en geritsel dat hij zelf produceerde stopte. Hij hoorde zijn adem, zijn hartfrequentie daalde naar de rusttoestand. Hij was alleen met de huisspoken, hij luisterde.

Na een tijdje stond hij op en vond op de tast een borrelglaasje in de kast. Hij vulde het met graanjenever uit de vriezer, tot hij voelde dat het over de rand liep. Hij slurpte de overgestroomde jenever van het aanrechtblad, en vroeg zich af of ze zijn vader zijn boterhammen met hagelslag zouden hebben gegeven voor het slapengaan. De jenever brandde op zijn ontstoken tandvlees.

Hij zat lang in het donker. Om onzichtbaar te zijn voor zijn vijanden, moest hij zelf schaduw worden. Stak hij zijn hand uit, dan zag hij een vage vlek. Het leek of hij langzaam onvast werd en in het donker uitvloeide.

Toen hij er genoeg van had, kwam hij overeind en nam in het halletje naar de deel de staaflantaarn van de plank. Nog altijd op de tast vond hij de sleutel en opende de deur naar de deel. De stilstaande lucht met haar geur van geleidelijke aantasting overviel hem, versterkt door het donker waarin hij slechts op zijn tastzin navigeerde. Hij stootte een melkbus omver, die met een gekmakend geraas over de betonnen vloer rolde. Hij vloekte en knipte de staaflantaarn aan. Een strook geel licht viel door de ruimte, gleed langs werktuigen en bouwmaterialen. Aan de balken boven zijn hoofd hingen grijsbruine sluiers van spinrag, stof en hooi.

Hij beklom de smalle, hoge ladder. Het hout van de stijlen voelde zacht en verweerd onder zijn handen. Op de voorzolder waren de bundels hooi mettertijd helemaal tot stof vergaan. Voorzichtig liep hij over het plankier, hij wist niet of dat het na jaren van onbruik nog hield. Het valslot van de deur naar de grote zolder knelde, wist hij, het moest met kracht worden geopend. Daarachter strekte de zolder zich uit in het aardedonker, zijn hart bonsde in zijn oren; er was geen verschil tussen de angsten van een achtjarige jongen en die van een negenenveertigjarige man. Maar de jongen, dacht Paul, brengt nu de man mee. Met een pistool op zijn lijf. Zouden de geesten zich in hun volle gruwel manifesteren, dan kon hij zichzelf nog altijd van kant maken.

De lichtbundel boorde door het donker. Helemaal tegen de achtermuur stond het ameublement van zijn grootouders; fauteuils, een eiken tafel, een paar keukenstoelen. De balken die het dak schraagden, waren behangen met dezelfde kleverige weefsels als beneden op de deel. De lichtstraal veegde langs de onderkant van de dakpannen. Hij ontspande zijn greep rond de lantaarn. Voorzichtig stapte hij de grijze vloerplanken op en liep tussen stapels dakpannen en verroeste verfblikken. De leren huif van de antieke kinderwagen was vergaan, onder de rand van het dak lagen stapels planken en balken die nog van de watermolen waren geweest. Achterin tilde hij een houten keukenstoel van de tafel af en droeg hem naar het midden van de zolder. Daar ging hij zitten. Hij knipte het licht uit, de duisternis nam haar rechtmatige plaats weer in.

Het was of hij voorover tuimelde in een diep, zwart gat. Zijn oog vond niets om aan te blijven haken, nergens kierde zelfs maar de avondhemel tussen de dakpannen. Het was om het even of hij zijn ogen open of dicht had, het donker was van gelijke diepte; hij was levend begraven. Gejaagd ging zijn ademhaling in en uit. Hij prevelde flarden van een Davidpsalm – *De Heer is mijn herder... Mij zal niets ontbreken... Hij wijst mij te liggen in grazige weiden, Hij voert mij naar wateren der rust... Moest ik gaan door het dal van de schaduw des doods, kwaad zou ik niet vrezen. Want naast mij gaat Gij...* Over zijn rug, waar hij elk moment de aanraking van iets klams en doods verwachtte, liep een lange, koude rilling. Hier, in deze duisternis, hadden zich de gevechten afgespeeld die zijn vader en hem uit hun slaap hadden gehouden, de worstelingen op leven en dood.

Werktuigelijk herhaalden zijn lippen de woorden *Want naast mij gaat Gij...*

Hij schraapte zijn keel en zei: 'Als hier iets of iemand is, kom dan nu tevoorschijn!'

Hoe zwak en belachelijk klonk zijn eigen stem op die grote zolder.

'Wat of wie hier ook is, laat je zien!'

Hij verwachtte misschien werkelijk een vloeiend wezen te zien opdoemen, transparant en ectoplastisch. Niets, had hij vroeger gedacht, zou hem meer geruststellen dan een fysiek bewijs van hun bestaan. Juist het ontbreken van *substantie* had hem zo panisch bang gemaakt voor de worstelingen boven zijn hoofd.

Er gebeurde niets. De stilte drukte op zijn oren. Hij was alleen op een grote, lege zolder. Zijn leven lang hadden de geesten zich gemanifesteerd met angstwekkend gestommel en rumoer boven zijn hoofd, vanavond hielden ze zich in de schaduwen verborgen. Hij knipte de lamp weer aan en kwam behoedzaam overeind, alsof hij verwachtte weer in de stoel te worden teruggeduwd. Schuifelend, waarbij hij voortdurend achteromkeek, liep hij in de richting van de zolderdeur. Nog eenmaal gleed de lichtstrook van de nok naar de achtermuur en verlichtte de donkere hoeken, maar wat het ook was dat daarboven huisde, het liet zich niet uitdagen. Hij sloot de zolderdeur achter zich en duwde het valslot stevig aan – en verdeelde zo het huis weer in zijn terrein en het hunne.

Hij waste het stof van zijn handen en poetste zijn tanden. Zijn haren, zag hij in de spiegel, waren niet spierwit geworden. Een beetje grijs bij de slapen, maar dat was al een tijdje zo. Hij ging de barsten rond zijn mond en ogen langs, die veelal zonder aankondiging in zijn gezicht gesprongen waren.

Het was na enen. Hij vouwde zijn kleren over de stoel. Hij bad nog maar zelden voor het slapengaan, maar zonk nu op zijn knieën voor het bed en zegde geluidloos het Onzevader op. Hij richtte een intentie op het herstel van zijn vader en sloeg een kruis.

Kaarsrecht lag hij onder de deken, zijn handen gevouwen op zijn borst. De kier in het gordijn liet zwak sterrenlicht binnen. Hij miste het ruisen bij de stuw, de stem van de beek die hem bij een hogere waterstand in slaap murmelde. Langzaam ging hij onder, het zigzaggende vallen van een herfstblad, tot een harde klap op zolder hem met een

schok uit het voorportaal van de slaap terughaalde. Hij hijgde van schrik en keek met wijd open ogen in het donker.
Het was een scherp, geïsoleerd geluid geweest. Verstijfd lag
hij te wachten op het vervolg, de vergelding voor het verstoren van de rust daarboven. Maar het bleef bij dat ene geluid.

Een verfblik of een dakpan, zei hij bij zichzelf, iets wat
hij per ongeluk had verschoven en wat nu op de vloer gevallen was. Zo stelde hij zichzelf gerust, terwijl hij wist dat hij
niets anders dan die ene stoel had aangeraakt.

De volgende morgen maakte hij eerst zijn eigen bed op en toen dat van zijn vader. De kledingkast ademde diens lichaamsgeur uit toen hij hem sloot.

Om negen uur belde hij naar de afdeling. Het duurde een paar minuten voor hij zijn vader aan de lijn kreeg. Hij had, vertelde hij, tot na middernacht tv-gekeken. Toen was hij weggesukkeld met de oortjes nog in.

'Heb je nog wat nodig?' vroeg Paul. 'Ik kan het vanmiddag meebrengen.'

'Neuh. Ik heb hier alles wel.'

'Kreeg je brood voor het slapengaan?'

''t Is hier allemaal prima voor mekaar, ik kan niet anders zeggen.'

Zijn vader leek het allemaal wel best te vinden daar, terwijl hij hier als een kat in een vreemd pakhuis door de kamers dwaalde. Hij hoefde geen ontbijt voor hem te maken en niet zijn pillendoosje klaar te leggen naast zijn bord, de geautomatiseerde handelingen zonder welke zijn ochtend unheimisch aandeed.

Paul haalde de krant uit de brievenbus aan de weg en las nieuws en achtergronden tot halfelf. Toen ging hij opnieuw naar de deel en klom weer de ladder naar de hooizolder op. Hij zwaaide de deur naar de grote zolder open. Zijn blik werd naar het midden van de zolder getrokken, naar de plaats waar hij die nacht gezeten had. Een huivering, koud als een vis, trok over zijn rug toen hij de stoel omver zag liggen op de houten vloer. Daarboven, een oneindig moment lang, zag hij een touw aan de ankerbalk en het bewegingloze lichaam van de man in het grijze luchtledige, de omgevallen stoel buiten het bereik van diens voeten. De hallucinatie verdween even plots als ze verschenen was, en hij staarde weer in de lege ruimte onder het dak, die hem voorkwam als de ribbenkast van een walvis.

Hij sloot de deur en daalde behoedzaam de trap weer af. Hij zou, besloot hij, als zijn vader er niet meer was, de boerderij laten afbreken om er een nieuwe voor in de plaats te laten zetten, een rietgedekte Saksische nepboerderij waarvan je er zoveel zag vandaag de dag. Als je hand je ergert, hak je hem af, als je huis vol spoken zit, steek je het in brand. Dat mausoleum, met aan elke spijker een herinnering. Vrijwel niemand die hij kende woonde vijftig jaar lang in hetzelfde huis. Alleen hij. En Hedwiges. Het zou een vreugdevuur zijn, alles weg, de hele huisraad, elk stom voorwerp dat was vermeerderd met *gedachtenis*, en uit dat vuur zou een schoner mens tevoorschijn komen, schoner en lichter, ontdaan van de last van alles wat hem aan het verleden had vastgeklonken.

Met deze gedachten over afbraak en zuivering begon hij zijn werkdag; hij verstuurde betalingsherinneringen en beantwoordde vragen van een kostuumontwerper die uniformen met *Totenkopf*-insignes en wapens voor filmopnames zocht. In alles, dacht hij, was hij een man van vroeger. Nu pas, nu het te laat was, begreep hij het belang van kinderen

– het waren *dragers van toekomst*, dat was het koninkrijk dat ze zouden beërven. Als ouder kon je naar ze kijken en vrede hebben met de loop der dingen. Hij daarentegen had steeds vaker het gevoel dat hij alles verkeerd had gedaan. Als een roekeloze gokker had hij kapitalen uitgegeven aan onbetrouwbare vrouwen en aan vrouwen die elke cent waard waren, aan mixdrankjes die hun adem zoet en hun lippen kleverig maakten en horloges en sieraden waarmee hij de deur naar hun hart had proberen te openen – maar hij had zijn huis op zand gebouwd. En nu was het te laat. Werktuigelijk maakte hij pakketten en dozen met bestellingen klaar en tapete ze dicht. Kinderlijk, dacht hij, ik ben mijn leven lang kinderlijk gebleven. Alsof met het ouder worden geen verlies en tegenslag zouden meekomen, dingen die met een vrouw aan je zijde zoveel beter waren op te vangen. Een alleenstaande man stierf gemiddeld vijf jaar eerder dan een getrouwde man. Eenzaamheid was even schadelijk als roken of excessief drinken; wie alleen leeft, aan de rand van de wereld bovendien, sterft een eenzame, ellendige dood.

Schrijf deze man in als kinderloos, zei Jeremia, een man die in zijn dagen geen geluk heeft. Zo werd Paul terechtgewezen door een profeet van voor de jaartelling, als een onverantwoordelijk kind dat zijn kansen op het geluk heeft verspeeld.

Alsof de duvel ermee speelde, ontving hij op dat moment een sms van Ineke Wessels.

PAUL?? IS DIT JE NUMMER? GAAT HET WEL GOED?
STUUR JE ME EEN BERICHTJE AUB??!! XXX INEKE

Iemand zou haar de capslockfunctie moeten uitleggen, dacht hij vermoeid. Het was of ze bakstenen naar hem gooide met al die leestekens en kapitalen. Hij zette al zijn verbeeldings-kracht in om zich een leven met haar voor te stellen in een nieuw opgetrokken boerderijtje, zij luidruchtig en toege-wijd, hij stil en verdraagzaam, beiden in het besef dat dit het beste was wat het leven ze te bieden had. Als hij ziek was, zou ze met hem naar de huisartsenpost gaan en onthouden wat de dokter gezegd had. Ze zouden soms de feestdagen met haar kinderen doorbrengen en op derde kerstdag een pan-nenkoek eten bij de molen van Eshuis. Ze zouden samen oud worden als een oefening in dankbaarheid, zoals je God ook te danken had voor een korst brood.

Hij legde de taperoller neer en tikte een bericht terug.

Hoi. Gedoe hier, m'n vader in het ziekenhuis. Koffie als het rustiger is? Paul.

Haar antwoord kwam vrijwel onmiddellijk.

ALS ER IETS IS ZEG HET DAN METEEN. IK LAAT NIET MEER OVER MIJN GRENZEN GAAN. DAT HEB IK TE LANG GEDAAN.

Ook toen hij het bericht een tweede en een derde keer las, begreep hij niet wat ze bedoelde. Hij tikte 'ok' in het scherm, verstuurde het bericht en zette zijn telefoon uit.

'Denk je,' vroeg hij 's middags aan Baptist voordat hij naar het ziekenhuis ging, 'dat de liefde op latere leeftijd nog kan komen? Of is het meer iets voor jonge mensen, zoals top-sport en een goede gezondheid?'

Baptist grinnikte. In zijn mondhoeken koekte wit slijm aan. 'Op vrijersvoeten, jongen?'

'Kan zoiets groeien, bedoel ik, of moet het er pats-boem zijn?'

Baptist krabde over zijn ongeschoren wang, de witte haartjes knisterden onder zijn nagels. 'Ik ben geen specialist, hè,' zei hij.

'Het lijkt erop,' zei Paul, 'dat romantiek, verliefdheid, al die dingen, dat je daar eerst doorheen moet voordat je op het volgende niveau komt, of zo. Maar kun je daar niet gewoon beginnen, vraag ik me af, en het eerste deel overslaan?'

'Nou,' zei Baptist, 'met Lihua – we zijn natuurlijk zo-maar ergens begonnen, toen ze op een dag door haar broer in de zaak werd afgeleverd. Romantisch, nou nee. Of het wel een broer was, ben ik trouwens nog steeds niet achter, ik heb 'm sindsdien in elk geval nooit meer gezien.'

Hij staarde naar zijn vingernagels. Hij had opvallend mooie handen en nagels, vond Paul, die niet goed bij de rest van zijn lichaam leken te passen. Baptist keek op, zijn ogen zwommen melkblauw achter zijn brillenglazen. 'Ik weet eerlijk gezegd niet of ik van haar hou. Maar als ik haar niet zie, een tijdje... dan mis ik haar... Wat is dat dan?'

Stilte daalde tussen hen neer. Het was of ze diep nadach-ten over een schaakstelling. Een trekker reed door de straat, de loonwerker achter het stuur droeg zijn baseballpetje achterstevoren, naar de mode uit de stad.

'Tsja,' zei Paul, 'dat weet ik ook niet.'

'Kijk, daar heb je het al,' zei Baptist.

Voor de avond met Ineke Wessels had Paul nooit erectie-problemen gekend. Het was de te verwachten toekomst, de tijd van onbekommerd genot was voorbij, als hij die al had gekend. Hij zou viagrapillen kunnen bestellen via internet en er daarna – omdat hij de weerzin in de ogen van de meisjes niet langer verdroeg – de brui aan geven. Misschien, dacht hij, was het zelfs mogelijk om tot een vorm van harmonieus samenleven te komen met een vrouw als Ineke Wessels als de geslachtsdrift geen rol van betekenis meer speelde. Hun geslachtsklieren waren in rust, hun lichamen dienden nog slechts om elkaar te verwarmen.

Paul wendde zijn blik naar de overkant, waar de oude Shu in het gangetje tussen de huizen stond te roken, met zijn ogen gesloten en zijn gezicht naar de zon geheven als een leguaan. Ook dat zou niet lang meer duren. Erger dan de barbaren die kwamen, waren de barbaren die weer vertrokken.

'Mag ik vragen,' zei Baptist, 'waarom je dat eigenlijk wilt weten?'

Paul knikte en zei nadenkend: 'Een vrouw, uit de Avermaten. Ik ken haar van school. Ik weet niet, het lijkt of ze op iets uit is. Of misschien ook niet, het is onduidelijk.'

'Kijk aan,' zei Baptist. 'En een Chinese, is dat niks?'

Paul schudde zijn hoofd. 'Ik kan de handleiding van Chinese producten slecht lezen.'

Baptist schoot in de lach. 'Da's een goeie,' zei hij. 'Da's een goeie. Dat heb ik precies zo.' Zijn lach zwakte af. 'Precies zo.'

Er was gehooid, het gras lag in regels op de velden aan weerskanten van de weg. De geur dreef de open ramen binnen, insecten tikten tegen de voorruit en lieten gele spatten achter.

Zijn vader lag op het opgemaakte bed en las *De Telegraaf* – 'die rotkrant'. Paul haalde een half brood, een kuipje boter en hagelslag uit een plastic tas en stopte alles in het nachtkastje weg.

Het was rustig in het ziekenhuis, het was duidelijk vakantie. Het leven leek vertraagd, een beetje zoals in zijn voorstelling van de jaren vijftig, lang voordat de grote tijdversnelling had ingezet.

Zijn vader lag aan een infuus met antibiotica, de naald stak in zijn elleboog en was met een pleister afgedekt. Paul stond bij het raam, en keek uit over het landschap onder de zon. Een torenvalkje op zijn rug gezien, biddend boven de lege velden. Als zijn vader een kamer op het oosten had gehad, had hij de Avermaten kunnen zien liggen.

Paul zette zijn telefoon aan; Ineke Wessels had niks meer gestuurd.

Zijn vader keek over de krant naar hem. 'Je moet je telefoon hier uit hebben. Verwacht je wat?'

'Niet echt,' zei Paul, en borg zijn telefoon weer op.

Hij overwoog om te vertellen over de afgelopen nacht en de omgevallen stoel die hij die ochtend had gezien, maar zweeg omdat het al met al nogal excentriek was geweest om in het holst van de nacht geesten op te roepen op zolder. Misschien geloofde hij intussen wel sterker in geesten dan in God. God was in plaats van de onwrikbare overtuiging van zijn jeugd sowieso meer een geordende keten van

handelingen, van rituelen geworden, die afzwakte of ver-
hevigde al naargelang het beter of slechter met hem ging.
God, dacht hij, had in elk geval nog nooit een stoel omge-
gooid op zolder.

'Dus ze zorgen goed voor je?' vroeg hij.

'Uit de kunst,' zei zijn vader. 'Toppersoneel.'

'Da's mooi dan,' zei Paul.

'Komen meteen als je ze nodig hebt, en altijd even aardig. Niks zoals je in de krant leest.'

'Dat is meer in verpleeghuizen, geloof ik,' zei Paul. 'Dat
je de hele dag in de luier zit.'

'En als je 's wat nodig hebt, geen probleem hoor, meneer
Krüzen. Nee, topservice, ik kan niet anders zeggen.'

Een beetje zoals thuis dus, dacht Paul bitter, die zich niet
kon herinneren ooit één woord van waardering gehoord te
hebben. Hij vouwde de plastic tas van de Plus op en stak
hem in zijn achterzak. 'Kom,' zei hij, 'ik ga maar weer 's op
huis aan.'

Zo koud waren eens de nachten geweest, dat hij op een vroege morgen lang geleden rijp had zien liggen op de beddensprei. Zijn moeder had het licht in zijn kamer aangedaan en de gordijnen opengeschoven. Hij lag begraven onder de dekens, huiverig om het bed te verlaten. 'Paul!' klonk de stem van zijn moeder. 'Opschieten! We komen te laat zo!'

Buiten was het nog donker, op de ramen stonden ijsbloemen. 'Paul!' riep zijn moeder nog eens. Hij schoot in zijn kleren.

Onmetelijk lang geleden was het dat hij haar stem gehoord had. Nu opeens, nu hij in bed het evangelie van Mattheus lag te lezen, had ze weer geklonken, even helder en krachtig als toen hij nog een kind was.

Meestal lag haar stem verborgen in een ontoegankelijke plooi van zijn geheugen, maar nu, op een onbewaakt ogenblik, was ze tevoorschijn gekomen en had ze hem geroepen. Een groot en onmachtig verlangen steeg in hem op, onmiddellijk gevolgd door hetzelfde verdriet als tweeënveertig jaar geleden, toen hij zich aan haar been had vastgeklampt en haar gesmeekt had hem met zich mee te nemen. Hij begreep zichzelf niet, zo aangedaan als hij was op dit late uur, terwijl het bedlampje op de pagina's van zijn bijbel scheen.

Veertig dagen en nachten, las hij, was Jezus alleen in de woestijn. Hij had grote honger. Toen kwam de duivel en belaagde hem. Hij daagde hem uit stenen in broden te veranderen en van een hoge tempel te springen. Hij beloofde hem 'alle koninkrijken van de wereld in al hun pracht', maar Jezus doorstond de beproevingen en zei eenvoudig: 'Ga weg, Satan!'

'Daarna,' schreef Mattheus, 'liet de duivel hem met rust, en meteen kwamen er engelen om voor hem te zorgen.'

Paul keek naar de zoldering. 'Vade retro, Satana,' fluisterde hij, hoewel het boven stil was vanavond. Hij bladerde nog een tijdje door het Mattheus-evangelie, legde het boek toen naast het pistool op het nachtkastje en deed het licht uit.

Hij was nog lang wakker. Stil lag het bos achter de ramen. Hij dacht aan de nacht waarin Daantje de wereldkampioen op zoek ging naar zijn vader. Het was na middernacht, zijn vader had allang thuis zullen zijn. Daantje, die al op jonge leeftijd had leren autorijden, had een auto aan de praat gekregen en was tussen hoge heggen naar het bos gereden waar zijn vader aan het stropen was. Hij was alleen in het donkere bos. Hij riep om zijn vader, ijl klonk zijn stem tussen de bomen. 'Vader? Vader, ben je daar?'

Er kwam geen antwoord, er was niemand.

Pas nu Paul met open ogen in het duister lag te staren, zag hij de overeenkomst met Christus' sterfscène. Alleen aan het kruis, door alles en iedereen verlaten. Waren de drie kruisen op Golgotha niet ook te beschouwen als een bos,

236

een *dun* bos? Ook Hij riep om zijn vader. *Eli, Eli, lema sabach-tani* waren de eenzaamste woorden van de Heilige Schrift, had de pastoor eens op zondagsschool gezegd, temeer daar de omstanders Hem verkeerd verstonden en dachten dat Hij de profeet Elia aanriep.

Paul vouwde zijn armen kruislings op zijn borst en probeerde zich te herinneren wat ook alweer Daantjes onfeilbare methode was geweest om fazanten te stropen, maar daar liet zijn geheugen hem in de steek.

Hij keek op zijn wekkerradio en zag dat het vier minuten over twaalf was. Hij was zojuist vijftig geworden.

Een zaterdagmorgen eind juli, de zon was opmerkelijk fel. Zijn verjaardag negen dagen geleden was ongemerkt voorbijgegaan, zijn vader lag nog altijd in het ziekenhuis. Aan de bosrand hingen de eerste rijpe vlierbessen, binnenkort zou de vogelpoep op zijn auto paars zijn. Paul reed rondjes op de zitmaaier, een sterke machine die volgens de Honda-dealer honderd vierkante meter gazon in twee minuten aankon. Maar het gras stond hoog en was nog vochtig van ochtenddauw, zodat hij er aanmerkelijk langer over deed. Als jongen had hij het gras gemaaid met een simpele kooi-maaier, de roterende messen sloegen vast op hompen gras en zuring, hij had er uren over gedaan. Daarna was er een cirkelmaaier met een benzinemotor gekomen, wat al een hele verbetering was, maar die nog altijd afsloeg in het hoge gras. Ergens begin jaren tachtig had zijn vader voor het eerst een zitmaaier gekocht. Paul was het merk vergeten maar herinnerde zich de krachtige Briggs & Stratton-motor die erin zat. De gashendel bewoog heen en weer tussen een haas en een schildpad, met de neutraalstand in het midden. Vanaf toen hoefde hij, hoe graag hij ook op die machine wilde zitten, niet meer te maaien omdat zijn vader dat nu deed. De gashendel bleef altijd ter hoogte van de schildpad. 'De schildpad kan je meer over de weg vertellen dan de haas,' zei zijn vader, en draaide kalm zijn rondjes over de grasvelden rond het huis.

De zitmaaier van toen was allang vervangen en ook Pauls eigen lichaamscellen waren in de tussentijd al enkele malen vernieuwd, alleen die oude, trouwe hersencellen bleven stug signalen van lang geleden uitzenden, helder als sterrenlicht.

Onderweg naar de Happytaria voor de lunch, stopte hij bij Hedwiges. De winkel was nog altijd dicht, de vitrages hingen voor de ramen. Hedwiges deed niet open. Paul legde zijn oor tegen het raam en hoorde dat de tv aanstond. Hij ging in de auto zitten en belde hem op. Hij probeerde het tweemaal vergeefs.

Weer klopte hij op de ramen. 'Hedwiges!'

Hij verwachtte hem elk moment in de deuropening te zien verschijnen, knipperend tegen het licht. Hij belde nog eens aan en besloot zich toen langs dezelfde weg toegang tot het huis te verschaffen als Steggink en Iwan hadden gedaan. Met een baksteen sloeg hij de planken los die hij zelf twee weken geleden tegen de binnenkant van het raam had gespijkerd. Hij hees zich op tot hij met zijn bovenlijf in het magazijn hing, tilde een been in het raam en liet zich aan de andere kant weer zakken. Een voorgevoel van onheil kroop uit zijn maagstreek op.

'Hedwiges!' riep hij om zichzelf aan te kondigen, zodat die hem niet met zijn eigen wapen zou neerschieten. Roepend en luid stommelend kwam hij het woonhuis binnen. 'Hedwiges! Niet schrikken! Ik ben het, Paul!'

In de gang hing, sterker dan ooit tevoren, de geur van

ontbinding. Het was mis, wist hij; hij zette zich schrap tegen wat hij zou aantreffen. 'Hedwiges!' riep hij nogmaals, en proefde de dikke stank op zijn tong. Hij kokhalsde.

Op de televisie waren webcambeelden van een radio-uitzending van RTV Oost te zien. Hedwiges zat in zijn stoel. Paul zette een paar stappen de kamer in. 'Hedwiges?' Een blik op zijn gezicht was genoeg. Zijn groenige huid, de vliegen die opvlogen uit zijn geopende mond. *Santa Rita ora pro nobis*. Een snik van afgrijzen welde uit zijn keel op. Met hun weerzinwekkende poten liepen ze over zijn oogleden, zijn weggezonken oogbollen. Grote, trage vliegen die blauwig glansden in het spaarzame licht dat door de kieren in de gordijnen viel – ze bedekten zijn gezicht, zijn rozerood gemarmerde handen, zijn gezwollen enkels boven de pantoffels. Paul gaf over op het tapijt.

Onder de stoel zag hij een grote vochtplek. Bloed? Kon een mens zoveel bloeden? Hij registreerde de maden die over de vloer kropen op zoek naar een verscholen plaats om zich te verpoppen, en een kartonnen medicijndoosje, verkleurd aan de randen door het roze vocht dat het uit het tapijt had opgenomen.

Paul pakte de afstandsbediening van de vloer en zette de televisie uit. Het vliegengezoem was overal om hem heen, een ondulerend geluidsweefsel. Weer kotste hij, en verliet struikelend de kamer. In de gang draaide hij de voordeur uit het slot – een vlammende zon viel binnen.

Hijgend zat hij een moment op de bestuurdersstoel van zijn auto, en pakte toen zijn telefoon.

Terwijl hij 112 belde, ging hij terug het huis in, zijn andere hand voor zijn neus en mond geslagen. 'Politie,' antwoordde hij toen de centralist vroeg aan welke dienst hij zijn melding wilde doorgeven. Hij schoof de stoelen voor de trap opzij en ging met de telefoon aan zijn oor naar boven. Afgemeten, terwijl hij in de slaapkamer naar de Luger zocht, gaf hij de dood van Hedwiges Johannes Geerdink door, alsmede het adres aan de Bunderweg. De ontbindingslucht hing door het hele huis. Het pistool was nergens te vinden, niet bij het bed en niet in de halflege kledingkasten of het bureautje waar de computer op stond.

Onverrichter zake daalde hij de trap weer af en wachtte buiten de komst van de politie af.

Een halfuur later kwam er een surveillancewagen aan uit de richting van het dorp. Met strakke gezichten stapten twee agenten uit. 'Goedemiddag,' zei de jongste van de twee.

Paul knikte.

'U hebt hem gevonden?' De jongste agent keek op een briefje dat hij in zijn hand hield. Hij had een opvallend bruin gezicht, met heldere ogen erin. 'De heer Krüzen?'

'Dat ben ik.'

De agent keek verbaasd op. 'En de overledene is…?'

'Geerdink. Hedwiges Geerdink.'

'En u bent?'

'Paul Krüzen.'

'Wat u van het slachtoffer bent, bedoel ik.'

'Een vriend.' Pauls ogen dwaalden over de weilanden terzijde van de Hamriksweg. 'We zijn vrienden.'

'Gecondoleerd, meneer.'

'Hoe bent u het huis binnengekomen?' vroeg de ander. 'Hebt u de sleutel?'

'Er is twee weken geleden bij hem ingebroken. Het raam was nog niet gemaakt.'

De oudere agent keek hem een tijdje aan. 'Gecondoleerd,' zei hij toen ook. 'Hoe trof u hem aan?'

Paul snoof en trok met zijn schouders. Hij voelde tranen branden. 'In zijn stoel. Vliegen overal.'

De huisarts arriveerde in zijn oude Saab. 'Goedemiddag heren,' zei hij, en stelde zich aan de agenten voor.

'Dokter Lamérus,' zei Paul, toen de arts hem zijn hand toestak ter begroeting.

Lamérus hield zijn hand een tijdje vast en zei: 'Ik spreek je zo.'

Hij ging met de agenten mee naar binnen.

Een minuut of tien later kwam hij als eerste weer naar buiten en zette zijn leren dokterstas op de grond. Hij hief zijn gezicht naar de zon en haalde een pakje Gauloises uit de borstzak van zijn tropenhemd. 'Jij?' vroeg hij, en hield Paul het pakje voor. Ze bliezen rook naar de zon. 'Het went nooit,' zei Lamérus. 'Hoeveel je er ook ziet.'

Paul keek opzij. Fietsers vertraagden hun tempo om te kijken wat er aan de hand was.

Lamérus zei: 'Je had hem niet zo moeten zien. Maar de herinnering vervaagt, kan ik uit eigen ervaring vertellen. Over enige tijd zal je je hem weer herinneren zoals hij was.'

Ze rookten. Paul sloeg zijn tong rond in zijn uitgedroogde mondholte en zei: 'Er was veel bloed.'

'Hmm,' bromde de arts, in gedachten verzonken.

'Onder de stoel,' zei Paul. 'Hij moet liters bloed verloren hebben.'

'Dat kan,' zei Lamérus. 'Als iemand bloedverdunners slikt bijvoorbeeld, wat hij trouwens volgens mijn gegevens niet deed. Ik heb hem drie jaar geleden voor het laatst gezien, zei mijn assistente. Hoe dan ook, er is maar een klein gaatje voor nodig, een doorligplek, een wondje. Dan kunnen ze helemaal leeglopen.'

'Zoveel bloed?'

'Zoveel bloed.'

'Ik dacht... Ze hebben hem vermoord. Dat dacht ik.'

Lamérus knikte, zijn hoofd een beetje scheef. 'Ik heb de dood vastgesteld, en de vermoedelijke oorzaak daarvan. De rest is aan hen.' Hij knikte in de richting van het huis.

'Wat is dan de doodsoorzaak, volgens u?'

Lamérus keek hem plots recht aan, alsof hij hem nu pas zag. 'Voor zover ik kan zien... Zijn hart. Of ik moet me sterk vergissen.'

'Maar dat bloed dan?' hield Paul vol. 'Hij is een paar weken terug overvallen. Met veel geweld. Hij was doodsbang dat ze terugkwamen. Nu is hij dood.'

'Het hart is een gevoelig instrument, het kan tachtig jaar onafgebroken zijn werk doen zonder een slag te missen, maar er ook na veertig of vijftig jaar onverwacht mee ophouden. Misschien was het inderdaad de schok van die overval die doorwerkte, wie zal het zeggen. Ik, voor mij, heb in elk geval geen uitwendige tekenen van een gewelddadige dood vastgesteld.'

Paul tikte de askegel van zijn sigaret. Hij had er al heel lang rekening mee gehouden dat Hedwiges er een keer uit zou stappen. Mannen van die leeftijd, hun leven overziend en zonder de puf om er nog wat van te maken, gingen daar vaker toe over dan mensen in andere leeftijdscategorieën. Dat zijn hart het zou kunnen begeven terwijl hij naar RTV Oost keek, was niet bij hem opgekomen.

'En zelfmoord?' vroeg hij, terwijl het beeld van de hangende man op zolder door zijn herinnering schoot.

Lamérus trapte de sigaret uit en nam zijn tas van de grond. 'Geen aanwijzingen voor, ook niet voor pillen of zoiets. Die geven een heel ander beeld. Braaksel. Een verkrampte lichaamshouding. Nee, niks wat daarop wijst.' De arts kreeg een spijtige trek rond zijn mond. 'Zo'n plotselinge dood,' zei hij, 'het heeft natuurlijk iets onbevredigends. Er is geen tijd geweest voor afscheid, voor een laatste woord. Maar ik… Mij lijkt het allemaal natuurlijk verlopen. Je vriend lijkt me vredig gestorven.'

Bij de auto draaide Lamérus zich om. 'Stel nou dat je erover wilt praten, of dat je slecht slaapt of zo, dan weet je me te vinden, toch?'

'Dank u, dokter,' zei Paul.

Hij was hem meegevallen, dacht hij toen Lamérus de auto keerde en in de richting van het dorp verdween. Mededeelzaam en empathisch, heel anders dan de grijze ziel die hij in zijn spreekkamer leek.

De agenten kwamen naar buiten. Een van hen ging een luchtje scheppen terzijde van het huis. Stof wolkte om zijn schoenen op het zandpad. De ander nam Pauls gegevens op, alsmede die van Hedwiges.

'Heeft meneer Geerdink een partner?' vroeg hij. 'Kinderen?'

Paul schudde zijn hoofd.

'Naaste verwanten?'

'Hij was enig kind. Hij ging met niemand om. Alleen met mij.'

'Neven, nichten misschien?'

'Zou kunnen. Niet dat ik weet.'

'Dat vinden we dan wel uit,' zei de agent. Hij was even stil, maar kon toen zijn nieuwsgierigheid niet langer bedwingen. 'Meneer Geerdink,' zei hij, 'was hij... Waarom was hij alleen, denkt u?'

Paul trok onwillig met zijn schouders. 'Omdat het zo ging,' zei hij toen.

Op een dag zou diezelfde vraag over hem gesteld worden, en ook dan zou het antwoord uitblijven.

'Hoe lang heeft hij daar gelegen?' vroeg Paul.

De agent trok zijn mondhoeken naar beneden en zei: 'Niet langer dan drie dagen, dat dacht de dokter ook. Maar het waren warme dagen, dan kan het snel gaan, zoiets.'

'Begin deze week was ik nog bij hem,' zei Paul. 'Hij was heel somber. Een paar weken terug hebben ze hem de kop kapotgeslagen en beroofd. En nu is hij dood.'

De agent knikte. 'We zijn van de overval op de hoogte gebracht.'

'Is er een verband, denkt u?' vroeg Paul.

De agent schudde zijn hoofd. 'Niet waarschijnlijk.'

Niemand, begreep Paul, dokter noch politie, leek de mogelijkheid van een misdrijf of zelfmoord ook maar te overwegen. De dood had Hedwiges op kousenvoeten overvallen, het laatste wat hij hoorde waren de ditjes en datjes op de regionale zender.

Uit de richting van Kloosterzand kwam tegen drieën een opaalgrijze lijkwagen voorrijden. Een grijs geüniformeerde man en vrouw stapten uit, oriënteerden zich kort op het gezelschap en condoleerden Paul toen met het verlies van zijn 'dierbare'. Hun compassie was professioneel en overtuigend. Ze openden de achterklep van de Mercedes en klapten het onderstel van een brancard uit, met een kunststof lijkzak bovenop. Ze trokken handschoenen aan, deden een mondkapje voor en knikten ernstig naar de agenten. Die gingen hun voor het huis in. In de auto school Paul voor de zon, zijn benen buitenboord. Zijn wereld was opnieuw kleiner geworden. Het proces voltrok zich schoksgewijs, en was van een loodachtige onomkeerbaarheid; de verliezen waren definitief.

In een kleine processie kwam het gezelschap even later het huis weer uit, de brancard tussen hen in, waarop de lijkzak met spanbanden gezekerd was. Een groepje fietsers keek toe hoe de brancard soepel over de wagenbodem naar binnen schoof. Met een discreet klikje sloot de elektrische achterklep zichzelf.

Zoemend verdween de auto even later in de bocht van de weg, het troepje fietsers loste op en verdeelde zich over de Verolmeweg en de Bunderweg.

'Veel sterkte, meneer,' zei de agent met de lichte ogen.

'Ik heb de sleutelbos van de heer Geerdink op tafel gelegd,' zei de ander. 'Sluit u af?'

Paul knikte. Een golf van verlatenheid overspoelde hem.

'Moet ik ze voor u pakken?'

'Het zal wel gaan,' mompelde hij, terwijl hij zich afwendde om niet in huilen uit te barsten.

'Ik pak ze wel even,' zei de agent.

Even later stapten ze in de auto. 'We spreken elkaar nog wel,' zei de oudste. 'Er komt nog heel wat bij kijken, bij zoiets. Voor als er wat is, mijn naam is Te Pas, Arnold Te Pas.'

'Dank u,' zei Paul. 'Ook voor...' Zijn hand waaierde in de richting van het huis.

'Daar zijn we voor.'

Het slaan van de autodeuren, de opgestoken hand uit het raam, gevolgd door een stilte zo diep en definitief dat hij wankelde op zijn benen. Onder de wolkeloze hemel, in het volle licht, stroomden de tranen over zijn gezicht.

Op maandag stond er een rouwadvertentie voor Hedwiges Johannes Geerdink in de *Tubantia*, die besloot met de woorden

Verwanten van de overledene wordt verzocht
zich te melden op militariaweb@hotmail.com

Nog dezelfde dag meldden zich twee broers, achterneven van Hedwiges via de familielijn van Hedwiges' moeder. Ze wisten van zijn bestaan, zei een van hen over de telefoon, maar ze hadden hun oudoom niet gekend.

Van vaderszijde meldde zich een dag later een achternicht; Paul belde het nummer dat onder aan haar e-mail stond. Een stem, hees van ouderdom, vertelde dat Hedwiges' vader een neef van haar vader was, ze herinnerde zich dat haar moeder Hedwiges altijd een *vrömde* had genoemd. Zelf was ze al vroeg met haar echtgenoot naar verre landen vertrokken, pas toen hij zijn werkzaamheden voor Shell had beëindigd, waren ze naar Nederland teruggekeerd. Ze had nooit meer aan Hedwiges teruggedacht, tot een buurvrouw haar vroeg of 'die Geerdink in de krant' misschien familie van haar was.

Op woensdagmorgen ontving Paul de erfgenamen bij

hem thuis. De achternicht werd gebracht door een Iraanse vluchtelinge met hertenogen. De zwartharige vrouw was aanvankelijk haar huishoudster geweest, maar was een vriendin geworden die haar na het overlijden van haar echtgenoot weleens ergens naartoe bracht met de auto. De nootkleurige huid van de Iraanse stak af tegen het witte katoen van haar jurk.

De achterneven waren zestigers. Ze hadden carrière gemaakt in Duitsland. Ze waren corpulent en luidruchtig, wat overeenkwam met Pauls indruk van de Duitse zakenman. Een van hen droeg een bril met meekleurende glazen.

In geen van hen herkende Paul een spoor van Hedwiges.

Hij zette de situatie uiteen. Hij had gebeld met een notaris, de gang van zaken was als volgt: als zij, de achternicht en achterneven van Hedwiges, inderdaad zijn erfgenamen waren, dan kon de notaris op hun verzoek een verklaring van erfrecht afgeven. Paul was bereid, zei hij, om op te treden als gevolmachtigde om de zaken van hun achterneef af te handelen. Hij was Hedwiges' enige vriend geweest, het was zijn plicht dit op zich te nemen, maar vanzelfsprekend alleen met hun toestemming. Zouden ze de liquidatie van de winkel en de zaken van hun achterneef daarentegen liever zelf ter hand nemen, dan was hij bereid ze met raad en daad bij te staan. Hij had alvast rouwkaarten verstuurd aan Hedwiges' vaste klanten. Volgende week maandag was de begrafenis, het zou vermoedelijk niet erg druk worden.

Hij schonk koffie in, op tafel stonden suiker, halvamel en zoetjes. De bastognes op het schoteltje bleven onaangeroerd.

'Is er,' vroeg een van de achterneven, 'eigenlijk iets te verdelen?'

'Ah, de hamvraag,' zei Paul. De achternicht keek de broers als een boos vogeltje aan.

'Er zijn bij mijn weten geen schulden,' zei Paul. 'Het huis is in slechte staat, maar de grond is wel iets waard, schat ik zo. Of er een testament is weet ik niet, ik heb hem er in elk geval nooit over gehoord.' Hij keek het groepje rond. De ogen van de Iraanse waren echt spectaculair te noemen. 'Helaas voor u,' vervolgde hij, 'moet ik zeggen dat Hedwiges een paar weken geleden slachtoffer is geworden van een gewelddadige roofoverval.'

De broers zetten gelijktijdig hun kopje op het schoteltje neer. 'Wat dan?' zei een van hen.

'Hij is naar eigen zeggen beroofd van tachtigduizend euro. Ze hebben zijn gebit in zijn mond gebroken en hem voor dood achtergelaten.'

Ernstig luisterden ze toe terwijl hij vertelde over de overval en de ellendige staat waarin Hedwiges zich in de laatste weken van zijn leven bevonden had.

Hoofdschuddend hoorde de oude vrouw Paul aan. 'Wat verschrikkelijk,' zei ze. 'Wat ontzettend triest allemaal.'

Paul wilde vertellen over die juniavond in Shu Dynasty, en hoe op Hedwiges' bluf de gewelddadige hebzucht van Steggink en zijn Rus was gevolgd, maar een van de broers zei, rammelend met de sleutels van zijn Audi a8: 'Zullen we 's even gaan kijken?'

Ze konden niet wachten, dacht Paul. Hij stapte bij de vrouwen in en wees de weg naar Hedwiges' huis.

Voor de deur haalden de broers ieder een zakdoek tevoorschijn en hielden die voor hun neus. De oude vrouw snufte en huilde een beetje toen ze de woonkeuken betrad. Paul deed de gordijnen open en liet het licht binnen, ontzet keken ze naar het bloed in het tapijt, de doorgezakte fauteuil, de algehele malaise die uit de keuken sprak. 'Gott im Himmel,' zei een van de broers. Loom gonsden vliegen door de kamer. Wanneer ze op een hand of een gezicht landden, lieten ze zich moeilijk wegslaan. Ze *kleefden* een beetje. Dat ze zich aan Hedwiges te goed hadden gedaan, realiseerde elk van de aanwezigen zich. Paul voelde zich weer misselijk worden. De oude vrouw bleef even stilstaan bij de portretten op het dressoir, maar vervolgde toen vlug haar weg naar buiten.

'Een schoonmaakbedrijf kan de boel weer een beetje in orde maken,' zei Paul toen ze weer buiten stonden. 'Dat is aan u.'

Een van de broers tuurde door de vitrage in de winkel en vroeg: 'Is hier ook een sleutel van?'

'De winkel is ook via het woonhuis bereikbaar,' zei Paul, 'maar ik heb hier een sleutel.'

Helder klingelde de winkelbel toen hij de deur opende.

Vorsend keken de broers de winkel rond, verbaasd dat het lot ze eigenaar had gemaakt van een oneindige voorraad vruchtensap, schenkstroop, koekjes, potgroente en tabak, alles in ordeloze stapels opgetast. Hedwiges bouwde altijd overal torentjes van.

Een groot gemis trok door Pauls borst toen hij het kruidenierszaakje overzag; het was, hoe uit de tijd ook, Hedwiges' bestaansvoorwaarde geweest. Dit monument van stagnatie was zijn kleine venster op de wereld.

De oude vrouw prevelde: 'Dat dit nog bestaat…' Ze las het

fraaie winkeliershandschrift van haar achterneef. Koeken van 't Molenaartje, nu € 1,89. Drie spuitbussen slagroom voor de prijs van twee. Unox-smeerworst in blik, zeventig cent.

Paul schoof een paar pakken waspoeder opzij en ging in de vensterbank zitten. Hedwiges' moeder had daar vaak met de armen over elkaar voor het raam gestaan om te kijken of ze haar echtgenoot al zag aankomen met de paardenwagen. Als je langsfietste, schrok je van haar ogen die op je brandden vanonder de zonwering. Ook zijn grootmoeder had daar al zo gestaan; Hedwiges had de paardenwagen verkocht aan een verzamelaar.

De vrouw nam een pot van de plank en keek een tijdje naar de bleke knakworsten achter glas. Ze leek hem een paar jaar ouder dan zijn moeder was. Op de dag waarop Hedwiges begraven werd, zou zijn moeder vijfenzeventig worden. In zijn hoofd was ze nooit ouder geworden dan op de dag toen ze met de Rus vertrok. Hijzelf was nu alweer zoveel ouder dan zij toen was. Hij zou, als zij nu in dat stadium van haar leven zou langsfietsen over de Bunderweg, naar haar kijken als een *jonge vrouw*, ongeveer zoals naar de Iraanse die daarbuiten stond in haar witte jurk en met een grote zonnebril op, een filmster in een verkeerd decor. Hij wendde zijn blik van haar af. De oude vrouw was echt gefascineerd door de knakworsten achter glas.

'Dat lijkt me wel duidelijk zo,' zei een van de broers. 'Eerst het schoonmaakbedrijf erin en dan de opkoper. Wat over is, is voor de container.'

De andere broer knikte. De oude vrouw zette de pot knakworsten terug op de plank.

'Als u het zo wilt,' zei Paul.

'Zijn er nog dingen,' vroeg de vrouw, 'die u van hem wilt hebben? Als aandenken?'

Paul schudde zijn hoofd. 'Of toch,' zei hij toen. 'Zijn fotocamera. Een Rollei. Op vakantie was hij de laatste die nog fotografeerde met een rolletje.' En even later: 'Als er geen andere gegadigden zijn, zou ik ook het Mariabeeld van zijn moeder wel willen.'

Hij werd thuis afgezet. De erfgenamen waren het erover eens dat Paul in afwachting van de erfrechtverklaring alvast kon beginnen met het leegruimen van het huis en de verkoop van de inventaris.

Later dan gewoonlijk at hij zijn middagbrood en vertrok toen naar het ziekenhuis. Hij had de pantoffels bij zich, die eerst waren zoekgeraakt in de post en toen, nadat hij er een paar keer achteraan had gebeld, op een adres in Mariënheem waren afgeleverd, een dorp dertig minuten verderop. Pas eergisteren waren ze eindelijk bezorgd.

Sinds hij Hedwiges gevonden had, was hij niet meer in het ziekenhuis geweest. Telefonisch had hij zijn vader begin van de week op de hoogte gesteld van het overlijden van zijn vriend.

'Dat is toch...' had zijn vader gezegd. Hij was even stil, en informeerde toen naar de omstandigheden van zijn dood.

'Rampzalig,' zei hij, en toen: 'Maar misschien maar beter zo dan na een lang ziekbed.'

Verbijsterd zei Paul: 'Hij moest nog *vijftig* worden...'

Zijn vader beaamde dat, maar zei: 'Die jongen had niks, niemand, Paul. Dan maar beter zo, misschien.'

Zwijgend had Paul hem aangehoord. Als je leed, dan kon

je maar beter doodgaan, was de boodschap die zijn vader vanuit zijn ziekenhuisbed de wereld in zond. Nooit hield hij op zich over zijn vaders gebrek aan emotionele wederkerigheid te verbazen.

Hij steeg op naar de vierde verdieping en informeerde bij de balie van de afdeling hoe het met zijn vader ging.

'Met zijn been nog niet zo best,' zei een broeder met Scandinavische klompen aan, 'maar met hem verder prima. Uw vader was bij de voordeur al gehospitaliseerd.' De wond was een woekering van streptokokken en stafylokokken; antibiotica alleen had niet geholpen, zodat ze een deel van het weefsel hadden weggesneden. Aloïs bleef er, zei de broeder, monter onder.

Misschien, dacht Paul toen hij naar kamer 404 liep, was zijn vader blij dat hij eindelijk weer eens andere mensen zag dan alleen zijn oude zoon. Bovendien stonden er vaak aardappelen op het menu, kreeg hij zoveel jus als een natte eter toekwam en zat er niemand ongeduldig tegenover hem te wachten tot hij klaar was. Mensen hadden het in het ziekenhuis vaak beter dan thuis. Ze kregen aandacht en van de dagorde ging een geruststellende werking uit; de maaltijden werden op vaste tijden rondgebracht, naast het bed hing een knop voor noodgevallen.

'Je nieuwe pantoffels,' zei Paul.

'Zet maar onder het bed, ik heb ze nu toch nog niet nodig.'

Paul stopte het oude paar in de prullenbak.

'Hoe is het thuis?' vroeg zijn vader.

'Ik maai elke week, het springt me de grond uit. De appels zijn rijp. Bijna. Veel spreeuwen.'

'Rotbeesten,' mompelde zijn vader. Hij informeerde niet naar Hedwiges, na het telefoongesprek van een paar dagen eerder beschouwde hij dat onderwerp blijkbaar als afgesloten. Was het niet lachwekkend en verachtelijk, dacht Paul, dat een man van vijftig nog altijd te krenken was als een kind?

'Maandag is de begrafenis,' zei Paul na een lange stilte. 'Het is erg druk de komende tijd. Ik probeer tussendoor te komen, maar weet niet of het lukt.'

'Kijk maar,' zei zijn vader afwezig bladerend in de stapel kranten die hij voor hem had meegebracht. 'Ik red me wel.'

Niet voor niets, dacht Paul onderweg naar huis, stond in Genesis dat een zoon zijn vader en moeder moet verlaten en zijn eigen vrouw moet aankleven om samen *één vlees* te worden; de band tussen ouder en kind had een beperkte houdbaarheid. Met het kind dat het ouderlijk huis nooit verlaten had, was iets niet in orde. Nooit konden de ouders hun ogen sluiten voor hun mislukking. Afkeer, soms uitmondend in haat, zette zich tussen hen vast.

In het dashboardkastje lag de Walther P38. Hij ging nergens meer heen zonder. Hij sliep licht en schrok bij het minste of geringste wakker.

Nog vijf dagen tot de begrafenis. Het zag ernaar uit dat het huis al was leeggeruimd nog voordat hij goed en wel de grond in ging. Het zou zijn of Hedwiges Geerdink nooit bestaan had.

Op donderdag herinnerde Paul zich het doosje dat naast Hedwiges' stoel gelegen had. Een medicijndoosje. Wit karton. Maar Hedwiges slikte geen medicijnen, had de huisarts gezegd. Toch had daar een medicijndoosje gelegen, hij had het duidelijk gezien toen hij de afstandsbediening van de vloer raapte.

Hij had het niet meer zien liggen toen hij het huis met de erfgenamen bezocht. Wie kon er nu belangstelling hebben voor een met bloed en lijkvocht volgezogen medicijndoosje? Daarover brak hij zich de rest van de ochtend het hoofd.

Tussen de middag kreeg hij hoofdagent Arnold Te Pas aan de lijn, die zich geen doosje herinnerde. Ze hadden het ook zeker niet weggegooid of meegenomen. Als het er was, dan moest het er nog liggen.

Toen Te Pas vroeg 'En hoe is het nu met u?' schoot Paul vol. Na een korte stilte zei hij: 'Een paar keer per dag denk ik: ik moet niet vergeten dit of dat tegen Hedwiges te zeggen… Ik heb me altijd afgevraagd of, ja, of we eigenlijk wel vrienden waren, en niet alleen maar lotgenoten. Zoals het nu is… heb ik daar geen twijfel meer over. Absoluut geen enkele twijfel. Wat een belachelijke vraag eigenlijk, toch? Veertig jaar gingen we met mekaar om. Veertig. Dan ben je vrienden.'

Ongemerkt was hij naar buiten gelopen, hij stond te oreren op het gras.

'Dan ben je wel vrienden, toch?'

'Dat lijkt me wel, ja, na veertig jaar,' zei Te Pas. Het was duidelijk dat hij hem zijn hart even liet luchten.

'Ook al luisterde ik al jaren niet meer naar 'm, hoor. Dood, alleen maar dood. De dood van die en die, en die z'n zus ook al, en die z'n broer… Graven van hier tot aan de horizon, dat was alles wat hij nog zag.' Hij haalde diep adem, zijn blik gericht op een vlucht vogels die overtrok. Grote beesten. Konden het kraanvogels zijn? Hij had gelezen dat er kraanvogels zaten op de heide tussen Mariënveen en Kloosterzand.

'Ik mis dat gezeur,' vervolgde hij. 'Dat had je niet kunnen denken, hoe je dat nog eens zou missen.'

's Middags kroop hij bij Hedwiges thuis op handen en voeten rond over de vloer zonder het medicijndoosje te vinden. Hij ging enkele malen naar buiten voor een diepe teug adem. Later die middag arriveerden de medewerkers van het schoonmaakbedrijf, die verbaasd waren dat hij zonder bescherming het huis in en uit liep. Zelf droegen ze een witte kunststof overall en handschoenen.

'Een lijk kan hoogpathogene bacteriën bevatten, meneer,' doceerde de baas van de operatie dof vanachter zijn mondkapje, 'die een gevaar vormen voor de levenden.'

Paul knikte toegeeflijk en zei: 'Maakt u zich geen zorgen. Ik kende hem. Hij was ongevaarlijk.'

De fauteuil werd ingepakt in folie en afgevoerd naar de kleine vrachtwagen. Ze tilden de eettafel, de stoelen en het dressoir naar de woonkamer, en sneden toen het bebloede deel uit het tapijt. Ze rolden het op, wikkelden het in folie en tilden het naar buiten. Op het beton was een grote, grillige vlek achtergebleven. Die plek zou, zei een van de mannen, uitgehakt of met een coating afgedicht moeten worden. Lijksappen waren niet uit beton te verwijderen.

Paul dwaalde door het huis. Hij was bezorgd dat hij zijn Luger niet vond. Ergens slingerde een geladen wapen rond.

In de slaapkamer koppelde hij de oude Hewlett-Packard

los en tilde hem achter in zijn auto. Hedwiges' administratie legde hij op de bijrijdersstoel, en terwijl de mannen alles in huis besproeiden met een goedje dat de geur neutraliseerde, zocht hij vergeefs een testament tussen de papieren. Het laatste van de afschriften van de Rabobank, die hij blijkbaar nog altijd per post ontving, gaf een saldo te zien van € 6.089,45. Hij vond geen rekeningnummers waaruit bleek dat hij een scheiding had aangebracht tussen privé en bedrijf. Er was geen spaarrekening, of hij pensioen had opgebouwd kon Paul niet terugvinden.

Hij staarde door de voorruit. Hedwiges was geen miljonair geweest, natuurlijk niet. Hij had groots gebluft, die avond bij Shu. Tachtigduizend euro in een oude sok, dat was zijn hele vermogen. Totdat de rat was komen snuffelen.

In de warme vooravond hakte hij hout, de holster en zijn sportjack hingen aan een tak. Hij voelde zich zwak. Het was opmerkelijk, dacht hij, hoe vlug je gewend raakte aan de verwachting van geweld. Hij leefde als een haas met zijn neus in de lucht; overal was schaduw en dreiging.

In zijn diensttijd had hij met donkere vegen op zijn gezicht door een koud en donker bos in Nedersaksen rondgekropen, in zijn vitrine op kantoor bewaarde hij nog een kartonnen kaartje waarop een nummerbord met hamer en sikkel was afgebeeld, vergezeld van de mededeling

Indien u een dergelijk nummerbord ziet, heeft u te maken met een soxmis-voertuig.
Rapporteer dit feit zo spoedig mogelijk aan uw commandant volgens de aanwijzingen op de achterkant van dit formulier.
   a. Tijd en plaats van waarneming
   b. Kleur en kenmerk voertuig
   c. Kenteken
   d. Aantal inzittenden en hun kleding
      (burgertenue-uniform)
   e. Rijdt voertuig (in welke richting) of staat het
      stil

f. Activiteiten inzittenden (aantekeningen maken, fotograferen e.d.)

NAAM, RANG, ONDERDEEL

BELANGRIJK

Vertraging van uw melding vermindert de waarde van uw waarneming.

Ze hadden er lacherig over gedaan, zoals ze in Seedorf over bijna alles lacherig deden. Alleen zo waren de stompzinnige, repetitieve bezigheden van de diensttijd vol te houden. Onderhuids school de angstige verwachting dat het elk moment mis kon gaan; ze werden omringd door atoomwapens met een gezamenlijke explosiekracht van vele duizenden megatonnen, instructiefilmpjes hadden laten zien wat er van een lichaam overbleef in de vuurbal van een kernexplosie – de zwartgeblakerde stomp in de periferie van de ontploffing, niets dan as in het centrum ervan.

En kanker voor de overlevenden. Kanker en misvormingen.

En de vijand was een Rus, toen en nu en altijd. Er was niks nieuws onder de zon.

Paul sloeg de bijl vast in het hakblok en verliet het bos.

Hij bakte aardappelen op en ontdooide blokjes spinazie in een steelpannetje. Erbij had hij jus van de dag ervoor en een tartaartje.

Hij zou, als hij nog eens een medemens wilde zien, eerdaags moeten uitwijken naar café De Mooie Vrouw in Kloosterzand of Slomp in Deurlo, waar hij vrijwel niemand kende. Blauw als de mantel van de Heilige Maagd was de avondhemel achter de ramen, hij vermeed zijn spiegelbeeld.

Na het eten zette hij de pc van Hedwiges op zijn bureau in het kantoortje en sloot hem aan op het lichtnet. Terwijl de koffie achter hem doorliep drukte hij op start. De ventilator in de kast begon te zoemen, het beeldscherm sprong aan. Rondom de letters en leestekens waren de knoppen van het toetsenbord bruin uitgeslagen, Hedwiges had ze overduidelijk nooit meer gereinigd sinds Paul hem zijn oude computer cadeau had gedaan. Het wachtwoord had hij zelf nog ingesteld.

Hedwiges had recent een site voor schoenen bezocht, de website van RTV Oost, een paar nieuwssites en groothandels. Hij had een weinig opzienbarend digitaal bestaan geleid, er waren geen sporen te vinden die wezen op een seksuele belangstelling in het algemeen of een voorkeur in het bijzonder.

Omdat Paul het zelf was geweest die hem met Windows had leren werken, een taai en tijdrovend proces, achtte hij Hedwiges niet in staat om zijn digitale sporen te wissen. Het was simpelweg niet bij hem opgekomen om sekssites te bezoeken.

Hij vlooide door zijn Word-bestanden tot hij op een document stuitte dat IK BEN GEBOREN IN MARIËNVEEN heette. Hij opende het document. De documentnaam was gelijk aan de eerste regel.

Ik ben geboren in Mariënveen.
Familie Geerdink. Pa, ma en ik.
Thuis was ik veilig. Daarbuiten verlegen en onveilig.
De Lagere Detailhandelschool was ver van huis. Elke zaterdag weer in de winkel; gelukkig.

Ik heb het huis, de familie, de Kerk nooit verlaten.
Toen pa en ma dood waren, bewoog ik steeds verder
van de normale wereld af.
Ik werd ouder en maakte fouten. Het bedrijf bleef
bestaan. Een wonder.
Ik verloor steun en raakte steeds meer in eenzaamheid.
Ik heb niet voor een toekomst gezorgd vandaar dit
abrupte einde.
Voor zover ik weet heb ik niemand tekortgedaan.

Paul wilde doorlezen maar kwam niet verder. Hij veegde zijn tranen weg. Er volgde een opsomming van namen en telefoonnummers van mensen die van zijn dood op de hoogte moesten worden gesteld. Onder aan het document vond Paul zijn eigen naam terug.

Paul Krüzen en Ming Shu van Shu Dynasty. Zij zijn
mijn erfgenamen als er al iets overblijft.
Paul kan de winkelinventaris en het huis verkopen. Er
staat geld op de Rabobank. Paul weet alles van mijn
computer etc.
Verder is belangrijk:
Henny Kreuwel, met hem liep een financiering, mogelijk ben ik hem nog iets schuldig (max. 1000 euro)
Op het dorp waren belangrijk Baptist Weening, Ming
van Shu Dynasty en Paul Krüzen. Mientje Fox, vriendin van mijn moeder, knipt mijn haar en drinkt op
zondag koffie bij mij.

Hedwiges Geerdink, 6 juli 2013

Paul sloot zijn ogen, de brief was vier jaar oud.

Wat had hem er destijds van weerhouden de daad bij het woord te voegen?

Paul groef in zijn geheugen maar kon zich de zomer van 2013 niet meer voor de geest halen. Alleen het voorjaar, dat extreem nat was; een deel van de mais- en aardappelaanplant was verloren gegaan. In de velden hadden boeren sleuven gegraven om het water af te voeren. In december waren Hedwiges en hij voor de derde keer naar de Filipijnen op vakantie geweest, maar van die zomer herinnerde hij zich niets.

De vrouw die Hedwiges' haar knipte, Mientje Fox, was vorig jaar na een kort ziekbed aan longkanker overleden, terwijl ze haar hele leven geen sigaret had aangeraakt. Haar dood, herinnerde hij zich, had Hedwiges sterk aangegrepen.

Hield het juridisch stand, Ming en hij als erfgenamen? Een vier jaar oude brief, op een computer geschreven?

Hij herlas de brief, weer vulden zijn ogen zich bij de woorden 'Voor zover ik weet heb ik niemand tekortgedaan'.

'Jij hebt helemaal niemand tekortgedaan, druif,' zei Paul zacht, 'helemaal niemand.'

Zijn voorgevoel was juist geweest, hij had hem hangend aan de trappaal kunnen vinden. Het was anders gegaan. Weer dacht hij aan het medicijndoosje, dat hij duidelijk op het tapijt had zien liggen, een grillig patroon van roze vocht rond de randen, maar weer kwamen zijn wroetende gedachten nergens uit.

Elf uur, het was nu helemaal donker buiten. Hij keek op

de monitor van de beveiligingscamera's. Bomen, het gras; de wereld zonder hem. Takken bewogen in de wind.

De volgende morgen had hij een afspraak met een opkoper die op het web adverteerde met een 'totaaloplossing'. De man parkeerde zijn Mercedes CLS voor de winkel, hij deed volstrekt niet zijn best om te verhullen dat de zaken voortreffelijk gingen. 'Wat een dag,' zei hij, nadat hij zijn zware lijf aan het geopende portier had opgetrokken. Hij veegde zijn gezicht af met een zakdoek. 'U woont hier prachtig.'

'Ik woon verderop.'

De totaaloplossing hield in, antwoordde de man op Pauls vraag, dat hij de inboedel taxeerde en het huis leegruimde, 'waarna de opbrengst van de inboedel direct wordt verrekend met de kosten van de ontruiming'.

Hij pakte een reuzenformaat iPad van de voorstoel en volgde Paul het huis in. De stank was nog altijd ondraaglijk, ook al was het huis schoongemaakt en had er sinds de vorige dag een ozongenerator in de keuken gestaan.

'Ho maar,' zei de man toen Paul hem wilde voorgaan naar de woonkamer. 'Kan ik allemaal niks meer mee. Die geur... Die krijg je er van zijn lang zal ze leven niet uit. Zelfs de kringloop wil dit niet hebben.'

Paul knikte. Door het gangetje ging hij hem voor naar de winkel. Hij opende de lamellen om licht binnen te laten.

'Allemachtig,' zei de man. 'Je komt soms ook dingen tegen...'

Hij nam potten en blikken van de planken en bestudeerde de etiketten. Daarna maakte hij foto's van de winkel met de iPad, terwijl hij uitlegde dat hij zelf geen winkelinventarissen deed, maar daarvoor wel een collega kon inschakelen. 'Ik stuur 'm zo even wat foto's toe. Maar veel spul is over datum, dat moet ik er meteen bij zeggen.'

Buiten formuleerde hij zijn bod. 'Ik kan het huis leeghalen, absoluut, maar dat kost u tweeduizend euro. Leeghalen en afvoeren. Dat is wat ik kan doen.'

Paul keek hem aan. Het ontbrak hem aan energie om ertegenin te gaan. Hij zou zelf eerlijk gezegd ook niet weten wat er nog van waarde was. Het huis was afgeleefd, de huisraad versleten; Hedwiges had het als een vervellingshuid achter zich gelaten, en een ogenblik lang zag Paul hem voor zich, zijn witte lichaam, hoe hij naakt en klam uit zijn oude huid kroop en opsteeg naar het licht.

'Dus,' zei de man. 'Dat is wat ik voor u kan betekenen. Maar als u zegt...'

'Het is al goed,' zei Paul.

Nadat de opkoper verdwenen was, kamde hij nog eenmaal het huis uit op zoek naar het pistool. De zaklamp van zijn telefoon scheen zelfs achter de weckflessen op de planken in de ondiepe kelder, met nog door moeder Geerdink ingemaakte groenten, waarvan de etiketten allang door de zilvervisjes waren opgevreten. Behangen met spinrag kwam hij de kelder uit. Hij haalde keukenkastjes leeg en zocht onder planken en lades of het pistool daar niet met ducttape bevestigd was. Zijn bezorgdheid groeide – als Steggink en Iwan naar Hedwiges waren teruggekomen, dan waren ze nu met zekerheid bewapend. Heilige Antonius, beste vrind, maak dat ik mijn Luger vind...

Wat een buitenkans had hij Steggink geboden! Zouden ze hem nu te pakken nemen, dan was het kinderspel om het zelfmoord te laten lijken, met zijn eigen wapen... Natuurlijk wisten ze dat het van hem was, hoe zou Hedwiges er anders aan gekomen zijn? Vliegensvlug trok hij de Walther P38 uit de holster en richtte op een willekeurig punt voor zich; handelingssnelheid, daar kwam het nu op aan.

Behoedzaam zette hij even later moeder Maria op de passagiersstoel. Haar handen, omwikkeld met de rozenkrans, staken onder de veiligheidsgordel door.

Hij sloot af en reed naar de Happytaria.

Paul zat aan het raam om de straat in de gaten te kunnen houden. Voor de tweede keer die dag las hij de *Tubantia*. In arren moede las hij zelfs de columns en het recept van de dag, iets bespottelijks met geroosterde eend en sinaasappelsaus.

'Xi, heb je pen en papier?' vroeg hij op zeker moment.

'Ga je iets moois voor ons schrijven?' vroeg Xi.

'Voor de begrafenis, een kort woordje. Kom je maandag?'

De Chinees schudde zijn hoofd, een spijtige trek rond zijn mond. 'De zaak is open, ik kan niet weg.'

'En Wen, jij?' vroeg Paul.

'Ook werken,' zei Xi.

Wen glimlachte stil. Paul probeerde zich te concentreren op zijn toespraak maar was van zijn à propos gebracht. Ze hadden een rouwkaart ontvangen, Hedwiges was een trouwe klant geweest, hij kon niet begrijpen dat die paar patatjes zwaarder wogen dan zijn begrafenis.

'En Baptist?' vroeg hij. Zijn stem klonk onaangenaam luid, vond hij zelf. 'Komt die?'

Ze wisten het niet. Baptist was vandaag nog niet geweest.

266

Paul schreef AFSCHEID HEDWIGES op het papier. Hij keek er een tijdje naar, en schreef eronder

RITA

BRIEF ZELFMOORD

HOOFDZONDEN

Met steekwoorden en halve zinnen vulde het papier zich. Diep in gedachten at hij een hamburger speciaal met gebakken uitjes. Even later legde hij een briefje van tien op de toonbank. Terwijl Wen wisselgeld aftelde bedacht hij zich en nam nog een softijsje.

Met het ijsje in zijn hand stak hij de straat over. Hij ging het steegje in waar de oude Shu vaak stond te roken en stak zijn hoofd door het vliegengordijn in de keuken. 'Volk!' riep hij, en stapte de keuken binnen.

Een vliegenlamp verspreidde zacht, paars licht. Hij hoorde slippers in de gang. Verbaasd kwam vader Shu de keuken binnen.

'Ming,' zei Paul. 'Is ze er? Ik wil haar wat zeggen.' Hij likte aan zijn ijsje, dat vlug smolt in de smoorhete keuken.

De oude Shu verdween, ergens in huis hoorde Paul hem roepen.

Even later verscheen Ming in de deuropening, haar telefoon in haar hand.

'Ik kwam maar even achterom,' zei hij.

Haar gezicht stond bezorgd.

'Ik heb iets voor je,' zei hij, en gaf haar een opgevouwen A4'tje uit zijn achterzak.

Ze vouwde het open, hij keek naar haar terwijl ze las. Een

paar zilveren draden waren tussen haar nachtzwarte haar door geweven; ze was een oud meisje geworden. Hoe hartstochtelijk hoopte hij opeens voor haar dat er op hun volgende standplaats een man was die haar blauwzwarte tanden en knokige lijf voor lief zou nemen, en ze nog een bescheiden levensgeluk zou kennen. Ze las langzaam, zijn ijsje was op, hij hield alleen het hoorntje nog in zijn hand.

Ming keek op. 'Ik snap het niet,' zei ze.

'We zijn erfgenamen,' zei hij. 'Deze brief vond ik in zijn computer.'

'Wij? Erfgenamen van Hedwig?'

'Jij en ik,' zei hij, en realiseerde zich hoe wonderlijk het was dat Hedwiges juist Ming had aangewezen, een vreemdeling met wie hij weliswaar niet innig bevriend was geweest, maar met wie hij zich duidelijk verwant had gevoeld. Het was of hij Ming met zijn vermaking een plaats wilde geven in Mariënveen, een reep aarde om in te wortelen. Een half huis, de helft van zijn bezittingen. Was ze daarmee over te halen om te blijven? Ming Uitkering? Hij betwijfelde het. Van de opbrengst ging ze ergens op een flatje in Arnhem duimen zitten draaien, conform haar wens om niets te doen en niets te willen.

Ze wees op de datum van de brief. 'Paul, zeg nou, ik begrijp het niet!'

Zelfs Hedwiges' zelfmoordbrief was over datum, dacht Paul, en snoof geamuseerd. Hij legde haar uit dat het een oude afscheidsbrief was; iets had Hedwiges destijds tegengehouden.

'Maar Paul,' zei ze in opperste verwarring, 'ik ben toch geen *familie* van Hedwig?!'

'Hij waardeerde je, dat weet je wel. Ik laat uitzoeken wat het waard is, oké? Bij een notaris.'

Ze knikte. 'Paul?' vroeg ze toen. 'Iedereen zegt zoveel hier... Dat hij vermoord is. Dat hij het zelf heeft gedaan. Door die overval en zo. Wat moet je nou geloven?'

Ze liet het papier zakken. Ze huilde een beetje. Het was de eerste keer dat hij een Chinees zag huilen. Een paar tranen drupten uit haar ooghoeken. Ze snufte en veegde ze weg.

'Die overval,' zei Paul, 'dat is waar, en dat hij dood is, dat is ook waar. Alles daartussen is vaag. Maar dat Steggink bloed aan zijn handen heeft, dat is het enige wat ik wel zeker weet. Hij en die Rus. Ze hadden vrij spel.'

Ze schudde haar hoofd. 'Je moet oppassen, Paul. Echt, hij is zó kwaad, jongen. De politie is bij hem geweest. Hij zegt dat hij je gaat doodmaken als hij je ziet. Je moet een tijdje weggaan, dat is beter, echt. Je kent hem. Kom terug als het...' Ze maakte een kalmerend gebaar met haar hand.

'Ik pas goed op,' zei hij.

Ze keek opnieuw naar de brief, haar ogen schoten over de regels. 'Ik maak een kopie, oké?'

Ze was altijd al praktisch ingesteld geweest, dacht hij. Het zekere voor het onzekere. Ze verdween naar achteren en kwam terug met een tweede velletje papier. Ze gaf hem zijn exemplaar terug.

'Zie ik je maandag op de begrafenis?' vroeg hij.

Ze probeerde te glimlachen. 'Ik weet nog niet,' zei ze. 'Maandag is druk altijd. Een grote bruiloft volgende week... Misschien wel eventjes.'

Hij had het bij Baptist gezien, bij Xi en Wen en nu bij

haar: angst. Overal buiten blijven, vriendelijk glimlachen, Zwitserland zijn.

'Heb je een prullenbak?' vroeg hij met het hoorntje in zijn uitgestoken linkerhand.

Ze stak haar hand uit, hij nam die even in de zijne. De hand was slap, alsof er geen gebeente in zat; onder de nagels zaten rouwrandjes. Hij liet los. Ze nam het hoorntje van hem aan en gooide het in de vuilnisemmer.

Maandag 7 augustus, de dag waarop Hedwiges' begrafenis en zijn moeders verjaardag samenvielen; de temperatuur varieerde van 23 graden aan de kust tot 27 graden in het binnenland, aldus de weerman op de autoradio. In de vooravond kon het vooral in het midden en oosten van het land onweren. Na het nieuws draaiden ze maar weer eens *Summer in the City* van The Lovin' Spoonful.

In de koelcel van het uitvaartcentrum in Kloosterzand was de temperatuur net boven het vriespunt; gezien de staat van het lichaam kon Hedwiges niet in een van de moderne rouwkamers worden neergezet, waar familieleden vierentwintig uur per dag toegang toe hadden met een elektronische sleutel.

Hij was de enige bezoeker. In de voorgaande dagen, zei de beheerder, was er alleen een oude dame voor Hedwiges geweest, vergezeld van 'een donkere mevrouw'.

De beheerder liet hem met de gesloten kist alleen en sloot de deur van de koelcel achter zich.

Paul had gekozen voor een eenvoudige kist van populierenhout, met een vlakke deksel en acht bolle sluitschroeven. Het was moeilijk om te bedenken dat dat ding daarbinnen, rustend op ongebleekt katoen, echt zijn vriend was. Zijn verbeelding kwam eigenlijk niet voorbij het hout.

Over een uur zou de kist naar de Mariakerk in Mariënveen worden overgebracht.

Dit waren zijn laatste momenten alleen met hem. Hij had het koud in zijn goeie goed, zijn adem wolkte. Er wilden hem geen bruikbare gedachten te binnen schieten, er was niets wat hij hem nog te zeggen had. Hij legde zijn hand even op het hout van de kist en verliet de koelcel. De beheerder was nergens te vinden.

Hij at een frietje bij de snackbar van Kloosterzand. Een moddervette jongeman van nog geen twintig jaar leunde met zijn ontzaglijke kont tegen de frituurinstallatie. Onbeweeglijk, met zijn armen over elkaar, keek hij vanachter de toonbank toe hoe Paul at. Tussen plukjes vlassig baardhaar gloeiden zijn rode karbonkels. In het aangrenzende café achter de klapdeur speelde de radio. Soms klonk er een schelle vrouwenstem. De zon brandde op het raam. Bromvliegen drensden tegen het glas.

Paul hing zijn kostuumjasje over zijn stoelleuning, zijn oksels en rug waren nat van het zweet. De puisten op het gezicht van de jongen maakten hem onpasselijk. Waarom staarde hij hem zo aan?

Paul liet het bord halfvol op tafel staan en rekende af. Vijandig zwijgend schoof de jongeman wisselgeld over het glas naar hem terug. Paul wachtte tot hij zijn hand had teruggetrokken om hem niet te hoeven aanraken.

Eén schot, dwars door zijn vervette hart. Hij zou ontploffen als een walvis.

Om halfeen was hij in de kerk, de kist was al voor het altaar gereden. Hij vond de pastoor in de sacristie, waar de man een paarse kazuifel over zijn hoofd trok.

Ze hadden elkaar vrijdagavond gesproken, toen de pastoor bij hem thuis was geweest om over Hedwiges te praten. Teixeira had Hedwiges slechts summier gekend, bekende hij; sinds hij alleen nog maar naar de kerkradio luisterde was hij hem een beetje uit het oog verloren.

'Liever water,' had hij gezegd toen Paul hem koffie aanbood. 'Koffie 's avonds, dan niet slapen.'

Zijn Nederlands was in een paar jaar tijd met sprongen vooruitgegaan. Hij was streng in de leer maar erg geliefd; hij had zachte ogen achter een goudomrand brilletje. Paul liet hem de afscheidsbrief lezen. Hoofdschuddend schoof de pastoor hem even later over tafel naar hem terug. 'Vreselijk,' zei hij. 'En zo erg dat wij niets meer voor hem hebben kunnen doen. Zo iemand als Hedwiges... Ik...' Hij nam een bastogne van het schoteltje, staarde ernaar en zei: 'Ik zou hem wel in de oren willen schreeuwen, de troost van Jezus. Komt tot Mij, allen die vermoeid en belast zijt, en Ik zal u rust geven.'

Hij was nog jong, begreep Paul, hij leed echt door elke verloren ziel. 'Nou ja,' zei Paul, 'hij heeft het uiteindelijk niet gedaan.'

'Dat is zo,' beaamde de pastoor, 'maar hij *wilde* het...' Hij nam een kleine slok. 'Welke dingen gaat u over hem zeggen, mag ik dat vragen?'

'Zo'n beetje over... ik weet het nog niet heel precies. Misschien over de heilige Rita, en een paar van de hoofdzonden. Ik moet het nog bedenken allemaal.'

273

'En over Hedwiges ook?'

'Ja, dat ook. Wie hij was. En over het verschil tussen vriendschap en lotsverbondenheid, denk ik...'

'U hebt...' De pastoor hief zijn linkerhand, zoekend naar een woord. 'U kijkt een beetje... abstract naar het leven, denk ik?'

'Dat zou kunnen,' zei Paul.

'En de heilige Rita! Ze is hier niet zo populair, denk ik? Bij ons meer.'

'Niemand beschouwt zichzelf graag als een hopeloos geval,' zei Paul.

Als de geestelijke lachte werd een web van fijne lijntjes op zijn dunne huid zichtbaar; hij moest tegen de veertig zijn.

Nu, in de sacristie waar Paul als jongen weleens was geweest, schonk Oswaldo Teixeira twee kopjes koffie in uit de thermoskan. 'Oppassen voor de vlekken,' zei hij bij zichzelf.

'Laat mij het doen,' zei Paul.

'Komt goed, komt goed.'

Ze spraken het programma door. Na de communie was er ruimte voor Paul om iets te zeggen. Hij moest op enige afstand van de microfoon praten, anders overstuurde hij.

Vlak voor de mis begon liep Paul de kerk in. Geen van de Chinezen, noch Baptist. Zelfs hij. Eli, Eli.

Met het vlammetje van de paaskaars ontstak de pastoor de kaarsen rond de kist en nam toen achter het altaar plaats. Het geruis van lichamen in de banken op zijn teken op te staan. Paul hoorde de woorden waarmee hij toen die nacht op zolder de boze geesten had afgeweerd. *De Heer is mijn herder, mij zal niets ontbreken.* Zijn lippen volgden het snoer van woorden van de grazige weiden naar de wateren der rust... *Want naast mij gaat Gij, Uw stok en Uw staf doen me getroost zijn.*

Godsvertrouwen, dacht hij, en een Walther P38. Hij had hem in het dashboardkastje achtergelaten. Hoe verlangde hij naar een rimpelende stroom en een zachte oever om op uit te rusten; de staat van geweld had hem verzwakt. Vrede, begreep hij, begon met uitputting.

Met vaste stem zong de pastoor

Al zei ik: 'Laat het duister mij opslokken, het licht om mij heen veranderen in nacht', ook dan zou het duister voor u niet donker zijn – de nacht zou oplichten als de dag, het duister helder zijn als het licht.
U was het die mijn nieren vormde, die mij weefde in de buik van mijn moeder. Ik loof u voor het ontzaglijke wonder van mijn bestaan, wonderbaarlijk is wat u gemaakt hebt. Ik weet het, tot in het diepst van mijn ziel.

In zijn lezing verbond de pastoor Hedwiges' bestaan met de nederigen, de treurenden, de zachtmoedigen, de barmhartigen en de zuiveren van hart, die het koninkrijk Gods zouden beërven.

Paul wilde het graag geloven, hij wilde het allemaal zo graag geloven, zodat hij daar, de geboren onschuld in zijn kist, zou verrijzen in het hiernamaals.

Hij diepte muntgeld op voor de collecte en ontving de hostie in zijn geopende hand; op zijn weg terug naar de bank knikte hij twee ouwetjes toe die hun kruideniers- waren nog bij Hedwiges' grootouders hadden betrokken.

Het was zijn beurt. Terwijl hij zijn papieren uitvouwde, keek hij de vrijwel lege banken langs en zei: 'Ik wilde een paar dingen over Hedwiges zeggen. Over zijn leven.' Hij keek op het papier maar hij kreeg de woorden niet scherp. Hij liet het papier zakken en keek de kerk in. 'Ik heb een brief gevonden, op zijn computer. Een zelfmoordbrief van vier jaar geleden. Blijkbaar... ja, heeft hij toen een reden ge- vonden om het niet te doen. Iets. Een strohalm. Hij had niet zoveel om voor te leven, Hedwiges. Weinig.' Hij knikte en wreef langs zijn kin. 'Die strohalm is gebroken. Iedereen hier heeft wel gehoord dat hij is overvallen drie weken ge- leden. Zijn spaargeld weg, en iets belangrijkers nog: zijn reden om het vol te houden.'

Hij duwde de spriet van de microfoon een beetje naar beneden. 'De heilige Rita, dat wou ik ook nog zeggen, dat zij tijdens een vakantie op de Filipijnen onze schutspatroon is geworden. We gingen elk jaar wel een keer op vakantie samen. Hedwiges verbrandde altijd verschrikkelijk. Hij had een dunne witte huid.'

Hij keek de banken langs, zijn blik bleef hangen bij Hedwiges' achternicht en de Iraanse. Het gaf hem moed dat de Iraanse er was. 'Als Rita je heilige is,' vervolgde hij, 'dan hou je je gemak. Je wilt niet dat de jager je ziet, je blijft mooi stilzitten waar je zit en verroert je niet.' Hij knikte naar de kist. 'En nu ligt hij daar en zeggen ze dat het een

276

natuurlijke dood is. Dat is het natuurlijk niet. Hedwiges is dood omdat hij geen reden meer had om te blijven leven. Twee mannen met bivakmutsen hebben hem daarvan beroofd.'

Schril zei hij toen, alsof de stilte hem had tegengesproken: 'Zo is het toch? Dat is de reden dat hij daar nu ligt. Iedereen weet wie het waren. Ik hoef geen namen te noemen, want de namen zijn bekend. We zitten met ze in het café en drinken een biertje met ze. We zijn bang van ze en doen of we nergens van weten. We komen niet naar Hedwiges' begrafenis om maar geen partij te zijn. En zo zwijgen we Hedwiges dood.'

Hij keek op het papier en wreef langs zijn ogen; de letters werden weer leesbaar. 'Laat ik het zeggen zoals het in de psalmen staat,' zei hij, turend op het papier: "Ik haat hen, en mijn haat is volstrekt: tussen ons moet het vijandschap zijn."' En zonder van het papier op te kijken: 'Hedwiges, wou ik nog zeggen, was natuurlijk helemaal geen miljonair. Dat denkt iedereen, maar dat is onzin. Hij blufte toen hij dat zei, die avond bij Shu. Begin juni ergens. Hij had een appeltje voor de dorst, net als ieder ander. Ik hoop dat die ene zonde, die domme overmoed hem vergeven wordt. Ik hoop dat meneer pastoor gelijk heeft en dat Hedwiges getroost en verzaligd wordt, want als hij het koninkrijk van de hemel niet binnen mag, wie dan wel?'

Hij liet het papier zakken en liep langs de kist naar zijn plaats, waarbij hij het verontrustende gevoel had dat hij gewichtloos was, en door een vacuüm schreed. Hij hoopte dat hij niet zou flauwvallen.

De pastoor kwam overeind, de machinerie kwam weer op gang. Hij besprenkelde de kist met de wijwaterkwast, de kettingen van het wierookvat rinkelden toen hij geurige rook boven de kist uitsloeg. Daarmee zat het er zo'n beetje op – ze zeiden nog het Onzevader en toen tilden de dragers de kist de kerk uit. In optocht liepen ze over het kerkplein, het verkeer op de Bunderweg stopte toen ze naar de begraafplaats overstaken. In de Dorpsstraat daverde een loonwerker voorbij, de dorsmachine rukte takjes en bladeren van de lindebomen langs de straat.

Ze passeerden het smeedijzeren hek dat nog in de smidse van Pauls grootvader was vervaardigd, en volgden de dragers over een wit grindpad naar het graf. In de hemel dreven hoge, ronde wolken.

Ze zetten de kist op de dwarsbalken neer, aan het hoofdeinde hield de koster een kruis in de lucht. Paul keek om zich heen. De Iraanse stond een paar meter bij hem vandaan, ze had de oude vrouw een arm gegeven. Hij knikte de Hennies toe, die met behuilde gezichten in het bloemperkje van een graf stonden. De achterneven waren niet gekomen.

De pastoor strooide een schepje zand op de kist met de woorden 'stof zijt gij en tot stof zult gij wederkeren', keek nog eenmaal ernstig in het graf en verdween toen met de koster naar de uitgang.

Een voor een gooiden de aanwezigen een schep zand in de groeve en verlieten de begraafplaats. Hun gedempte stemmen klonken tussen de graven; als een van de laatsten was Paul aan de beurt. Hij wierp een handvol zand in de diepte. Dag makker, mompelde hij in zichzelf, goed gaan.

Bij de koffietafel waren nog minder mensen aanwezig dan in de kerk.

'Tjongejonge,' zei de achternicht, 'u was behoorlijk fel.'

'Voor de goede verstaander alleen toch?' zei Paul met een scheve lach.

'U had het over een brief? Een afscheidsbrief?'

Paul haalde Hedwiges' vier jaar oude testament tevoorschijn uit zijn binnenzak en gaf het haar.

Terwijl de oude vrouw las zei hij tegen de Iraanse: 'Had u al weleens een Nederlandse begrafenis meegemaakt?'

Vriendelijk antwoordde ze: 'Ik woon hier al tweeëntwintig jaar.'

'O,' zei Paul. 'Dan zal het wel niet de eerste keer zijn, nee.'

Ze zei: 'Het was heel mooi. Het was allemaal zo echt, wat u zei. Het kwam recht uit uw hart.'

'Dus hier staat eigenlijk...' zei de oude vrouw.

Hij knikte.

'Nou,' zei ze, 'da's ook wat. Wat moeten we dan nu?'

'Geen idee,' zei Paul. 'Ik heb nog niet de tijd gehad om het uit te zoeken.'

De parelhangers in haar kreukelige oorlellen bewogen op haar aanhoudende knikken. 'U weet zeker dat de brief echt is?' vroeg ze toen.

'Hij stond op zijn computer. Kijk, het hoeft allemaal niet rechtsgeldig te zijn. Dan is er voor u niets aan de hand.'

Een oude boer met een borstelkop gaf hem als een van de weinigen een hand en zei luid: 'Gecondoleerd. Mooi gesproken.'

'Dank u,' zei Paul.

'Wat zegt-ie?' riep de boer tegen zijn vrouw.

'Hij is doof,' zei de vrouw verontschuldigend.

'Ach zo,' zei Paul.

De koffietafel duurde al met al niet langer dan een halfuur. De opluchting en de vrolijkheid die soms na een begrafenis ontstonden, bleven uit. Om halfvier was hij weer thuis.

Tegen de avond onweerde het. De regen liet op zich wachten. Het onweer duurde maar kort en dreef naar het oosten weg. Paul at een melige diepvriespizza in de tuin en spoelde haar weg met bier. Het was stil en drukkend, heel in de verte kraakte soms nog de donder.

Het enige wat hij nu hoefde te doen, was wachten. Deze nacht of de volgende, het zou niet lang duren. Op de rug van de ene hoofdzonde kwam de volgende alweer aangestormd; na de afgunst en de begeerte was het nu de beurt aan de *ira* – de woede, de wraak. Pauls aanklacht boven de kist zou zijn vijanden nu zo'n beetje hebben bereikt. Zuurstof voor het vuur. Stegginks gedrag was voorspelbaar, ergens in het verborgene bereidden Iwan en hij zich voor.

Paul verruilde zijn nette goed voor een overall. In de oude varkensstal waar hij het gereedschap bewaarde en waar ook de maaimachine stond, haalde hij de motorzaag van de plank en vulde benzine bij.

Met de zaag in zijn hand liep hij naar het bosje tussen het huis en de weg, rechts van de oprit, een jong eikenbos dat Aloïs na de dood van zijn vader opnieuw had aangeplant. Linten bloeiende kamperfoelie hingen tussen de takken. Paul startte de zaag en gaf gas; hongerig vraten de tanden zich in het hout van de eerste boom, vochtig zaagsel spoot uit de snedes onder aan de stam. De zaag jankte hels in de vooravond, net als eens zijn grootvader had gedaan haalde hij de bomen een voor een neer. Boomkruinen tolden boven zijn hoofd, ruisend en krakend raakten ze de grond. Met zijn mouw veegde hij het zweet uit zijn ogen en toog weer aan het werk, binnen twee uur lagen ze allemaal omver.

Tevreden overzag hij de ravage die hij had aangericht. Het loof, de stompen. Vanuit zijn kantoor kon hij nu alles vanaf de brug over de weg zien aankomen. De frontale aanval was hiermee uitgesloten. Het zou van de kant moeten komen waar de vijand het terrein niet kende. Hij moest de beek en het bos achter het huis door, of het open veld aan de noordkant; hij was al meteen in het nadeel.

Een pastelkleurig autootje kwam de Bunderweg af. De bestuurder remde in de bocht, Paul maakte zich klein tussen de gevelde stammen. De auto stond bijna stil in de bocht, bij het bord KRÜZEN CUROSIA & MILITARIA, en sloeg toen rechts af de oprit op. Paul liet zich zakken tot hij op zijn buik lag. De motor sloeg af, het portier ging open, hij hoorde voetstappen op het grind. Hij nam een hand aarde en smeerde zijn gezicht en voorhoofd ermee in. Toen stak hij zijn hoofd een eindje uit boven de boomstam waarachter hij verscholen lag.

Ineke Wessels.

Besluiteloos stond ze op de oprit. Ze liep naar de boerderij en tuurde door de stalramen van de deel. Ze verdween de hoek om, hij hoorde de zware koperen klopper landen op de zijdeur. Even later keerde ze onverrichter zake terug. Ze keek door het raam van zijn kantoortje en nam, terwijl ze met haar onderarm op het portier van haar Renault Twingo leunde, het erf nog een tijdje in zich op – het huis, de schuur, de volle lindeboom die boven de boerderij uittorende. Toen stapte ze in, keerde de auto en draaide de weg weer op. Hij drukte zich plat tegen de aarde. Ze wachtte lang met schakelen naar z'n drie.

Dun als gaasdoek hing de nevel boven het blauwe gras. Het leek of de lindeboom en de hoge rode beuken daarachter hun eigen duisternis produceerden.

Hij sloot het huis af en trok zich in de schuur terug. Het zweet op zijn rug droogde op. De koffiemachine gorgelde, lekwater siste op de kookplaat. Hij schonk in en nam plaats achter het bureau. Blazend in het duralex glas dacht hij aan zijn moeder die vandaag vijfenzeventig jaar geworden was. Een oude vrouw, ergens. In haar schoot was hij geweven, maar ze had hem als een weeffout beschouwd. Het was er op de een of andere manier nooit van gekomen om haar te verwerpen of te haten. Hij was haar altijd trouw gebleven. Haar hondje. *Meine Ehre heißt Treue.* Trouw was het anker dat hij voorbeschikt door zijn zonneteken door de modder voortsleepte.

Hij zat in het donker achterovergeleund in zijn bureaustoel. Het display van de alarminstallatie was zwart als onyx, het pistool lag binnen handbereik op zijn bureau. Het had een wil, het wilde vuur en chaos verspreiden. Alles om hem heen was schaduw, was vloeiend en onvast geworden, alleen het wapen was hard en werkelijk.

Tegen middernacht stond hij op en ging de donkere schuur in. Zacht rinkelend sprongen de tl's in de nok aan en zetten zijn schatkamer in een witte gloed. Hij woelde net zo lang in een kartonnen doos met officiershemden rond tot hij de kleinste maat gevonden had. Hij trok de overall uit en deed het overhemd aan. Er kwam een muffe schimmellucht vanaf. Op sokken liep hij over het beton naar de paspop met een ss-uniform aan, het begin van zijn verzameling. Een pronkstuk. Waar vond je nog zoiets. Het kamgaren van het jasje was hard geworden en de knopen gingen nog maar moeilijk in de knoopsgaten, maar wat wilde je, het was zo'n vijfenzeventig jaar geleden ergens in een barak in Halle vervaardigd door een kleermaker die was gevorderd voor de *Arbeitseinsatz*, en spande daarna een tijdlang om het witte lijf van ss-*Hauptscharführer* Dieter Soltau. Wat dacht hij, die kleine mof? Twijfelde hij? Voelde hij de huiver voor de ondoorgrondelijke leegte van het oosten die hij moest doorkruisen? Of had het onafgebroken geraaskal uit de bazuinen van het propagandaministerie hem doof gemaakt voor angst en defaitisme?

Hij schoot in de uniformbroek, knoopte hem dicht en trok het jasje aan. De stroeve stof kriebelde op zijn dijen.

Het pistool gleed gemakkelijk in en uit de holster.

Het was, nu ze strak en stijf rond zijn lichaam zat, een uitrusting die angst en twijfel afweerde – je werd onmiddellijk een *Übermensch* als je de rijbroek en het scherp gesneden uniformjasje met kraagspiegels en epauletten had aangetrokken. Het lichaam richtte zich op, klaar om wat dan ook te vertrappen. Het was jammer dat hij er niet meer mee naar het café kon, zelfs nu zouden de meiden nog in katzwijm vallen.

Het uniform, bedacht hij, was even oud als zijn moeder.

284

Ook de laarzen had hij bewaard. Duizend euro deden zulke laarzen, in sm-kringen waren ze er dol op. Ze gingen moeilijk aan. Hij trapte hard op de vloer om ze voorbij de hiel te krijgen.

Hij keek in de passpiegel – de mof tegen de bolsjewiek, zo was het historisch correct. In *Feldgrau* wachtte hij Iwan op, het laatste wat die zou zien was het pistool van een *Hauptscharführer* bij zijn voorhoofd. Hij zou sterven als in de nachtmerrie van zijn grootvader.

De schuur werd weer donker, op de tast vond hij de weg naar zijn bureaustoel terug.

Verkookte koffie sleepte hem door de roerloze nacht; takken schuurden over het dak. Het rode lampje van het koffiezetapparaat verspreidde een korrelige gloed in het donker.

Soms dommelde hij weg met beelden van de afgelopen dag voor ogen. Wierook die boven de kist uitvloeide en vervluchtigde, het paarse kazuifel dat rond het lichaam van de pastoor gleed. Over de binnenkant van zijn pols streek de Iraanse met haar wijsvinger, haar ogen vol tranen.

'*Paul?!*' klonk opeens de stem van Hedwiges. '*Paul?!*'

Hij schrok op, te laat om hem te hulp te kunnen schieten. Hun handen grepen mis in de overgang tussen droom en waken; koud en zwart stond de koffie in het glas.

Het was na drieën. Hij verliet het kantoortje en liep met stijve benen naar de schuurdeur. Hij ontgrendelde hem en zette een stap buiten. Het beveiligingslicht bleef uit, pas twee meter voorbij de gevel zou het aanspringen. Hij rook de vochtige nachtlucht, de prikkelende zweem van koemest die over de velden was uitgereden. Stil was de nacht maar als je je oor tegen de dikke eiken naast de schuur legde hoorde je de sapstroom borrelen in hun aderen.

Hij probeerde de duisternis aan de overzijde van de oprit te doorgronden, voorbij de ravage die hij daar had aangericht.

Iwan? Ben je daar?

Moe. Afgrondelijk moe. Alleen het uniform hield hem nog overeind. De permanente egelstelling had hem uitgeput, uit*gehold*, niet meer dan een exoskelet van kamgaren, leer en knopen was hij, tollend op zijn benen.

Hij nam het pistool uit de holster, laadde het door en stapte uit het donker tevoorschijn. De beveiligingslampen sprongen aan toen hij naar het midden van de oprit liep. Een vloed van licht omringde hem met zijn schaduwen. Fel en onbeweeglijk brandden de ledlampen, viermaal 8500 lumen hield hem als een radeloze mot in het midden vastgepind. Het donker had zich teruggetrokken achter de lichtgrens, geduldig wachtte het tot het zijn rechtmatige plaats weer kon innemen.

Zijn arm maakte een lange schaduw toen hij het pistool richtte op het donker rondom hem. Kom dan, Iwan, maak een einde aan deze vertoning. Laat me niet alleen – de haas wil geschoten worden waar hij geboren is. Laat het duister mij dan opslokken, het licht om mij heen veranderen in nacht.

Kiezels knarsten onder zijn laarzen terwijl hij langzaam om zijn as draaide.

Iwan?

Kamperfoelie, de alarmroep van een tureluur ver weg.